GUÍA PARA BUSCAR ALIMENTOS

MONA GREENY

Tabla de Contenido

GUÍA PARA BUSCAR ALIMENTOS
Identificación y localización de setas y plantas
silvestres comestibles regionales

GUÍA PARA BUSCAR ALIMENTOS
Cosecha y Almacenamiento de Plantas
Silvestres Comestibles en Diferentes Estaciones

GUÍA PARA BUSCAR ALIMENTOS
Preparación de alimentos sabrosos a partir de
partes específicas de plantas silvestres comestibles

GUÍA PARA BUSCAR ALIMENTOS

Identificación y localización de setas y plantas silvestres comestibles regionales

MONA GREENY

Introducción

Bob era un hombre sencillo. Se fue de excursión un día y se perdió en las montañas. Había ido solo a primera hora de la mañana.

Su mente se había distraído por un segundo. Ahora, estaba perdido sin tener idea de dónde estaba en el bosque.

Para empeorar las cosas, Bob no se había llevado nada de comida esa mañana, solo una botella de agua. No tenía una brújula. Lo único que tiene es una pequeña navaja que siempre lleva encima.

¿Crees que va a pasar hambre? Bueno, te equivocas si crees que lo hará.

Bob había aprendido el arte de buscar comida. Sabía qué plantas u hongos podía comer para mantenerse fresco mientras estaba en la naturaleza.

Puso ese conocimiento en práctica y pudo sobrevivir a pesar de la difícil situación. Incluso podría decirte que disfrutó de su tiempo en el bosque de la montaña.

No querrá esperar hasta encontrarse en una situación como la de Bob antes de aprender a buscar comida.

El hecho es que cada vez más personas están volviendo a las formas primitivas de la era de los cazadores-recolectores. No puedes culparlos. Si conociera los beneficios de la búsqueda de alimento, también se lanzaría al estilo de vida.

¿Estás pensando en lo que puedes ganar buscando comida en la naturaleza? La verdad es que hay muchas cosas que puedes lograr.

Buscar comida te ayuda a llevar una vida más saludable. La dieta de alimentos crudos frescos que se cultiva sin la adición de productos químicos le permite desarrollar un sistema inmunológico más robusto. La comida no ha sido procesada de ninguna manera que sea perjudicial para su salud.

Algunas de las cosas que puedes comer cuando buscas comida incluyen frutas, plantas silvestres comestibles, hongos, nueces, etc. Este alimento se puede comer crudo o cocido. Muchas, si no todas, estas comidas tienen más nutrientes que los alimentos que ingerimos en nuestra dieta diaria.

Los recolectores también hablan sobre los beneficios medicinales que obtienen de buscar comida. Hay muchas plantas medicinales que este grupo de personas usa en lugar de los medicamentos convencionales. Una de las ventajas de hacer esto es la inexistencia de efectos secundarios de estas plantas, a diferencia de las medicinas tradicionales que usa la gente.

¿Quieres hacer algo de ejercicio sin ir al gimnasio? Sería mejor si considerara un estilo de vida de búsqueda de alimentos. El tiempo que dedique a caminar, agacharse y buscar comida le ayudará a hacer algo de ejercicio y le dará un cuerpo más sano.

Más que los beneficios físicos, también obtiene el beneficio psicológico de sentirse conectado con la tierra. La naturaleza es una parte esencial de nuestra vida y volver a conectar con el universo te ayudará a sentirte en paz.

Ahora, conoce algunos de los beneficios que puede obtener al convertirse en recolector.

¿Estás ansioso por empezar? ¡No se apresure!

Una cosa que debe saber sobre la búsqueda de alimento es que no todas las plantas silvestres son comestibles. Algunas de estas plantas son francamente venenosas y pueden matar en minutos.

No tiene por qué desanimarse por este hecho. Puede aprender a localizar e identificar qué planta u hongo es comestible y cuál no.

¿Se pregunta cómo puede conocer esta información? Bueno, ese es el objetivo de este libro: ayudarlo a localizar e identificar plantas silvestres y hongos comestibles en su región.

Uno de los consejos esenciales que debe tener en cuenta cuando desee buscar alimento es no recoger plantas que no reconozca. La mayoría de las veces, estas plantas resultarán perjudiciales para su salud. Incluso si no lo son, ya que no lo reconoce, no hay forma de saberlo con certeza.

Por lo tanto, es mejor mantenerse alejado de estas plantas.

Si va a buscar comida en grupo y alguien de su grupo reconoce la planta como comestible, aún puede tomar esta planta. Sin embargo, asegúrese de que la persona lo sepa con certeza.

También hay un viejo refrán que te advierte que dejes plantas con racimos de tres hojas como la hiedra venenosa. Las plantas que tienen una savia lechosa también pueden ser peligrosas para comer o incluso tocar.

Hay muchas cosas que necesita saber antes de comenzar a buscar comida.

Sin embargo, no tiene por qué sentirse abrumado.

En este libro, aprenderá todo lo que necesita para localizar e identificar plantas y hongos silvestres comestibles en su entorno.

Es hora de decir sí a una vida mejor buscando comida, y nuestro guía lo ayudará con todo lo relacionado con la búsqueda de alimentos.

¡Disfruta tu lectura!

Capítulo 1

Buscar Alimentos

¿Qué Implica el Buscar Alimentos?

El buscar alimentos es la actividad de obtener alimento del medio natural. La búsqueda de alimento implica obtener frutas, pájaros, insectos y animales comestibles de la naturaleza. También tiene que ver con la recolección de pájaros e insectos. Los recolectores de alimentos también recolectan animales muertos por depredadores.

Para algunas personas, buscar comida mientras practican senderismo o montañismo es un pasatiempo. Tienen productos empacados, pero buscar comida solo completa toda la salida. Aunque en algunas situaciones se hace necesario, no solo un hobby.

Más allá de buscar comida mientras se elabora en forma silvestre, esta actividad ha sido realizada por humanos durante mucho tiempo. Es uno de los medios de supervivencia más antiguos que los humanos utilizan para alimentarse.

En épocas anteriores, algunas sociedades basaban su supervivencia completamente en la búsqueda de alimento. La mayoría de estas sociedades vivían en áreas desérticas y forestales. Plantar no es la norma en los lugares porque las plantas no crecen.

Algunos recolectores de alimentos en el pasado también vivían en áreas fértiles en zonas templadas. Algunas de estas áreas eran valles fluviales. Después de algunos años, estas áreas se convirtieron en tierras de cultivo.

La mayoría de las personas que viven como carroñeros tienen perros. No cultivan cultivos ni crían animales. Sus perros contribuyen mucho a su sustento. Actúan como mascotas para los recolectores, brindándoles comodidad y compañía. Los perros les ayudan en la caza.

Cuando están buscando carroñeros, los perros también ayudan, encontrando fuentes de alimento y, lamentablemente, cuando no hay comida, o hay hambre, algunos carroñeros incluso se comen a sus perros.

Una sociedad de recolectores son personas que han estado en el juego durante años. Dado que es su principal fuente de vida, asignan roles. Los hombres cazarían animales. También buscarían animales muertos por otros depredadores. Las mujeres solían recoger plantas.

También hay actividades realizadas por cualquier persona, independientemente del género.

En estos casos, las líneas de género se difuminan. Cualquiera puede hacer cualquier parte del trabajo. Actividades como la recolección de leña son el trabajo de cualquiera. Las mujeres y los hombres también cazan animales pequeños y recolectan insectos.

Algunas sociedades recolectoras están acostumbradas a reubicarse rápidamente. Su asentamiento está determinado por la disponibilidad de alimentos en la zona. Como resultado, no establecen estructuras permanentes para vivir. A veces, su movimiento está determinado por la temporada de rendimiento de la cosecha.

Los animales se alimentan como los humanos. Sin embargo, el buscar alimentos humano es más avanzado y estratégico. Los humanos son de una clase superior a los animales y están iluminados. El hombre del conocimiento lo ha ayudado a alimentarse y ha dado como resultado mejores formas de buscar alimento.

La búsqueda de comida es una actividad que ha estado con el hombre desde tiempos inmemoriales. Los seres humanos siempre han vivido sus vidas como recolectores. De generación en generación, los seres humanos siempre han dependido de la tierra para su sustento.

La búsqueda de alimento como método de supervivencia entre los humanos no es nueva. Es una práctica que ha durado unos 200.000 años. Con el paso del tiempo, el conocimiento adquirido y los avances tecnológicos han dado lugar a nuevos medios de supervivencia.

Hoy tenemos supermercados, tiendas, restaurantes e incluso plataformas online. Estos desarrollos han reducido la tasa de búsqueda de alimento.

Eso no quiere decir que la búsqueda de alimento esté desapareciendo. Es una práctica que todavía nos acompaña mucho. Los excursionistas, montañeros y turistas van a buscar comida. Sin embargo, existen diferentes categorías. Dimos explicado estas categorías a continuación.

Categorías de buscar alimentos

Hay diferentes categorías de buscar alimentos. La gente realiza este ejercicio de diferentes formas.

Algunos centran su caza en mamíferos acuáticos y peces. Este patrón de subsistencia se conoce como buscar alimentos acuáticos.

Hay buscar alimentos ecuestre que tiene que ver con la caza de animales de caza con caballos.

Hay peatones recolectores de alimentos que recolectan alimentos a pie. Otras categorías incluyen recolectores recolectores individuales y recolectores grupales.

Mientras que algunas personas se dedican a la alimentación individual, otras lo hacen en grupos. Algunos recolectores se dedican a la caza y la recolección de hongos.

1. Espigar

La espiga es un método de alimentación que se basa en las sobras de las granjas. Cuando los agricultores cosechan sus cultivos con fines comerciales, generalmente quedan sobras. Los recolectores recolectan las plantas para alimentarse.

La espiga también ocurre en los campos que se cosechan. Estos campos se dejan crecer porque no hay ganancia comercial al recolectarlos.

En algunas partes de Europa, como Francia e Inglaterra, la recolección se considera un derecho de los pobres. Como resultado, fue apoyado por la ley para que los campesinos recolectaran de las granjas y campos cosechados.

En el siglo XVIII, Inglaterra tenía una ley que permitía recolectar a las personas sin tierras. Era su derecho legal. A estos residentes sin tierra también se les llamaba campesinos. Sin embargo, este derecho constitucional terminó en 1788.

La ventaja de este tipo de alimentación es que la recolección de plantas venenosas es baja, si no inexistente. Dado que las plantas fueron planificadas por los agricultores, existe la seguridad de que los cultivos son comestibles.

Los recolectores de alimentos tienen una ventaja con este método de búsqueda porque están seguros de la frescura de las plantas. Dado que los agricultores cuidaban las granjas, los cultivos son ciertamente nutritivos y frescos.

La ventaja es bidireccional. Los agricultores también se benefician de este método. Después de la cosecha, existe la posibilidad de que algunos cultivos se queden atrás. Los recolectores evitan que estos cultivos se desperdicien al cosecharlos.

2. Caza de hongos

La caza de hongos es un sistema especializado de búsqueda de alimento. Los recolectores que se involucran en este patrón se enfocan específicamente en cosechar hongos como alimento. Algunos excursionistas y montañeros enfocan su búsqueda de alimento solo en hongos.

Esta categoría de búsqueda de alimento también se llama recolección de hongos, recolección de hongos o recolección de hongos. Es una práctica común en Corea, Europa, Japón, etc.

Los recolectores de hongos recolectan diferentes especies de hongos comestibles.

La caza de hongos es un ejercicio que vale la pena. Además de que los hongos son buenos alimentos, tienen otros beneficios.

La recolección de hongos requiere precaución. Hay especies venenosas que son todo menos comestibles. Si no está seguro de cuál es comestible o veneno, evítelos por completo.

Si eliminar los hongos es una decisión difícil de tomar, use una guía. Si la proliferación de hongos es parte de su horario de elaboración salvaje, use un guía turístico. Este libro electrónico ofrece una gran guía.

3. Búsqueda de comida en grupo

La búsqueda de comida en grupo involucra a más de una persona. Algunas familias o grupos de amigos pueden buscar comida juntos. Un grupo de excursionistas o montañeros puede decidir cazar juntos.

La búsqueda de alimento en grupo es ventajosa.

Varias manos están trabajando al mismo tiempo. Un grupo de recolectores puede superar los desafíos mejor que un individuo. Pueden juntar recursos y experiencias y recolectar más alimentos.

4. Búsqueda de comida individual

A diferencia de los recolectores grupales, los recolectores individuales recolectan alimentos solos.

Sin un equipo, él o ella busca comida con sus habilidades. Un excursionista puede decidir ir a buscar comida sin otros excursionistas.

Una ventaja de este método es que el individuo puede quedarse solo con la comida. Cualquiera que sea la cantidad embolsada pertenece al individuo.

Sin embargo, es posible que la cantidad de alimentos recolectados no sea mucha. Además, el recolector puede necesitar amigos que obtengan mejores resultados y aumenten sus habilidades y nivel de experiencia. Si elige seguir este patrón, no es una mala idea.

Dado que se trata de un equipo de una sola persona, debe pensar mucho en hacer las maletas para su viaje. Lleve las herramientas esenciales que le ayudarán a hacer ejercicio. Si hay algún desafío, debe tener suficiente información y herramientas para abordarlo.

5. Búsqueda de comida ecuestre

El buscar alimentos ecuestre es un patrón de subsistencia especializado. Es una reunión dedicada que se centra en especies específicas.

Los recolectores ecuestres cazan animales con caballos. Este tipo de buscar alimentos ganó su nombre "ecuestre", que se deriva de "Equus", que significa caballo en latín.

Los recolectores de este tipo se encuentran en el sur de Argentina, América del Norte e incluso América del Sur. Este tipo de búsqueda prospera gracias a la cría de caballos y la habilidad para montar a caballo.

Las ventajas del buscar alimentos ecuestre son numerosas. Por un lado, produce una gran producción. Dado que la atención se centra en una especie limitada, la caza se vuelve más eficiente. Los recolectores se vuelven expertos en la recolección de estos alimentos. Su captura suele ser significativa. Los suministros de alimentos son más.

Este método de alimentación también tiene sus desventajas. Dado que es un patrón de subsistencia que se centra en una gama limitada de especies, no permite mucha diversidad. La comida recolectada y consumida se limita a la captura realizada.

Otra desventaja es que no se garantiza la consistencia de la comida. Un evento catastrófico como un terremoto o un incendio puede resultar en la destrucción de los animales que cazan los recolectores. Un brote epidémico también puede afectar a los animales.

Cuando ocurren eventos como estos y afectan a los animales, los recolectores se especializan en la caza. Puede dejarlos hambrientos. Es una forma incierta de vivir la vida.

6. Búsqueda acuática

Al igual que el buscar alimentos ecuestre, el buscar alimentos acuático se centra en especies específicas. Sin embargo, existen diferencias entre ellos. Mientras que los recolectores ecuestres centran su captura en los animales de caza mayor, los recolectores acuáticos se centran en los animales marinos y los peces.

Este patrón de alimentación obtuvo su nombre de la palabra latina "aqua", que significa "agua". Las recolectoras acuáticas son comunes en los EE. UU., Canadá, Columbia Británica y otros lugares. El Haida en la isla Queen Charlotte busca mucho alimentos acuáticos.

Los recolectores de alimentos acuáticos generalmente buscan algas, pepinos de mar, nutrias, cangrejos, leones marinos, salmón y otros mariscos.

La ventaja de este sistema de alimentación radica en su fiabilidad. Los recolectores seguramente obtendrán comida siempre que vayan a buscar comida. Los recolectores de alimentos a lo largo de las zonas costeras y los ríos tienen una ventaja. Los excursionistas y montañeros confían en realizar buenas capturas.

7. Búsqueda de alimentos para peatones

El buscar alimentos peatonal es un método estándar para recolectar alimentos. Esta categoría de buscar alimentos es muy móvil. Algunos recolectores que se involucran en este patrón dependen de él como fuente de sustento.

Se mueven de un lugar a otro y tienen asentamientos temporales. Siguen manadas migratorias y plantas disponibles regionalmente en temporadas. El! Kung San o el Zhu | õasi que vive en el desierto de Kalahari es conocido por la búsqueda de alimento para los peatones.

Los excursionistas y montañeros se involucran con este método a menudo. Mientras recorren un área, pueden buscar comida en los campos que los rodean. Los montañeros pueden recolectar alimento de las tierras alrededor de las montañas.

Los méritos de este patrón de búsqueda de alimento son que ofrece una diversidad de cosechas. Existe la garantía de un suministro continuo de alimentos. Es sostenible a largo plazo.

15 preguntas frecuentes sobre la búsqueda de alimento

Es norma tener algunas preguntas a la hora de aventurarse en un nuevo camino. Para cualquiera que esté considerando buscar comida, aparecerán algunas preguntas en su mente. Algunos recolectores experimentados también pueden tener una o dos consultas.

Aquí hay 15 preguntas frecuentes sobre buscar alimentos.

1. ¿Por qué debería buscar comida?

Esta pregunta es excelente, pero debería poder plantearse y dar la respuesta. Antes de partir, asegúrese de tener la razón correcta. Te mantendrá motivado cuando tengas desafíos. Además, determinará cómo se ocupa de su negocio.

La gente busca comida por diferentes razones. Algunos recolectores buscan fomentar una conexión con la naturaleza. Algunas personas buscan comida porque quieren divertirse cosechando plantas silvestres. Debería saber por qué busca comida.

2. ¿Cuáles son los beneficios de buscar comida?

La mayoría de las personas que están considerando el buscar alimentos hacen esta pregunta. Tal vez conozcas a personas que buscan comida y están pensando en unirse a ellas, pero quieres estar seguro de en lo que te estás metiendo.

La búsqueda de comida es divertida, especialmente cuando vas con un grupo. Pero más allá de la diversión, hay responsabilidades asociadas. Es posible que desee conocer los beneficios antes de intentarlo.

Es fundamental conocer los beneficios de buscar comida porque te impulsará hacia adelante. Además, le dará una sensación de logro a largo plazo.

3. ¿Cómo me preparo para buscar comida?

Antes de hacer las maletas y salir a la carretera, debe prepararse bien. Tienes que pensar en todo el asunto de la mochila. Debes pensar en todo el proceso hasta la búsqueda de alimento. Es aconsejable consultar libros y artículos sobre búsqueda de comida.

También puede hacer preguntas. Quizás, conoces a alguien que ha recorrido el camino que planeas recorrer, aprovecha su gran cantidad de conocimientos. Existen guías sobre diferentes categorías de buscar alimentos.

4. ¿Qué debo saber sobre mi ubicación?

Si eres un excursionista o montañero, puedes hacer algo más que escalar montañas o hacer senderismo. Es posible que desee ir a buscar comida. Si esta es tu decisión, asegúrate de conocer algunos conceptos básicos sobre el lugar.

Conozca su ubicación a fondo o lo suficiente para evitar perder el camino. Familiarízate con el terreno. Conozca las posibles amenazas a la vida y las posibles rutas de escape.

Asegúrese de no traspasar. Si no se encuentra en un área pública, pise con precaución. No viole un área privada. Conozca las leyes vigentes en su ubicación y cúmplalas.

No quieres que tu experiencia se estropee. Utilice una guía de campo para estar seguro. Lo más probable es que sepan lo que tú no sabes.

5. ¿Cuál es la mejor época del año para buscar alimento?

Después de elegir su ubicación, debe hacer su tarea. Conócelo en total. Sin embargo, no termina ahí. Hay que saber cuál es la mejor época del año para visitarla.

Si este es su próximo paso en la preparación para el buscar alimentos, entonces está en el camino correcto. Puede encontrar una combinación de cosas durante todo el año, pero hay temporadas específicas para diferentes plantas.

De julio a mediados de octubre es la temporada de las setas. Sin embargo, puede obtener más variedades de hongos en septiembre. Abril es el momento de una amplia gama de plantas.

6. ¿Qué medidas de seguridad debo tomar?

La seguridad lo es todo. Tienes que observar las medidas de seguridad para tener una experiencia fluida viajando con mochila y buscando comida. Un experto en ubicación es útil aquí.

Si tiene problemas de salud subyacentes, resuélvalo antes de hacer wildcrafting. Si debe partir, lleve consigo sus necesidades como si fueran medicamentos.

Lleva las herramientas adecuadas para buscar comida. Cuidado con las plantas que comes; no todas las plantas silvestres son comestibles.

Si es tu primera vez, ve con un grupo. Puede aventurarse por su cuenta cuando haya adquirido algo de experiencia.

7. ¿Cuál es el mejor lugar para buscar plantas?

La búsqueda de comida es una forma divertida de conseguir comestibles. Sin embargo, desea estar seguro de dónde obtener suficiente captura para su satisfacción.

Lo básico es que puede buscar comida donde quiera que vaya. Si va de excursión, montañismo o de otra manera, es probable que obtenga plantas silvestres comestibles. Estas plantas se pueden encontrar en campos, bosques, etc.

8. ¿Cómo reservo con una buena empresa de buscar alimentos?

Donde reserve, su recorrido determinará la experiencia que tenga. La empresa de buscar alimentos con la que trabaja es muy importante. Consiga buenas empresas con una reputación destacada.

Pídale a amigos y familiares que hayan ido a buscar comida antes que le recomienden agencias. Algunas empresas de turismo son conocidas por los accidentes y los servicios al cliente desfavorables.

Antes de llegar a un acuerdo con la empresa, conozca sus políticas y reglas para ver si le conviene. Algunas empresas tienen meses específicos en los que están abiertas para trabajar. Algunas de estas empresas cierran a veces debido a las condiciones climáticas.

9. ¿Qué herramientas necesito para buscar comida?

Las herramientas necesarias para la búsqueda de alimentos difieren según la categoría de búsqueda.

El entorno en el que se alimentará también es importante. Quizás cuando vaya de excursión o alpinismo, desee buscar comida.

Antes de partir, debe determinar si buscará alimento y cómo lo hará. Esta decisión determinará las herramientas a utilizar.

Otra consideración es si buscará comida solo o en grupo. Si vas con un grupo, existe la posibilidad de tener todas las herramientas necesarias. Si todos juntan recursos, pueden encontrar herramientas prácticas para la caza.

10. ¿Cómo sé que las plantas comestibles deben alimentarse?

Si bien buscar comida es una excelente manera de alimentarse y divertirse, también debe tener cuidado. No todas las plantas silvestres son comestibles. Incluso algunos hongos son venenosos.

Es aconsejable saber qué plantas se pueden obtener generalmente en su ubicación. También es necesario conocer las plantas silvestres de temporada. Verifique las plantas con savia blanca o decolorada y determine su comestibilidad. Lo más probable es que no sean seguros.

Si no conoce la especie de planta comestible, es mejor evitarla por completo. La regla es evitar comer cualquier cosa que no esté 100% seguro de que sea comestible. Si está familiarizado con alguna planta, apéguese a ella.

11. ¿Cómo evito las plantas mortales?

¡Utilice una guía de campo! Algunas plantas comestibles son similares a las venenosas. Algunas plantas tienen partes comestibles y tóxicas. En caso de duda, no se arriesgue.

12. ¿Cómo cosecho plantas y hongos silvestres?

Debe saber cómo recolectar plantas sin matarlas mientras busca alimento. Es recomendable utilizar un cuchillo o una cizalla. Algunas plantas no deben desarraigarse para preservar su especie.

13. ¿Cómo manejo mi cosecha o captura?

Es razonable preguntar cómo manejar su captura o cosecha. Una cosa es buscar comida; otra es preservar bien tu captura. El tipo de alimento que planea obtener determinará la forma en que lo conservará.

Lo fundamental es saber transportar y limpiar tu cosecha. También necesita saber cómo despellejar sus capturas antes del consumo.

14. ¿Es legal buscar comida en la zona elegida?

Antes de ir a buscar comida, es fundamental conocer las disposiciones legales de su zona. La legalidad varía entre regiones e incluso países. En algunos lugares, la búsqueda de comida se podría considerar un robo. La Ley de Robo de 1968 en el Reino Unido va en contra de la venta de productos de buscar alimentos.

Si busca comida en un área deshabitada, tenga cuidado de no infringir la propiedad privada.

Si debe buscar comida en un jardín o granja, obtenga el permiso correspondiente del propietario. Si no se le otorga acceso, cualquier cosa que tome se considerará robo.

Puede llegar a un acuerdo con el propietario para dividir su captura o cosecha.

15. ¿Debería unirme a una sociedad de búsqueda de alimentos?

Las sociedades de búsqueda de alimentos están formadas por personas que viven sus vidas buscando alimentos. Van de un lugar a otro, recolectando alimentos y animales. Puede ser su deseo unirse a estas sociedades de vez en cuando.

Capítulo 2

Hongos

Los hongos son un tipo particular de hongo que crece como plantas. A menudo, se confunden con vegetales. Si bien esta suposición no es del todo incorrecta, es mejor describirlos como hongos.

La especie más consumida es el hongo botón (Agaricus bisporus). Tiene pretensiones de historia ya que es la primera especie cultivada en el mundo occidental. A día de hoy, representa más del 40% del cultivo mundial de hongos.

En algún momento, es posible que se haya preguntado, "¿quién descubrió estos hongos?". Probablemente te asombró su delicioso sabor en sopa. Tal vez, te fascina su belleza. De cualquier manera, probablemente no obtuvo una respuesta.

En este capítulo, conocerás la historia de los hongos.

Historia de los hongos comestibles y no comestibles

Las setas llevan aquí un tiempo, sin duda. A lo largo de los años de su existencia, el hombre los ha utilizado ampliamente para diferentes propósitos. Los deliciosos manjares que provienen de ellos son probablemente el uso más común de todos.

Delicioso, mortal, embriagador son algunas palabras para describir los hongos. Algunos incluso podrían ir más allá para agregar magia. A lo largo de la historia, los hongos han significado cosas diferentes para diferentes personas.

Según los historiadores de la alimentación, los humanos han consumido hongos durante mucho tiempo. Desde tiempos prehistóricos, el hombre ha estado comiendo estos hongos, tanto comestibles como venenosos. Los historiadores creen que el hombre se topó con él durante el período de caza y alimentación.

No hay duda de que nuestra percepción de ellos difiere dramáticamente de los tiempos antiguos. En el pasado, los cazadores los recolectaban y comerlos era una especie de ejercicio de prueba y error. En la mayoría de esos casos, no hubo finales felices.

En ese momento, no se conocía su método de cultivo. A diferencia de las plantas naturales, no se pueden cultivar en casa. Por tanto, había que recogerlos cuando fuera necesario. Incluso hasta ahora, se desconoce el cultivo de muchas especies.

El fatal final del consumo de algunos hongos hizo que algunas personas lo detestaran. A pesar de que se conocían algunas especies comestibles, algunas personas se mantienen alejadas por completo. Condujo a la clasificación de las personas como micófilo y micófobo.

Los micófilos son personas que disfrutan comiendo hongos. Los micofóbicos, por otro lado, son los que temen a los hongos. Generalmente, las personas de la parte oriental del mundo eran en su mayoría micófilos. Las personas de las culturas occidentales eran en su mayoría micófobos.

Un filósofo francés dijo una vez que las setas cambiaron el destino de Europa. Muchos historiadores creyeron que se refería a la guerra de sucesión de Austria. Se dice que la guerra siguió a la desaparición del rey Carlos VI, emperador del Sacro Imperio Romano Germánico.

Mucha gente afirma que la muerte del rey se debió al consumo de setas amanita. Amanita, también llamada death cap, es muy mortal.

Varias personas notables han muerto por ingerir hongos venenosos. El físico que inventó el Fahrenheit perdió a sus padres por envenenamiento por hongos en 1701.

Johann Schobert, un compositor francés, junto con su esposa e hija, murió en 1767. Esto sucedió después de que él insistiera en que un hongo venenoso era comestible.

Sin embargo, al otro lado del mundo, fueron abrazados. Los chinos y los japoneses, en particular, los habían consumido por sus beneficios para la salud.

Hasta hace poco en la historia, estas plantas de hongos nunca tenían nombre. Esta omisión se debió a que se los consideraba misteriosos en muchas culturas. Por ejemplo, en el antiguo Egipto, se pensaba que los hongos tenían poderes de inmortalidad. Por esa razón, solo los faraones tenían derecho a comerlos.

Del mismo modo, en la antigua Roma, solo lo comían las familias ricas. Los historiadores afirman que Caesars empleó catadores en un intento por prevenir el envenenamiento. Los catadores debían examinar la comida para asegurarse de que fuera lo suficientemente segura para comer.

También se sabía que los griegos lo habían importado de Libia. Luego se vendieron a lo largo del sur de Europa.

Descubrimiento de hongos

Es difícil decir quién, dónde y cuándo se descubrieron los hongos. Sin embargo, los hallazgos arqueológicos han demostrado que los hongos se usaron en tiempos prehistóricos.

Por ejemplo, en las cuevas Tassili de Argelia, hay pinturas rupestres de hongos. Se cree que estas pinturas han existido durante unos 7.000 años. Asimismo, en España también se han encontrado pinturas rupestres que se remontan a 6.000 años. La evidencia, en general, apunta a 9000 aC como el período de su primer uso.

El primer registro de ellos en Europa se remonta al filósofo griego Hipócrates. Se dice que Hipócrates documentó por primera vez su uso medicinal. Se cree que este documento perteneciente a Hipócrates fue escrito alrededor del año 400 a. C.

El nombre 'hongo' proviene de dos palabras francesas. Las dos palabras significan hongos y moho. Aunque este nombre solo llegó a ser en tiempos recientes.

En el norte de África, la Psilocybe mairei y la Psilocybe hispanica se representan notablemente en la mayoría de las pinturas rupestres. Estas dos especies son dignas de mención por sus propiedades alucinógenas. Según algunos expertos, estas especies se utilizaron por sus beneficios medicinales.

La documentación sobre su consumo en Egipto se remonta al 4500 a. C. Muchas artes murales antiguas que representan plantas presentan hongos. Además, los pilares se moldearon en forma de hongos. Muchos de los cuales todavía se pueden encontrar hoy.

Muchos textos antiguos del antiguo Egipto también hablan de hongos, principalmente, 'el Libro Egipcio de los Muertos'. En el libro, se cita al autor diciendo: "es la comida de los dioses".

Además, un antiguo poema atribuido a Egipto dice lo siguiente:

"Sin hojas, sin capullos, sin flores: sin embargo, de fruto; como alimento, como tónico, como medicina: toda la creación es preciosa".

En la antigua China, Grecia y México, los hongos se usaban con fines rituales. Incluso en España, las pinturas rupestres tienen algunas representaciones de propósitos rituales de setas.

Alrededor de esa época, había muchos mitos relacionados con los hongos. Algunos creían que podría desbloquear habilidades sobrehumanas. Otros pensaron que podría conectar a los humanos con los muertos, y otros pensaron que podría dirigir el alma de uno. Algunas personas también creen que puede llevarlo a uno a los dioses.

Te interesaría saber que incluso hasta ahora, muchas de estas creencias todavía existen. Por ejemplo, los mexicanos todavía usan hongos con materiales alucinógenos para rituales. En tales ceremonias, se cree que los participantes "ven" a los dioses.

El uso de hongos alucinógenos en la región mesoamericana se redujo alrededor del siglo XVI. Los escritos de sacerdotes que se remontan al siglo XVI describen ampliamente el uso y los efectos de los hongos.

Los misioneros católicos rápidamente desaconsejaron su uso. Posteriormente, se asesinó a personas por usar los hongos en la región. El uso se restringió a las ceremonias rituales. Incluso así, el consumo continuó principalmente de forma privada.

En 1916, estos hongos alucinógenos, también llamados hongos mágicos, atrajeron la atención de la medicina moderna. El Dr. William Safford refutó su existencia después de revisar algunos registros españoles. Según él, nada en el mundo podría producir efectos tan embriagadores.

En los años siguientes, en la década de 1930, los científicos llegaron a Centroamérica. Su misión era comprobar por sí mismos si existían tales hongos o si las afirmaciones de Safford eran válidas.

No fue hasta 1955 que R. Gordon Wasson encontró los hongos. Participó en una ceremonia ritual en México. Después de eso, él, junto con su esposa e hija, participó en los rituales. En 1957, publicó un artículo, "Buscando el hongo mágico".

En 1962, Albert Hoffman descubrió que la psilocibina y la psilocina eran responsables de las propiedades alucinógenas del hongo. En 1968, después de aproximadamente 11 años de uso, la droga fue prohibida en Estados Unidos.

Historia del cultivo de hongos

Existen algunas controversias sobre cómo comenzó el cultivo de hongos. Las culturas occidentales afirman que comenzó en 1650. Es posible que las fechas difieran de los diferentes textos. Sin embargo, estamos seguros de que comenzó a mediados del siglo XVII.

Contrariamente a esta narrativa, la evidencia demuestra que el cultivo de hongos comenzó en China y Japón ya en el año 200 a. C. Aunque es especulativo, algunos expertos afirman que podría ser más antiguo que eso.

Los historiadores afirman que Auricularia polytricha fue la primera especie que se cultivó en la antigua China. Auricularia polytricha también se conoce como hongo del oído. El hongo se cultivó por sus múltiples propiedades medicinales.

En la cultura occidental, el cultivo se inició en Francia. El cultivo, que comenzó por accidente, se atribuye a un productor de melón que se quedó en París. El hongo botón o el hongo de tienda (Agaricus bisporus) fue la especie que se cultivó por primera vez.

La historia dice que el productor de melón encontró el hongo creciendo en estiércol. Después de este descubrimiento, decidió cultivarlos comercialmente. Afortunadamente, su intento de comercialización tuvo mucho éxito.

Dado que tuvo éxito, los vendió a restaurantes de París. El hongo recibió su apodo de "hongo parisino" en este período. Esta forma de cultivo continuó durante mucho tiempo. Incluso hasta la fecha, algunos agricultores todavía cultivan Agaricus bisporus utilizando este método.

Algunos años más tarde, un jardinero en Francia, llamado Chambry, descubrió una mejor manera de cultivarlos. Sin embargo, existen algunas controversias en torno a este hecho. Si bien algunos textos afirman que son las mismas personas, algunos dicen que son dos personas diferentes.

Descubrió que los hongos se cultivan mejor en cuevas que en campo abierto. Esta ventaja se debió al ambiente frío y húmedo que proporcionaban las cuevas.

Este descubrimiento cambió la dinámica del cultivo de hongos en Francia. A partir de ese momento, la gente empezó a cultivarlos en grandes cantidades. Hasta la fecha, muchas de las cuevas de Francia se utilizan para este propósito.

Pasaron hasta el siglo XIX casi 200 años después, antes de que los hongos fueran aceptados en Europa. En Estados Unidos, se aceptó por primera vez como condimento. Con el paso del tiempo, los hongos se convirtieron en parte de las comidas de los nativos americanos.

Muchos historiadores han afirmado que los franceses introdujeron los hongos en Inglaterra y América. En poco tiempo, los estadounidenses lo adoptaron bien. Los clubes de búsqueda comenzaron a desarrollarse en todo el país. Su principal objetivo fue la recolección e identificación de las especies comestibles.

El cultivo comenzó en Estados Unidos con agricultores que usaban áreas oscuras debajo de bancos de invernadero. En 1894, se construyó un edificio con el único propósito de cultivar hongos. Fue el primero de su tipo en el mundo en ese momento. El edificio está ubicado en Pennsylvania hasta la fecha.

Historia del cultivo de algunas especies específicas

Desde el inicio del cultivo de hongos, ha habido muchas mejoras. Cada día surgen métodos de cultivo para diferentes especies. Sin embargo, muchos de esos inventos surgieron recientemente con el aumento del avance tecnológico.

Sin embargo, el conocimiento que tenemos hasta ahora sobre ellos es todavía limitado en comparación con la cantidad de especies comestibles que tenemos. Los seres humanos pueden cultivar solo unas pocas especies a día de hoy.

Estas son algunas de esas especies y cómo se descubrieron sus métodos de cultivo.

1. Champiñón (Agaricus bisporus)

Mucha gente está familiarizada con esta especie de hongo. Es de lejos el más popular de todos.

También llamado 'hongo de tienda', es la especie más cultivada en el mundo. Hasta finales de la década de 1970, era la única especie cultivada en el mundo.

El cultivo de este hongo comenzó en el siglo XVII. Como se dijo anteriormente, comenzó en Francia. Se cultivaron en campo abierto durante unos 160 años. Algún tiempo después, se descubrió que los hongos crecen a partir de su semilla o micelio.

Este método era algo similar al cultivo de plantas a partir de semillas. Más tarde, también en Francia, se descubrió que la luz no era necesaria para su crecimiento.

Este conocimiento llevó a un cambio del cultivo en campo abierto al cultivo en cuevas. En 1910, los franceses comenzaron a cultivar esta especie en casas convencionales. Sin embargo, hasta la fecha, las cuevas siguen siendo las preferidas para el cultivo.

Durante la década de 1800, el cultivo de Agaricus bisporus se extendió a Inglaterra. En 1856, se introdujo en Estados Unidos desde Inglaterra. Inicialmente, el micelio tuvo que importarse de Inglaterra a Estados Unidos. Estos esfuerzos resultaron fallidos ya que muchos de los engendros resultaron dañados al llegar a los EE. UU.

Tenía que haber engendros autóctonos en los Estados Unidos para mitigar esta pérdida. En 1903, los científicos del Departamento de Agricultura de EE. UU. Desarrollaron uno con éxito.

2. Hongos del oído (Auricularia polytricha y Auricularia auricula)

Estas dos especies se clasifican bajo los hongos gelatinosos. Son los más populares de todos los comestibles de esta categoría. Auricularia polytricha se encuentra principalmente en ambientes tropicales más cálidos. Auricularia auricula, por otro lado, se encuentra en climas templados.

Podrían ser los hongos cultivados más antiguos del mundo. Su cultivo comenzó hace mucho tiempo en China y Japón entre el 200 y el 300 a. C.

Las especies son saprofitas. Este término significa que se alimentan de cosas muertas en descomposición. Por lo tanto, en la antigua

China, se cultivaban en los troncos de árboles muertos. Hasta la fecha, sigue siendo una práctica habitual.

Llevan el nombre de la distinta forma de oreja que tienen.

3. *Hongos ostra*

Las setas que pertenecen al género Pleurotus se incluyen en esta categoría. A lo largo de los años, se ha cultivado un buen número de setas de esta categoría.

Antes de su cultivo, se recolectaban principalmente en América del Norte y Europa. Eran una especie popular entre los recolectores de alimentos en ese momento. Incluso ahora, siguen siendo opciones populares.

Hasta principios del siglo XX, no se sabía nada sobre su cultivo. Alrededor de la década de 1970, se describió por primera vez un método o cultivo de Pleurotus ostreatus.

El método consistía en cultivar la especie en troncos muertos de madera. El sistema no fue una gran invención. Fue más una modificación, ya que se había utilizado en China más de 800 años antes.

Los antiguos chinos habían utilizado el método para cultivar otras especies. Sin embargo, la técnica no fue tan eficaz. Los troncos a veces se infectaban y producían otras especies que no estaban previstas. Este hecho provocó varias modificaciones del método para adaptarlo a su producción.

4. Trufas (Tuber melanosporum)

Las trufas son un tipo particular de hongos. Son muy caras y muy solicitadas. A partir de 2011, una libra de trufa negra (Tuber melanosporum) costaba unos 1000 dólares. El tipo blanco (Tuber magnatum) se vendió entre 1000 dólares y 2200 dólares en 2001.

Aunque el género Tuber contiene muchas especies, solo unas pocas son comestibles. La recolección de esta especie se remonta al 1600 a. C. Muchos científicos de la época desarrollaron teorías sobre su naturaleza y origen.

Se dice que Theophrastus es la primera persona en proponer una hipótesis sobre ellos. En su teoría, los describió como plantas. También fue más allá al decir que su crecimiento fue el resultado de tormentas eléctricas y lluvia.

Este error se prolongó durante años. Este concepto fue aceptado porque las trufas crecen bajo tierra.

En 1885, un fitopatólogo de Alemania desarrolló una hipótesis diferente. Describió la verdadera naturaleza de las trufas. También fue más allá para explicar que tenían una especie de relación simbiótica con las raíces de los árboles.

Sus teorías fueron rechazadas y luego aceptadas a principios del siglo XX. Incluso después, muchos todavía creen que las trufas son productos de los árboles donde se encuentran. Muchos misterios todavía rodean la complicada relación entre las trufas y las raíces de los árboles.

Muchas teorías que abundan sobre la relación son en su mayoría especulativas. Hasta la fecha, todavía abundan muchas sombras en torno a su producción. Aún no se conocen métodos de cultivo.

Debido a estos misterios, el consumo de trufas ha dependido principalmente de la recolección natural. Alrededor de la época de las guerras mundiales, hubo una caída en la demanda de trufas. Esta caída de la demanda provocó una fuerte caída de los precios en todo el mundo.

Las trufas una vez valoradas se volvieron inútiles. Los agricultores tuvieron que arrancar los árboles donde estaban creciendo. Hicieron esto para dar paso a cultivos más rentables.

El final de la Segunda Guerra Mundial fue testigo de un aumento repentino de la demanda de trufas. Con poca oferta, los precios también subieron. Existía una gran necesidad de equilibrar la creciente demanda y la escasez de oferta de trufas.

En 1972, dos científicos, Delmas y Grente, propusieron un medio de propagación. Sugirieron que los árboles deberían inocularse con el micelio de trufa.

Cinco años después, se realizó el primer ensayo en Europa. Se utilizó una vasta extensión de tierra, que contenía avellanos y plantaciones de robles. A continuación, los árboles se inocularon con micelio de trufa. La primera cosecha duró unos diez años y fue un éxito.

El método fue muy productivo, además de sostenible. Los árboles continuaron produciendo trufas mientras los árboles se mantuvieran vivos.

5. Morels género Morchella

Al igual que las trufas, se sabe poco sobre el cultivo de colmenillas. Como las trufas, también son caras. Sin embargo, a diferencia de las trufas, todas las especies de colmenillas son comestibles.

El cultivo de colmenillas ha sido un problema durante mucho tiempo en la historia. En Francia, 1883, se informó que se cultivaban colmenillas en los campos. El informe fue seguido por una reclamación en 1904 por Molliard. Supuestamente afirmó haber cultivado colmenillas en abono hecho con manzanas. Esta afirmación pronto se disipó, ya que parecía que las morillas crecían de forma natural.

Los científicos han intentado reproducirlos en entornos únicos donde son comunes. Desafortunadamente, los experimentos fallaron porque no se produjeron colmenillas.

En la década de 1950 se produjeron micelios de morel. Los micelios se utilizarían como aromas para cocinar. Este pensamiento se desvaneció rápidamente a medida que la gente prefería las morillas al micelio.

En 1982, Ron Ower desarrolló un método de propagación en los Estados Unidos. La técnica pronto se descuidó porque era cara y generaba muy pocas morillas.

Tres años después, Ron y Gary Mills mejoraron el método anterior. Aunque fue mejor que el enfoque de Ower, el experimento solo funcionó en Michigan. Hoy en día existen muchas variaciones en cuanto a los métodos de cultivo. Sin embargo, nadie ha podido desarrollar una práctica rentable.

Ahora, sabes que a lo largo de la historia, los hongos han sido prominentes en todas las culturas del mundo. En las civilizaciones orientales de Asia, se los consideraba alimentos saludables. En Roma, fueron alimentados a los soldados para obtener fuerza. Muchas culturas los consideraban comida de los dioses.

Las setas dividieron el mundo en dos; los micófilos y los micofóbicos. Sin embargo, esta disparidad está desapareciendo rápidamente. ¿Está interesado en unirse al grupo de micófilos de rápido crecimiento que buscaban hongos? Aprenderá todo lo que necesita saber en el próximo capítulo. ¡Sigue leyendo!

Capítulo 3

Búsqueda de Hongos

Cuando algunas personas van de excursión y ven un hongo en el bosque, simplemente van en la otra dirección. Cuando las personas que odian ver hongos ven uno creciendo en su césped, lo patean o lo eliminan químicamente.

La aversión que estas personas sienten por los hongos es comprensible, ya que muchos hongos son venenosos y solo unos pocos son comestibles. Sin embargo, si puede dedicarse a aprender a identificar los hongos comestibles, puede comenzar a disfrutar de los beneficios que brindan los hongos.

Cómo identificar hongos

Algunos hongos son deliciosos para comer, muchos otros son tóxicos, causan malestar severo o temporal, y la mayoría de los hongos son desagradables o insípidos. El desafío es cómo identificar los pocos hongos comestibles.

Hay miles de especies de hongos en todo el mundo, y algunas tienen formas extrañas, mientras que otras no parecen hongos. A medida que te adentras en el reino de los hongos, comienzas a ver cómo el mundo de los hongos es complejo e intrincado.

Sin embargo, identificar los hongos comestibles no es una tarea imposible. Hay procesos a seguir, como se explica a continuación.

El proceso correcto de identificación de hongos

El proceso de identificación de hongos comienza conociendo las características de varios hongos. Esta etapa puede llegar fácilmente si su enfoque es identificar algunos hongos.

Sin embargo, si desea expandirse para identificar una amplia variedad de hongos, necesitará un libro de identificación de hongos.

Hay varios hongos en la naturaleza que se parecen a algunos hongos comestibles, y puede confundirlos fácilmente con lo que no son. El libro de identificación de hongos le sirve como guía para diferenciar entre los hongos similares y los comestibles.

Aparte de eso, estas son cuatro etapas para identificar cualquier hongo;

• *Observación*

Cualquier hongo revelará voluntariamente su identidad si sabe qué buscar. Entonces, ¿qué debería buscar en un hongo?

Empiece por mirar su gorra. Tome nota de su largo, ancho, color y forma.

Además, revise debajo de la tapa. Tenga en cuenta sus características distintivas como el color, el espaciado, la fijación de tiras, etc.

Lo siguiente es revisar el tallo. Compruebe si hay estrías, rayas, anillos y otras características de identificación.

Su sustrato también es algo importante a verificar. ¿Dónde y en qué crece el hongo?

Y por último, confirma la temporada de crecimiento. Los hongos crecen en diferentes épocas del año. Verifique si está creciendo en el momento adecuado. Si no es así, lo más probable es que se parezca.

• *Examen*

Al examinar los hongos, lo que hace es olerlos, sentirlos y saborearlos.

Los hongos comestibles tienen olores agradables que pueden ayudarlo a identificarlos. Si no huele bien, lo más probable es que no sea un hongo comestible.

También es importante tener en cuenta cómo se siente el hongo cuando lo tocas. Los hongos comestibles generalmente se sienten suaves, difusos, viscosos y agradables al tacto.

Por último, anímate a degustar la seta. Corta una porción y colócala en tu lengua, luego escúpala. Si tiene un sabor amargo, es una indicación de que debe mantenerse alejado de él. Y no se preocupe, no le hará daño si lo escupe.

• *Usar clave*

En este punto, saca el libro de identificación de hongos para verificar las características descritas en el libro. Si no es lo que crees que es, podría ser otro hongo comestible.

• Verificar y confirmar respuestas

Finalmente, si ha observado, examinado y verificado, es el momento de decidir en función de las características que ha encontrado. Tenga en cuenta que si no está 100 por ciento de acuerdo con lo que dicen las características, manténgase alejado de ese hongo.

Consejos para identificar hongos venenosos

No existe una regla única que oriente la identificación de los hongos venenosos. Pero, cuando te encuentras con un hongo, algunas características definitorias podrían ayudarte a determinar si es tóxico o no.

Toma nota de los siguientes consejos para evitar recoger hongos que pueden ser venenosos por error;

- No recoja hongos con branquias blancas

- Evite los hongos con faldón o anillo en el tallo

- Evite los hongos que tengan gorros o tallos rojos

Estos no son definitivos ya que algunos hongos comestibles también pueden presentar algunas de estas características. Sin embargo, cuando los nota, es una buena indicación de que debe mantenerse alejado de dichos hongos.

Puede perderse un hongo sabroso, pero al menos está seguro de que no se enfermará por el consumo de un hongo venenoso. Tenga en cuenta que, por razones de seguridad, no debe comer ningún hongo si no está 100 por ciento seguro de su comestibilidad.

Cultivo de hongos

Te encanta caminar y caminar por el bosque. Pero no querrás pasar por el estrés de buscar hongos comestibles cada vez que quieras condimentar tu comida con ellos. El cultivo de hongos es la respuesta que busca.

El cultivo de hongos es una forma segura de obtener el tipo de hongos que necesita, ya sea a pequeña escala o a escala comercial. La búsqueda de hongos es una apuesta, especialmente si eres nuevo en el juego. Incluso los expertos a veces cometen errores.

Pero, cuando cultivas tus hongos, no puedes equivocarte.

Además, aquellos que aman un tipo particular de hongo pueden tener dificultades para encontrarlo en el supermercado. En tal caso, cultivar su colonia de hongos es la mejor solución para el acceso rápido que desea.

Con algunas herramientas y el sistema de cultivo adecuado, puede tener hongos más que suficientes en cualquier momento que los necesite.

Fundamentos del cultivo de hongos

Los hongos cultivados son hongos comestibles que se cultivan en sustancias orgánicas en descomposición.

Debe conocer la clasificación de las diferentes especies de hongos en función de cómo aprovechan los nutrientes para comprender los elementos esenciales necesarios para el cultivo de hongos. Las clasificaciones son;

• *Sapróbico*

Una planta sapróbica es aquella que crece sobre sustancias orgánicas muertas. Los comestibles sapróbicos se valoran por su alimento y medicina.

En su forma cultivada, requieren un suministro constante de materia orgánica adecuada para sustentar su producción. De lo contrario, puede ser un factor limitante en la producción.

• *Simbiótico*

Un hongo simbiótico crece en asociación con otros organismos. Se encuentran principalmente en la naturaleza en los árboles.

La relación funciona porque el hongo ayuda al árbol a recolectar grandes captaciones de agua y ayuda a entregar nutrientes del suelo a los que el árbol no puede acceder.

• *Parasitario o patógeno*

La mayoría de los hongos patógenos causan enfermedades a las plantas. Solo una pequeña cantidad de estos hongos son comestibles.

Estas son las tres clasificaciones principales de las miles de especies de hongos.

Por lo tanto, las especies de hongos se cultivan principalmente de dos maneras:

1. *Sustrato compostado*

Los sustratos compostados son materias orgánicas de sustancias como arroz y paja de trigo, heno, bordillo de maíz, estiércol compostado, jacinto de agua y varios otros subproductos agrícolas, como hojas de plátano y cáscaras de café.

2. *Sustrato leñoso*

Este método involucra principalmente sustancias como aserrín, troncos de madera o cualquier subproducto de la madera.

6 pasos críticos en el cultivo de hongos

El concepto básico en la producción o cultivo de hongos comienza con algunas esporas de hongos. Estas esporas se convierten en micelio, expandiéndose en energía almacenada masiva y masa suficiente para soportar la fase final en el ciclo de reproducción del hongo.

La formación de hongos o cuerpos fructíferos es la última fase del ciclo de reproducción de los hongos. Un ciclo completo, de principio a fin, suele tardar entre dos y tres meses, según la especie de hongo.

Los pasos genéricos vitales en el proceso de producción son;

1. Identificar y limpiar el espacio de cultivo

Deberá decidir qué habitación o edificio usará para el cultivo y limpiar la habitación. Asegúrese de elegir un lugar donde pueda controlar la humedad, la temperatura y las condiciones sanitarias. Esas son las condiciones que determinan el crecimiento de las esporas.

2. Medio de cultivo

Hay dos medios de cultivo principales para el cultivo de hongos, como se indicó anteriormente. Elija el medio de cultivo que le resulte conveniente para trabajar o que se adapte al entorno de cultivo que ha elegido. Luego, guarde la materia prima en un lugar limpio y protéjala de la lluvia.

3. Pasteurice el medio

Deberá pasteurizar o esterilizar el medio y la mesa o bolsas en las que crecerán los hongos. Esta esterilización asegura que usted excluya a otros hongos del crecimiento en la misma plataforma, compitiendo así por los nutrientes. Cuando el hongo comienza a crecer, coloniza la sustancia y combate todas las competiciones.

4. Siembra

Cuando hayas hecho todo eso, el siguiente paso es sembrar la cama con semillas.

5. Entorno de cultivo coordinado

Esta etapa es la más desafiante porque es en este punto donde se realiza la mayor parte del trabajo. Debe mantener la humedad, la temperatura, la higiene y otras condiciones óptimas que contribuyen al crecimiento adecuado del micelio y la fructificación. También deberá agregar agua al sustrato con regularidad para aumentar el contenido de humedad.

6. Cosecha y reciclaje

La recolección es la última etapa del proceso de reproducción de los hongos. En este punto, procesa sus hongos para comerlos o los empaqueta para venderlos. Después de esto, limpia la habitación y comienza de nuevo.

Selección de especies

La mayoría de las especies de hongos solo dan frutos en un ambiente de unos 20 grados centígrados. Por lo tanto, difícilmente encontrará uno que crezca en un clima templado. Debe estimular la temperatura ambiente de crecimiento para cultivar hongos.

Aparte de eso, los otros factores a considerar al elegir las especies para cultivar incluyen:

1. Disponibilidad de materiales de desecho para el cultivo

No todas las setas dan fruto en el mismo sustrato. Debe determinar el tipo de sustrato que tiene disponible antes de elegir la especie de hongo.

2. Estado del medio ambiente

Las diferentes especies tienen condiciones ambientales en las que prosperan. Como se explicó anteriormente, la mayoría de las especies de hongos tienen dificultades para crecer en regiones templadas. Si reside en una zona tropical, solo puede cultivar variedades que sobrevivan a tales áreas.

3. La experiencia que tiene

Algunas especies no crecen fácilmente debido al nivel de experiencia necesario para producirlas. Si no sabe cómo cultivar estas especies y no tiene un experto al que pueda consultar, lo mejor es comenzar con especies más simples como las ostras. Los hongos shiitake y maitake también son una opción viable.

4. Los recursos que tiene

Además de tener suficientes materiales de desecho necesarios para sustentar las especies que elija, también debe considerar la disponibilidad de los recursos necesarios para cultivar dichas especies.

Si necesita coordinar la temperatura ambiental para que la especie sobreviva, ¿tiene lo que se necesita para lograrlo? Además, considere otros recursos necesarios y juzgue si se atreve a aventurarse en el cultivo de tales especies.

5. Demanda en el mercado

Es posible que no se preocupe por la demanda del mercado si solo está cultivando para consumo personal. Por otro lado, si está cultivando para uso comercial, debe considerar la demanda del mercado para dichas especies.

Algunas personas prefieren algunas especies en particular con un sesgo impenitente a otras especies. Es posible que deba realizar un estudio de mercado para determinar las mejores especies de hongos para cultivar dentro de su área de influencia.

Especies clave y métodos de cultivo

Estas son algunas de las especies de hongos comestibles comúnmente cultivadas y aceptadas a nivel mundial.

Hongo Botón Blanco (Agaricus Bisporus)

El botón blanco es el primero en la lista de hongos comestibles cultivados por agricultores de todo el mundo, la mayoría cultivados en regiones templadas. Puede cultivar el hongo en un sustrato compostado.

Necesitará sistemas de tecnología más alta porque se requiere una temperatura constante de 14 a 18 grados Celsius cuando se cultiva el Agaricus Bisporus. Aunque puede crecer a una temperatura más alta, necesita crecer en un ambiente dentro de esa temperatura para obtener lo mejor de su proceso de fructificación.

Hongo ostra (Pleurotus ostreatus)

Los hongos ostra son más fáciles de cultivar en comparación con otras especies de hongos. Por lo tanto, son la mejor opción para los cultivadores de hongos sin experiencia. Además, su proceso de cultivo ayuda a utilizar los desechos agrícolas y, en consecuencia, se convierte en una parte integral de un sistema agrícola sostenible.

Los cultivadores normalmente cultivan ostras en troncos de árboles. La gente comenzó a cultivarlos recientemente en aserrín, arroz o paja de trigo y otra variedad de materiales de desecho con alto contenido de celulosa. El cultivo de ostras en materiales de desecho con alto contenido de celulosa reduce su período de fructificación a aproximadamente dos meses.

El proceso de cultivo consiste en colocar el sustrato en una bolsa de plástico y mantenerlo en un lugar fresco y oscuro. A medida que el micelio crece en el sustrato, debe cortar una abertura en la bolsa, permitiendo que se desarrollen los cuerpos fructíferos.

Hongos Shiitake (Lentinus edodes)

Los hongos shiitake crecen fácilmente y requieren pocos recursos. Puedes cultivar shiitakes, tanto en exterior como en interior. Cuando está al aire libre, puede cultivarlo en un tronco, y cuando está en el interior, lo cultiva sobre aserrín o en bolsas.

El sistema de cultivo que involucra aserrín acelera el ciclo de fructificación y aumenta los rendimientos que obtiene. Sin embargo, necesita una gestión más hábil que cuando se utilizan registros.

Cuando cultiva sus hongos con troncos, los cuerpos fructíferos aparecen más rápido según el diámetro de los troncos del sustrato.

La duración del producto también depende de la densidad de la madera.

Hongos de paja de arroz (Volvariella volvacea)

Los hongos de paja de arroz se cultivan junto con la producción de arroz. Sin embargo, también puede cultivarlo en sustratos además de paja de arroz, desechos de algodón, paja de arroz, desechos de racimos de palma aceitera y hojas secas de plátano. Sin embargo, este método produce menos retornos.

En muchas áreas rurales, los cultivadores de hongos simplemente dejan paja de arroz completamente humedecida debajo de los árboles y esperan a que crezcan los hongos.

Activos necesarios para el cultivo de hongos

El cultivo de hongos demanda varias actividades que pueden realizar personas con diversos intereses, necesidades y capacidades específicas. Encuentre los activos cruciales que necesita para cultivar hongos a continuación.

1. Activos naturales

Las condiciones de la tierra y el clima juegan un papel pequeño en el cultivo de hongos, lo que hace posible que los agricultores con un área limitada se unan a la empresa. Además, la producción impredecible que afecta al sistema agrícola típico no se aplica al cultivo de hongos.

El acceso a un sustrato de esporas suficiente y de origen local es un determinante esencial para el éxito del cultivo de hongos. ¿Qué tan fácil es obtener subproductos agrícolas, troncos o aserrín como lo requiere la especie de hongo, y qué tan barato es? También puede obtener esporas de cuerpos fructíferos maduros o comprarlas en las instalaciones locales.

2. Activos humanos

Los activos humanos significan las habilidades, el conocimiento y la capacidad de trabajo necesarios para realizar una línea de trabajo. El cultivo de hongos requiere pocos esfuerzos humanos y puede operarlos como una adición a otras tareas.

Como no requiere mucha mano de obra, las personas con discapacidad también pueden cultivar hongos y realizar las tareas necesarias. Las personas con discapacidades mentales también pueden cultivar hongos porque la mayoría de las tareas involucradas son repetitivas.

3. Activos físicos

El equipo físico necesario para cultivar hongos depende de qué tan grande sea la producción. Sin embargo, muchos de los activos físicos para el cultivo de hongos son herramientas inclusivas. Estos elementos son necesidades típicas como agua, transporte, fuente de energía y edificios.

Los hongos crecen mejor en un edificio cerrado y fresco. En esta estructura, puede mantener fácilmente los elementos ambientales como la temperatura, la humedad, el nivel de humedad y la ventilación adecuada. Estas condiciones permiten un crecimiento adecuado.

4. Activos financieros

La venta de la producción determina la capacidad económica necesaria para el cultivo de hongos. Dado que puede cultivar hongos a cualquier escala, el compromiso financiero para comenzar un sistema de cultivo de hongos no tiene por qué ser enorme. Además, los sustratos en forma de subproductos agrícolas o troncos a menudo se obtienen de forma gratuita.

En comparación con otros cultivos agrícolas y hortícolas, los sistemas de cultivo de hongos permiten cosechar en poco tiempo. Puede cultivar hongos y cosecharlos dentro de dos a cuatro meses. Los pequeños productores encuentran en esto una ventaja.

Valores nutricionales de los hongos

Aunque algunos hongos pueden ser venenosos, no podemos descartar el hecho de que tienen valores nutricionales y medicinales. Si bien los valores nutricionales y medicinales presentes en los hongos son diferentes según la especie, vea algunos de los beneficios generales a continuación.

1. *Valor nutricional*

Los hongos agregan sabor a los alimentos, realzando el sabor de los alimentos suaves. También son una valiosa fuente de alimento por derecho propio. Los hongos carnosos pueden reemplazar la carne y tienen suficientes nutrientes para competir con varios vegetales.

Los hongos se pueden agregar a una comida para una dieta equilibrada, que es de gran valor, especialmente para las personas en los países en desarrollo. Son una buena fuente de vitamina B, C y D, y varios otros minerales como cobre, fósforo, potasio y hierro.

También proporcionan carbohidratos y son bajos en colesterol, fibra y almidón. Además, son una buena fuente de proteínas. Según los informes, los hongos contienen entre un 19 y un 35 por ciento de proteína, más que los frijoles.

2. *Valor medicinal*

Además de los valores nutricionales, los hongos tienen beneficios medicinales de los polisacáridos, y esos son buenos para estimular su sistema inmunológico. Ahora que hay una promoción reciente de alimentos funcionales y un enfoque en otros productos "que son más que alimentos", los hongos encajan perfectamente en esa categoría.

Los hongos se han agregado rutinariamente a las medicinas tradicionales chinas en la historia. Ahora, más del seis por ciento de los hongos comestibles forman parte de muchos de los tónicos para la salud y fórmulas a base de hierbas actuales.

Alergias e intolerancia a los hongos

Las alergias a los hongos desencadenan por error su sistema inmunológico, pensando que las proteínas presentes en los hongos son peligrosas. El sistema inmunológico crea una afluencia de histamina, la hormona que lo protege de infecciones y enfermedades. Cuando sucede, su cuerpo reacciona de manera divertida, lo que indica que es alérgico a lo que tomó.

La intolerancia a los hongos, por otro lado, se trata más de su codificación genética. Tiene que ver con la dificultad que tienes para digerir los hongos. Por lo tanto, comienzas a tener reacciones físicas desagradables.

Tenga en cuenta que la alergia a los hongos es diferente de la intolerancia a los hongos. La alergia a los hongos activa su sistema inmunológico, mientras que la intolerancia a los hongos no lo hace. En la alergia a los hongos, los antígenos de los hongos pueden activar su sistema inmunológico incluso si aún no ha comido hongos.

Síntomas de reacción alérgica al hongo

Puede tener reacciones gastrointestinales cuando tiene alergia a los hongos. El revestimiento del intestino se inflama e hincha a causa de la histamina provocada por su cuerpo. Otros síntomas de las alergias a los hongos incluyen:

• Náuseas

• Mareo

- diarrea

- Dolores de cabeza

- Urticaria

- Dificultad para respirar

- Calambres

- Sibilancias

- Dolor e hinchazón abdominal

Las alergias a los hongos son un problema médico grave. Es posible que deba consultar a un médico cuando experimente estos síntomas después de comer hongos.

Remedio para la intolerancia a los hongos

Desafortunadamente, no existe ningún medicamento que pueda usar para prevenir la intolerancia a los hongos. Sin embargo, puede mantenerse alejado de la ingesta de hongos para evitar la sensación incómoda que proviene de la intolerancia a los hongos.

Dado que la intolerancia a los hongos se trata más de su dificultad para digerir los hongos y no de su sistema inmunológico, ese sería el mejor remedio posible.

Ahora, ya sabe todo lo que necesita saber sobre la búsqueda de hongos. Puedes empezar a buscar hongos comestibles que puedas agregar a tu dieta por su valor medicinal y nutricional. Aprenderá a cosechar y almacenar setas en el próximo capítulo.

Capítulo 4

Consejos Para la Recolección y Almacenamiento de Hongos

La recolección de su hongo es una experiencia gratificante. Pero también puede ser un desafío porque el proceso requiere mucho tiempo.

El proceso de almacenamiento puede ser aún más desafiante ya que requiere una práctica cuidadosa. Aprender a hacerlo correctamente puede llevar un tiempo, pero a medida que practica, aprende más sobre el proceso.

El proceso comienza con la recolección de solo hongos brillantes y sin manchas. Sería mejor si eligiera solo hongos que se vean y huelan frescos.

Evite los hongos que tienen malas manchas, están secos, oscurecidos, marchitos, mohosos, tienen malas manchas y dan un olor desagradable. No puedes almacenar esos hongos por mucho tiempo.

Cuándo cosechar hongos

Los hongos no son como otras plantas que tienen un período de crecimiento esperado. La regla general es esperar pacientemente a ver crecer el hongo del compost. El período que tarda en crecer depende del tipo de compost que elija usar, como se discutió en el capítulo anterior.

También depende, en cierta medida, del tipo de hongo que elija cultivar. Sin embargo, en un promedio de tres a cuatro semanas, debería aparecer el hongo. Espere a cosecharlos cuando las tapas se abran, es decir, cuando la tapa pasa de convexa a cóncava.

El tamaño de los hongos no es un indicador de cuándo cosecharlos. Más grande no siempre es mejor. Sin embargo, puede decidir esperar hasta que sean lo suficientemente grandes si lo prefiere de esa manera.

Cómo cosechar hongos: cortar o recoger

No hay gran problema con la recolección de hongos; tampoco el proceso es un misterio.

Sin embargo, existe un debate en torno a cuál es el mejor método; recoger o cortar la seta. Sin embargo, el debate sobre qué técnica es mejor no terminará pronto, ya que cada método tiene sus defensores.

Quienes apoyan el corte de los hongos argumentan que la recolección puede destruir el micelio circundante que aún no se ha desarrollado o que aún se está desarrollando. También afirman que el método resultó en un mayor rendimiento con el tiempo.

Quienes apoyan la recolección afirman que el corte puede dejar tocones a partir de los cuales se pueden desarrollar enfermedades y terminar contaminando el medio de cultivo.

Si ha considerado el argumento de ambos lados, ¿qué técnica debería elegir? La respuesta es simple porque, de manera realista, no hay diferencia entre los dos métodos.

Ambos tienen sus inconvenientes, que, si se manejan adecuadamente, eventualmente no importarían. Por lo tanto, su objetivo como recolector de hongos es manejar cualquier técnica que elija usar correctamente.

Cómo recoger o cortar hongos

Si opta por cortar hongos, córtelos únicamente con un cuchillo afilado colocado en el tallo del hongo. Además, corte de manera que el tallo no sobresalga del sistema de cultivo y recuerde quitar cualquier material de sustrato restante.

Si elige recoger el hongo, coloque los dedos en el tallo y sáquelo suavemente del sustrato. Asegúrese de separarlos cuidadosamente del sustrato para que sus hongos permanezcan hermosos desde la parte inferior del tallo hasta la parte superior de la tapa.

El objetivo es recoger los hongos de manera considerada. ¡La clave es ser amable!

Para ambos métodos, recuerde que el micelio debe permanecer activo y vivo para un crecimiento y recolección continuos.

Cómo almacenar hongos

Los hongos no duran mucho antes de que se deterioren. Si los almacena correctamente, pueden ser útiles hasta una semana después de cosecharlos.

Si desea almacenarlos durante ese tiempo, coloque los hongos sin lavar en una bolsa de papel marrón, doble la bolsa desde la parte superior y luego colóquela en un lugar fresco y seco.

Sin embargo, cuando necesite que se queden más de una semana, o quiera venderlos para obtener ganancias, debe emplear algunos métodos de conservación de hongos.

Hay dos métodos principales de conservación de hongos que puede utilizar, a saber; refrigerar o congelar y secar.

Refrigeración o congelación

Guárdelos a temperaturas entre 2 y 4 grados Celsius para maximizar su vida útil. Tenga en cuenta que los hongos frescos no se congelan bien y no los preservarán de la descomposición.

Pero, si solo necesita almacenar hongos frescos por un tiempo, envuélvalos en bolsas de papel y guárdelos en el congelador.

De lo contrario, los champiñones deben cocinarse antes de congelarlos. Eso es porque cocinar mata las enzimas que aceleran el proceso de deterioro de los hongos. Por tanto, este paso es fundamental y hay dos formas de realizarlo.

1. Salteado

Cuando se saltea la comida, significa cocinar la comida en una cantidad de grasa, generalmente aceite, usando una sartén abierta.

- Lavar los champiñones en agua fría y cortarlos en rodajas. (no empapar)

- Saltec con mantequilla o aceite durante unos 5 minutos, dependiendo de la cantidad de champiñones.

- Congele los champiñones en una bandeja para hornear.

- Cuando estén congelados hasta cierto punto, transfiéralos a un recipiente seguro para el congelador y guárdelos allí.

2. Al vapor

La congelación cambia el color y la textura de los hongos, haciendo que los hongos sean oscuros y suaves. Por lo tanto, para reducir el cambio de color, siga estos pasos.

- Agregue jugo de limón o ácido cítrico al agua en la medida de una cucharadita a una pinta de agua.

- Remoje los champiñones en la mezcla durante unos 5 minutos.

- Luego, cocine al vapor durante unos 5 minutos, dependiendo de la cantidad de champiñones.

- Congelar instantáneamente en una bandeja de horno

- Almacene en bolsas o recipientes aptos para congelador.

Secar hongos

Secar los champiñones es una forma fácil de conservarlos durante mucho tiempo.

Hay varios métodos que puede utilizar para secar sus hongos. Algunos de los métodos incluyen el uso de un deshidratador de alimentos, horno de cocina, ventilador de caja, secado al sol, etc.

Cualquiera que sea el método que elija utilizar, el proceso general de secado incluye los siguientes pasos;

- Cortar los champiñones en tamaños pequeños. Hace que se sequen más rápido.

- Evite exponerlos a demasiado calor porque el calor puede destruir algunos de los componentes beneficiosos de los hongos.

- Revíselos con regularidad para evitar que se sequen demasiado. El objetivo es eliminar todo el contenido de agua de las setas. Por lo tanto, deben secarse agrietadas para que se rompan o rompan fácilmente.

- Almacene en un recipiente hermético después de secar y déjelo en un lugar fresco y oscuro.

- Si es alérgico a los hongos, tenga cuidado al secarlos. El calor y el movimiento del aire pueden hacer que las esporas se muevan mientras se secan.

Estos son los pasos necesarios para secar tus hongos. Ajústelos para que se ajusten al método de secado que está utilizando.

Tenga en cuenta que demasiada humedad en sus hongos puede hacer que el proceso de secado sea tedioso. Por tanto, evita lavar los champiñones antes de secarlos.

Ahora que ya sabe todo lo que necesita sobre la búsqueda de setas, la recolección y el almacenamiento, tal vez se pregunte si hay otras plantas que pueda comer en su región. El próximo capítulo lo educará sobre las plantas silvestres, cómo encontrarlas y reconocerlas, y cómo cosecharlas y almacenarlas.

Capítulo 5

Plantas Silvestres

Las plantas silvestres son plantas que crecen solas. La gente a menudo los considera como una interferencia no deseada con otras plantas. La mayoría de las veces, las más pequeñas se consideran malas hierbas y se eliminan del medio de las plantas.

El término "silvestre" se usa para describir estas plantas porque a menudo crecen donde no se las desea. Crecen espontáneamente sin acciones humanas.

Sin embargo, existen plantas silvestres comestibles y medicinales. Algunos son aromáticos y de perfumería.

Los beneficios de las plantas silvestres son numerosos y diversos. Estas plantas son una gran fuente de ingresos para los agricultores. Los recolectores también aprovechan el don de la naturaleza para recolectar plantas silvestres. Algunas plantas silvestres comestibles se pueden comer crudas. Algunos requieren cocción o secado.

Sin embargo, no todas las plantas silvestres son comestibles. Algunos son venenosos y deben evitarse.

Las plantas silvestres crecen en diversos lugares. Una gran cantidad de ellos se encuentra en campos, zonas costeras, etc. Puedes aprender más sobre dónde puedes ver plantas silvestres.

¿Dónde se pueden encontrar las plantas silvestres?

No hay un área de cultivo restringida para plantas silvestres. Crecen en cualquier lugar sin ser plantadas. Estas plantas no dependen de la nutrición humana para crecer y ser productivas.

La realidad es que los jardineros no pueden deshacerse completamente de ellos de sus parterres. Incluso cuando lo hacen, estas plantas vuelven a crecer o otras nuevas ocupan su lugar. Entonces, la lucha contra la marihuana es continua.

Las malas hierbas también crecen en granjas entre otras plantas. Debido a que no son deseados, hay etapas en la agricultura donde los agricultores los eliminan.

Las plantas silvestres abundan más en espacios abiertos y lugares silvestres como campos, lugares baldíos, humedales, montañas y colinas. También se encuentran en tierras deshabitadas y áreas costeras.

En estas áreas, crecen sin cortarse. Estas plantas también presentan una vista agradable en estas áreas porque crecen a tamaño completo. Quizás se pregunte si las plantas silvestres son útiles para algo más que una gran vista.

Bueno, los excursionistas y montañeros se alimentan de plantas silvestres. Algunas personas buscan comida como pasatiempo. Sin embargo, en algunos lugares, es una estrategia de supervivencia. Las plantas silvestres pueden ser increíblemente útiles si conoces el uso correcto.

Usos de plantas silvestres

Dado que las plantas silvestres crecen casi por sí solas, uno pensaría que no son tan útiles como otras plantas. Sin embargo, este supuesto no es el caso. Las plantas silvestres son beneficiosas en todo el mundo. En entornos rurales, desempeñan funciones económicas fundamentales.

• *Beneficios económicos*

Las plantas silvestres contribuyen a la vida económica de cualquier sociedad. Este hecho es principalmente el caso en los países en desarrollo. Dondequiera que existan prácticas agrícolas, las plantas silvestres son esenciales.

Las comunidades locales donde florecen los sistemas agrícolas dependen principalmente de las plantas silvestres. Es una fuente de suministro de alimentos saludables. Los turistas, excursionistas o montañeros que buscan comida en estas áreas recolectan muchos alimentos.

Las plantas silvestres son fuente de una variedad de alimentos. Las raíces, tallos, hojas, frutos, semillas, tubérculos, etc. de diferentes plantas son comestibles.

En algunos lugares, como Turquía, la gente come la mayoría de las plantas silvestres crudas. Se comen el tallo de Rumex alpinus y

Rumex chalepensis crudo. Sin embargo, algunas plantas se hierven o se secan antes de comerlas.

Algunas plantas silvestres se emplean en la fabricación de aditivos alimentarios y agentes de procesamiento. Las plantas de abejas ayudan a producir miel. Las plantas silvestres también se utilizan para la elaboración de vino y bebidas.

Algunas personas cocinan con leña. Los cortan del bosque y los cortan en trozos utilizables. Algunas personas prefieren comprar a personas que los cortan. Los agricultores suelen beneficiarse económicamente de estas plantas. Los consumidores de estos productos ofrecen un mercado preparado para productores y vendedores.

• *Valor socioeconómico*

Las plantas silvestres también tienen valor socioeconómico. Se pueden procesar y utilizar para tintes, fibras y abrigo. También se producen resinas, taninos, látex, aceites, ceras, etc. utilizando partes de plantas silvestres.

Los cosméticos y perfumes también tienen partes de plantas como elementos constitutivos. Ejemplos de tales plantas son Achillea spp, Rosemarinus Officinalis, etc.

Las plantas silvestres también se utilizan en la fabricación de medicamentos para consumo humano y animal. Estos medicamentos se utilizan en la prevención y el tratamiento de enfermedades y dolencias.

No se puede dejar de enfatizar la importancia de las plantas medicinales. En la mayoría de las comunidades, estas plantas se cultivan cerca del hogar. Algunas plantas medicinales incluyen aloe inermis, Aloe perryi, Salvia fruticosa, etc.

Las plantas medicinales se han utilizado tradicionalmente desde tiempos inmemoriales. Actualmente, las plantas medicinales todavía juegan un papel importante en la producción de fármacos. Investigaciones recientes incluso descubren la necesidad de estas plantas.

La mayoría de los países, especialmente los países en desarrollo, basan su atención médica en las medicinas tradicionales. La Organización Mundial de la Salud (OMS) fija las cifras en 80 por ciento.

Otros artículos producidos con plantas silvestres son leña, carbón vegetal y fertilizantes.

La utilidad de las plantas silvestres se considera un elemento central de algunos conocimientos tradicionales. El uso de algunas plantas silvestres es autóctono de algunas comunidades. La mayoría de las veces, la cultura se conserva y se transmite.

Las plantas silvestres son esenciales para la naturaleza en general. Algunas aves e insectos dependen de ellos para sobrevivir. Algunos de estos insectos pueden extinguirse si estas plantas silvestres no están allí para alimentarse.

La presencia de estas plantas silvestres atrae a los insectos. Es una forma de control natural de plagas para los agricultores. Las plantas alrededor de estas plantas silvestres estarán libres de estos insectos. En cambio, el insecto se alimentará de las plantas silvestres.

Los agricultores deben permitir plantas silvestres cerca de sus cultivos, considerando esta ventaja. Sin embargo, las malas hierbas entre las plantas se pueden eliminar.

• *Hermosa vista de la naturaleza*

Otra ventaja fabulosa de las plantas silvestres es la vista que presentan. La naturaleza tiene una forma de impactar las mentes humanas. Una vista agradable del entorno natural es beneficiosa para el bienestar humano.

A pesar de estas ventajas de las plantas silvestres, algunas personas las cortan. Algunos agricultores y jardines no pierden el tiempo cortándolos. Si se conservan las plantas silvestres, todos se beneficiarán de ello.

Valor ambiental de las plantas silvestres

Las plantas silvestres juegan un papel único en la mejora del medio ambiente natural. Aparte del embellecimiento, ayudan a mejorar el suelo. También sirven como cortavientos. Los hace muy valorados en zonas de fuertes vientos.

Las plantas silvestres también pueden ayudar a controlar la erosión. También se utilizan como ornamentales.

La mayoría de las personas no aprovechan por completo los beneficios de las plantas silvestres porque las consideran desventajosas. La población más grande no está bien informada sobre las ventajas de tener plantas silvestres alrededor.

Ya no deberías ser parte de esta multitud, ya que has aprendido los usos de estas plantas silvestres. Puede comenzar a buscar estas plantas con la guía que le brindamos en el próximo capítulo para ubicar e identificar estas plantas.

Capítulo 6

50 plantas anchas comestibles en América del Norte

Hay muchas plantas comestibles que puedes recolectar en Norteamérica. Sin embargo, la mayoría de estas plantas se consideran malas hierbas. Si miras cuidadosamente a tu alrededor, encontrarás varias de estas plantas comestibles brotando en algún lugar cercano a ti.

La próxima vez que salga a buscar comida, no pase por alto estas plantas ricas en nutrientes. Esta lista le ayudará a identificar qué es comestible y cómo diferenciarlos de sus variedades venenosas.

Pamplina

Esta planta es una hierba anual y a menudo crece en el césped durante la primavera. No le gusta el calor, por lo que lo encontrará en áreas sombreadas. Crece en suelos húmedos.

Estas plantas tienen una característica distintiva; las hojas se pliegan cuando va a llover.

Identificación

Tiene cinco pequeños pétalos de flores incisos de color blanco que parecen diez. El tallo delgado es solo peludo en un lado y aparecerá en un lado diferente, después de cada par de hojas.

Tiene hojas de forma ovalada con puntas puntiagudas. A diferencia de otras plantas, no tiene savia lechosa.

Cuando se abre, su tallo tiene una médula elástica que no se arruga cuando se dobla el tallo exterior.

Las hojas crecen en pares opuestos y los pares cambian de dirección en cada nodo. Las plantas más viejas a menudo tienen y pueden crecer hasta 12 pulgadas (30 cm) de altura.

Partes comestibles

Las flores, el tallo, las semillas y las hojas de la pamplina son comestibles.

Cantidad segura de consumibles

Come solo un poquito. Demasiado puede causar malestar estomacal.

Mejor estado consumible

Puede comer pamplina cruda o cocida, como parte de un guiso o sopa.

Valor nutricional

Las pamplinas son ricas en minerales y vitaminas. Es una rica fuente de vitamina C, potasio, calcio, selenio, magnesio, betacaroteno, etc.

Se puede encontrar en campos abiertos y césped.

Epilobio

Esta hermosa planta podría confundirse con otra flor que ilumina el campo donde crece. Sin embargo, es una planta comestible para picar cuando se necesita comida en la naturaleza.

En Gran Bretaña, la planta se llama Rosebay Willow Herb o Great Willow Herb.

Identificación

Tiene un tallo rojizo liso y con sus hojas en forma de lanza que se alternan entre sí en un patrón disperso. La flor de Epilobio es grande y rosada, con cuatro pétalos y estigmas. Las plantas crecen muy altas, ya que las especies enanas pueden medir hasta 12 a 14 pulgadas (20-60 cm) de altura.

Tiene una estructura de vena estampada circular. Esta característica la hace única y fácil de diferenciar de otras plantas de lirio tóxicas a principios de la primavera, cuando tienden a parecerse.

Partes comestibles

Puedes comer la flor, las hojas y el tallo a principios de la primavera. Suelen tener un sabor amargo y son más duros en verano.

La médula de las plantas más viejas se puede comer cruda, por lo que también puede abrir el tallo para extraerla.

También puede comerse las raíces, después de asar y raspar su capa exterior, pero tiene un sabor amargo.

Cantidad segura de consumibles

Puedes comer todo lo que quieras.

Mejor estado consumible

Puede comer brotes de Epilobio crudos o cocidos cuando sus hojas estén listas para comer. Puedes encurtir o saltear los brotes.

Valor nutricional

Es rico en vitamina A y C.

Ubicación

Encontrará algas en las orillas de los arroyos, bosques abiertos, laderas, orillas del mar en el ártico, campos abiertos y pastos y laderas alpinas.

Acedera de madera

Estas plantas vienen en diferentes variedades y a menudo florecen durante la primavera y el otoño. Tiene un suave sabor a limón que saciará tu sed cuando estés en la naturaleza.

Identificación

La planta tiene una estructura de hojas compuestas con tres folletos en forma de corazón doblados a lo largo de la vena media. Pueden venir en tonos morados o burdeos, aunque la mayoría son de color verde. Estas hojas se pliegan por la noche y se abren por la mañana y también pueden doblarse bajo la luz solar intensa.

Sus flores de cinco pétalos pueden ser blancas o amarillentas. Al mismo tiempo, algunas otras variedades pueden tener pétalos de color violeta o rosado.

Sus vainas apuntan hacia afuera a unos 90 grados del tallo en el que crece. Los tallos también crecen aproximadamente en el mismo ángulo del tallo principal.

Partes comestibles

Puedes comer todas las partes de esta planta. Sus hojas, vainas de semillas que se asemejan a frutos, flores y raíces de quingombó son comestibles.

Cantidad segura de consumibles

Consumir con moderación, ya que el alto contenido de oxálico puede ser tóxico.

Mejor estado consumible

Puede comer acedera de madera cruda o agregarla como condimento en su comida. También se puede usar como sabor a café o como parte de su ensalada.

Valor nutricional

La acedera de madera es rica en vitamina C. Algunas especies son plantas de tubérculos comestibles, ricas en fibra, aminoácidos y proteínas.

Ubicación

Encontrarás acederas de madera en los bosques y en los suelos de los bosques.

Hojas de mostaza

Si encuentra esta hierba invasora cerca de usted, entonces es hora de buscarla para que sirva de algo a su estómago. Descubrirás que su sabor a ajo es una excelente adición a tus comidas.

Identificación

Las hojas de estas plantas tienen forma de riñón o de corazón, dependiendo de qué tan cerca estén talladas en la vena media. Sus bordes se desprenden en un patrón irregular y agudo, aunque puede aparecer festoneado en las hojas más jóvenes. Las hojas de esta planta pueden ser peludas o no.

La flor tiene cinco pétalos blancos, seis estambres y cuatro sépalos verdes. A menudo encontrarás cuatro de los estambres altos y los otros dos cortos. Las flores suelen florecer entre mayo y junio.

Partes comestibles

Las semillas, raíces, tallo, flores y hojas del verde mostaza son comestibles.

Cantidad segura de consumibles

Come las hojas con moderación o sumérgelas en agua antes de comer debido a su contenido de cianuro.

Mejor estado consumible

Es mejor comer hojas de ajo y mostaza cuando hace frío, ya que se vuelven amargas cuando hace calor. Pero, las hojas son comestibles independientemente de la estación del año.

Puede agregar las flores a sus ensaladas y recolectar sus semillas para comer durante el otoño. Las raíces picantes también se pueden recolectar al comienzo de la primavera o hacia el final del otoño. También puede agregar el tallo a sus verduras cuando la planta aún no haya florecido.

Valor nutricional

Las mostazas verdes son ricas en vitamina A, E, C y betacaroteno. También tiene un alto contenido de fibra y contiene manganeso, calcio, hierro y zinc.

Ubicación

La mostaza de ajo se puede encontrar alrededor de pantanos, zanjas, suelos de bosques alterados, bordes de carreteras y cercas. Es común en muchas partes de Estados Unidos y Canadá.

Cerezas negras silvestres

Estas frutas de aspecto agradable son ricas en sabor y proporcionan un bocadillo sabroso para aquellos que tienen la suerte de encontrar algunas. Descubrirás que su drupa rojiza o púrpura negruzca te invita a cuando madura por completo a principios del otoño.

Identificación

Las hojas de estas plantas se desprenden en un patrón ovado, alineándose alternativamente a lo largo de las ramas de los árboles. Suele tener unas 6 pulgadas de largo.

El árbol tiene una corteza lisa de color marrón claro, que podría volverse más oscura y rugosa con la edad. Las ramas son largas y delgadas y pueden crecer lo suficiente como para tocar el suelo.

Encontrarás el racimo de flores al final de las ramas de la planta. En una mirada más cercana, las flores blancas tienen cinco pétalos, con cinco sépalos y varios estambres. Brotan en un racimo de aproximadamente 4-6 pulgadas de largo.

Los frutos aparecen al final del racimo después de que termina la floración de la flor, aparecen de color verde, se vuelven de color rojo oscuro y, finalmente, de color negro violáceo en la madurez completa.

Partes comestibles

Los frutos son comestibles, aunque pueden tener un sabor amargo.

Cantidad segura de consumibles

Es seguro consumir esta fruta solo con moderación debido al contenido de cianuro de su semilla.

Mejor estado consumible

Se puede comer crudo o exprimido por su jugo.

Valor nutricional

Las cerezas negras silvestres pueden ser una buena fuente de vitamina C y proporcionar antioxidantes útiles al cuerpo.

Ubicación

En su mayoría, encontrará varias especies en muchas partes de Canadá y Estados Unidos. Podría tropezar con uno en un parque, campo o bosque abierto.

Alfalfa

Si intenta elegir hierbas silvestres para comer, la alfalfa es una hierba que puede encontrar por ahí. Es muy valorado por sus ventajas medicinales y algunas personas lo plantan. Puede tener suerte de encontrarlo creciendo en algún lugar a su alrededor por sí solo.

Identificación

Encontrará esta planta creciendo en un suelo húmedo a húmedo, pero no en un cobertizo. Puede crecer hasta 1 m de altura y la encontrarás floreciendo entre junio y julio, y las semillas madurarán de julio a septiembre.

Las hojas de la alfalfa se dividen en tres folíolos estrechos con bordes dentados. El folleto del medio sobresale hacia afuera que los demás.

Las flores de color púrpura crecen en racimos en un racimo y pueden contener entre 10 y 30 flores por racimo.

Sus vainas de semillas crecen en espiral y pueden contener hasta 6 semillas en una vaina.

Partes comestibles

Puedes comer las hojas, semillas y brotes de Alfafa.

Cantidad segura de consumibles

Es mejor comer solo un poco de esta planta, incluso si la encuentras en abundancia a tu alrededor. Puede presentar riesgos potenciales para los glóbulos rojos.

Mejor estado consumible

Las hojas son comestibles, ya sea crudas o cocidas. Es posible que desee hervirlo considerablemente para reducir su contenido de saponina. Las semillas se pueden utilizar en forma germinada en ensaladas.

Valor nutricional

La planta es rica en proteínas, vitaminas A, B, C y K (las hojas)

Ubicación

Se encuentra comúnmente en prados, bosques, campos perturbados y riberas.

Dientes de leon

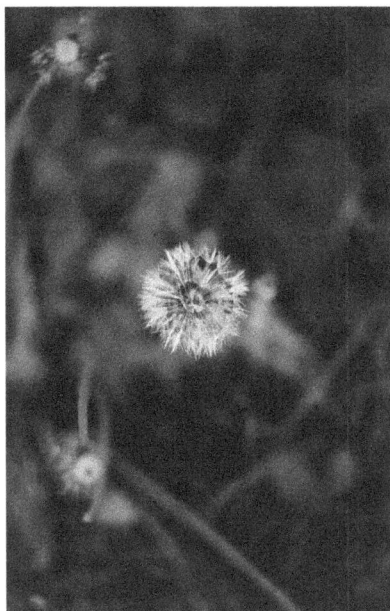

Las hermosas flores de esta planta hacen que sea fácil de detectar entre otras malezas.

Identificación

Los dientes de león crecen lo más cerca posible del suelo. Las hojas se disparan a unos 90 grados del tallo y no hacia arriba, como en algunas especies parecidas.

Las hojas tienen bordes afilados en forma de dientes que son lisos. No tienen pelo en la superficie y los tallos pueden producir savia lechosa. Los tallos suelen ser blanquecinos, pero pueden tener un color violáceo.

Las flores son de color amarillo brillante, como es el caso de cualquier especie de girasol. Sin embargo, podría ser un desafío identificar los dientes de león con sus flores porque muchas otras variedades comparten la misma estructura floral.

Partes comestibles

Las hojas y raíces son comestibles.

Cantidad segura de consumibles

Come dientes de león con moderación. También debe evitarlo si está embarazada o amamantando.

Mejor estado consumible

Es mejor comerlo crudo o ligeramente cocido para conservar su base de nutrientes. También se puede secar y pulverizar para dar sabor a los alimentos.

Valor nutricional

Es rico en vitamina K, betacaroteno, calcio, ácidos grasos omega, entre otros minerales beneficiosos.

Ubicación

Es común en áreas verdes y zonas alteradas.

Muelle rizado

Encontrar una tierna planta de muelle rizado mientras busca alimento puede hacer que todos los esfuerzos valgan la pena. Encontrarás una rica verdura verde, con sabor a espinaca, cuando te tropieces con la tierna.

Identificación

Las hojas de esta planta son largas, estrechas y rizadas, como su nombre lo indica. Crecen cerca del suelo y en lo alto del tallo. Sin embargo, las hojas de la base son más largas y anchas que las del tallo.

Puede encontrar una vaina blanquecina alrededor de los ganglios, que eventualmente se volverá marrón con la edad.

Las flores, a menudo violáceas, pueden llegar a 25 en un racimo. Suelen ser pequeños y casi insignificantes.

Las semillas crecen en el tallo encerradas en una cápsula con forma de hoja. A menudo son de tres lados, con un lado apuntando hacia afuera. La caja de las semillas puede volverse marrón con la edad, pero a menudo permanece en el tallo durante el invierno.

Partes comestibles

Las hojas rizadas, el tallo, las semillas y las raíces del muelle son comestibles.

Puede cosechar el tallo antes de que florezca para obtener un sabor rico. Es mejor recolectar las hojas recién desplegadas para un mejor sabor. Las semillas también se pueden procesar y las raíces se pueden cosechar.

Cantidad segura de consumibles

Es mejor comer muelles rizados con moderación para evitar ingerir demasiado ácido oxálico.

Mejor estado consumible

Puedes comerlo crudo o cocido según la temporada de cosecha o la parte de la planta que estés comiendo.

Valor nutricional

Es rico en vitaminas B, A y C, y hierro.

Ubicación

Encontrará esta planta alrededor de los bordes de las carreteras, sitios de construcción y campos alterados.

Achicoria

Esta planta es una mala hierba común con la que debe haberse encontrado en muchos lugares, especialmente en los bordes de las carreteras. Sus hermosas flores comestibles pueden ser atractivas cuando están en plena floración.

Identificación

Las hojas a menudo crecen puntiagudas desde el tallo áspero y peludo. Crecen en patrones alternos y tienen forma de lanza. Las hojas suelen ser más anchas hacia la base y todas tienen bordes lobulados.

Verás que las flores tienen un color azul cielo, rosa o blanco, y solo se abren cuando hace sol. Tienen forma paralela y se superponen entre sí.

El tallo tiene una savia lechosa y las hojas se vuelven más delgadas hacia arriba. La planta tiene un sistema de raíces principales.

Partes comestibles
Puedes comer todas las partes de esta planta. Las hojas, el tallo, las flores y las raíces son comestibles.

Cantidad segura de consumibles
Cualquier cantidad de raíces y hojas de achicoria agregada a una comida es segura. Si lo comes crudo, es posible que tengas que lidiar con su sabor amargo en las cantidades que los ingieres. Sin embargo, no se considera seguro para las mujeres embarazadas.

Mejor estado consumible
Puedes comer esta planta cruda, pero puedes hervirla para reducir su sabor amargo.

Valor nutricional
Contiene vitamina B y es muy rico en fibra.

Ubicación
Es una mala hierba común en América del Norte. Se puede encontrar en campos viejos, bordes de carreteras y áreas con maleza.

Charlie arrastrándose

Puede tener la suerte de encontrar este verde nutritivo mientras camina por el bosque.

Identificación

Las hojas crecen en tallos largos, tienen bordes redondos o en forma de riñón y festoneados. Crecen en pares en los tallos y tienden a ser más verdes que la planta hacia las partes superiores del tallo. Las hojas tienen una superficie peluda escasa.

El tallo de la planta es cuadrado y la raíz fibrosa. Los tallos que llevan la flor están más erguidos y tienen hojas más pequeñas.

La planta generalmente forma una estera en el piso y puede establecer otra raíz, si un nudo en el tallo toca el piso. La planta crece rápidamente cuando termina de florecer.

Las flores a menudo tienen un color azul a violáceo y tienen sus pétalos de dos labios en forma de tubo. Encontrarás las flores agrupadas en grupos de tres.

Partes comestibles

Las hojas tiernas de esta planta son comestibles y agregarán un sabor mentolado a sus comidas.

Cantidad segura de consumibles

Siempre que coma Creeping Charlie con moderación, no correrá ningún riesgo.

Mejor estado consumible

Puedes comerlo crudo o cocido.

Valor nutricional

Creeping Charlie es rico en vitamina C.

Ubicación

Encontrará a Creeping Charlie en áreas húmedas, áreas sombreadas, césped y bordes de bosques.

Campánula

Se le llama comúnmente campanillas o dedal de dama. Parece lejos de ser comestible, pero puede ser una buena fuente de alimento. Si encuentra esta planta mientras busca comida, no dude en elegir algunas como alimento.

Identificación

Las hojas de esta planta suelen tener forma de riñón y pueden medir hasta 7 cm de largo en la madurez. Las hojas en la base de la planta suelen ser redondas. Los que están en la parte superior del tallo suelen ser más delgados y parecidos a una hierba.

La savia de la planta es lechosa y fluye cuando se rompen las hojas o el tallo. El tallo es estrecho e incluso puede colgar hacia abajo debido a su peso ligero.

Sus flores tienen forma de campana, probablemente la razón por la que se le llama campanillas. Las flores violetas florecen en el tallo más grueso con hojas estrechas. Tienen cinco lóbulos en forma de cuchara en sus bordes exteriores.

Encontrarás las flores que florecen de junio a septiembre.

Partes comestibles

Las hojas de esta planta son comestibles.

Mejor estado consumible

Puede comer las hojas crudas como parte de sus ensaladas o cocidas con sus comidas.

Valor nutricional

Esta planta es famosa por su rico contenido en vitamina C.

Ubicación

Las campanillas son comunes en áreas boscosas, prados, playas, áreas sombreadas y abiertas. Son comunes en la mayor parte de Estados Unidos y Canadá.

Plátano de hoja ancha

Esta planta es otra maleza comestible exótica. En la superficie, puede parecer aterrador, pero tiene comida gratis si alguna vez la encuentra.

Identificación

Es conocido por sus hojas grandes, de forma ovalada y tallos gruesos. Los tallos crecen desde una base. Las flores son verdosas, largas, con espigas erectas que nacen de las hojas en la parte inferior.

Las flores tienen cuatro pétalos, un pistilo y dos estambres. Las semillas se forman debajo de las flores.

Partes comestibles

Las hojas y semillas de plátano de hoja ancha son comestibles y tienen muchos usos medicinales.

Cantidad segura de consumibles

Las semillas pueden causar hinchazón, así que no las coma en exceso.

Mejor estado consumible

Las hojas se pueden cocinar o se pueden comer crudas. Tiene un sabor amargo y puede ser un poco complicado cosechar las semillas.

Valor nutricional

Estas plantas contienen taninos, flavonoides y glucósidos, que son compuestos antiinflamatorios que pueden ayudar a reducir la inflamación.

Ubicación

Puede encontrar plátanos de hoja ancha en patios de recreo, pasillos y campos abiertos.

Hierba de piña

Es una planta anual que a menudo se confunde con la manzanilla. Tiene un olor parecido a la piña cuando se tritura.

Identificación

Es una planta de bajo crecimiento con follaje finamente dividido que emite un olor a piña cuando se tritura. La hierba de la piña tiene una cabeza de flor en forma de cono que es de color amarillo verdoso.

Las hojas están finamente divididas en segmentos estrechos y plumosos. Pueden crecer de 2 a 4 cm y no tienen pelo.

Toda la planta crece hasta unos 30 cm de altura.

Partes comestibles

La flor y las hojas son comestibles.

Cantidad segura de consumibles

El té de la piña se puede tomar todas las noches.

Mejor estado consumible

Las flores se pueden secar y triturar para usarlas como harina. Las hojas son útiles como té.

Valor nutricional

Esta hierba puede curar la fiebre, el malestar estomacal y el insomnio. También contiene propiedades analgésicas y es muy recomendable para madres lactantes.

Ubicación

Esta planta crece entre las grietas de la acera y casi todas las áreas de desechos e incluso puede sobrevivir en suelos maltratados como caminos de entrada, caminos de tierra y suelos arenosos. Es común en América del Norte.

Malva

Si conoces la flor de hibisco o malva, entonces puedes reconocer una planta de malva. La única diferencia son sus hojas anchas.

Identificación

Las hojas son redondas y distintas. Las flores y las vainas de semillas son pequeñas y redondas, a menudo borrosas por las hojas. La malva tiene una flor en forma de embudo con cinco pétalos y una columna única de estambres que rodea el pistilo.

Los frutos son redondos y tienen gajos de queso. Los tallos son flexibles y provienen de un punto central, apoyados en el suelo.

El tallo se origina en una raíz pivotante profunda y es de extensión baja con ramas que pueden medir hasta 60 cm de largo.

Las flores nacen solas o en racimos de las axilas.

Partes comestibles
Las hojas, tallos, flores, semillas y raíces son comestibles.

Cantidad segura de consumibles
Es mejor consumirlo en una cantidad razonable.

Mejor estado consumible
Puedes comerlo crudo o cocido como verduras.

Valor nutricional
La malva es rica en calcio, magnesio y hierro.

Ubicación
Encontrarás esta planta en la mayor parte de América del Norte. Esta planta crece en céspedes, jardines, bordes de carreteras o áreas de desechos.

Equinácea

Esta planta de rápido crecimiento siembra sus semillas y es fácil de cultivar. Puede encontrarlos en colores brillantes, morados o tenues para adaptarse a su jardín.

Identificación

Las equinacia son fáciles de identificar. La flor es redondeada y de pie. Tiene hojas inferiores más grandes que las superiores.

El tallo es rígido y tiene líneas finas, verticales y violetas. Los tallos se ramifican en ramas laterales o permanecen rectos y sin ramificar.

Las hojas emergen de forma alterna y individual del tallo y tienen forma de lanza. Tienen centros en forma de cono que contienen semillas que atraen a las mariposas.

Las equinacia son tolerantes a la sequía y sin problemas.

Partes comestibles

Todas las partes de la equinácea son comestibles, pero las hojas y los botones florales se utilizan para preparar té de hierbas.

Cantidad segura de consumibles

Puedes tomar todo lo que quieras.

Mejor estado consumible

La flor y las hojas se secan para hacer té de hierbas.

Valor nutricional

Tiene efectos positivos sobre el sistema inmunológico, reduce el nivel de azúcar en sangre, reduce la ansiedad y cura el resfriado y el cáncer de piel.

Ubicación

Es común en la mayor parte de América del Norte.

Baya del saúco

Esta baya de color púrpura oscuro proviene del árbol de saúco europeo. A menudo se confunde con American Elder, Dwarf Elder o Elderflower, pero no son lo mismo.

Identificación

Busque racimos de pequeñas flores blancas, frutos morados caídos y corteza dura y leñosa. La baya del saúco crece comúnmente en un patrón tupido, parecido a un arbusto. Las plantas maduras de saúco pueden medir entre 9 y 12 pies o entre 2,7 y 3,7 m.

A la baya del saúco le encanta crecer en hábitats húmedos.

Partes comestibles

Los frutos, flores y pétalos de estas plantas son comestibles.

Cantidad segura de consumibles

Las frutas se pueden comer tanto como quieras. Pero cuando se convierte en té, no debe tomarse más de tres veces al día.

Mejor estado consumible

Los frutos y pétalos se comen crudos. La flor se puede mojar en masa y freír.

Valor nutricional

Tiene un alto contenido de vitamina C y fibra dietética.

Ubicación

Puede encontrar bayas de saúco en las orillas de los arroyos, marismas o bosques húmedos.

Reina de los prados

Esta planta es la más bonita y la más fragante de todas las plantas de seto. Tiene flores de color amarillo crema y esparce aromas de miel, vainilla y almendras en el vecindario.

Identificación

El árbol crece hasta un metro o dos metros. Las hojas de color verde oscuro tienen de 3 a 5 pares de folíolos dentados con hojas más pequeñas a su alrededor. La superficie superior es lisa y la parte inferior algo vellosa.

La flor tiene un olor agradable cuando se abre por primera vez. El olor se vuelve más fuerte cuando las flores se marchitan.

Los tallos y las hojas también tienen una fragancia, pero no es tan aguda como la de las flores.

Partes comestibles

Sus hojas, flores, brotes y semillas son comestibles.

Cantidad segura de consumibles

Es seguro en pequeñas cantidades, ya que una dosis alta puede actuar como anticoagulante y prevenir la coagulación de la sangre.

Mejor estado consumible

Las hojas se pueden comer crudas o cocidas en verde.

Valor nutricional

Es rico en carbohidratos, azúcares y vitamina C.

Ubicación

Es común en la mayor parte de América del Norte.

Hierba de pimienta

Esta planta de la familia de la mostaza tiene un sabor picante. Es una excelente adición a ensaladas, sopas, pastas y otros platos.

Identificación

Esta planta tiene un racimo que proviene del tallo altamente ramificado de la planta. Las flores crecen en la parte superior de los racimos.

Esta planta tiene pequeñas flores blancas con cuatro pétalos, de dos a cuatro estambres y puede medir de 1 a 3 mm de largo. Tiene cuatro sépalos ahuecados de color blanco verdoso de aproximadamente 1 mm de largo.

Las hojas tienen forma de lanza y peludas. Las hojas son basales en la base de la planta y pueden crecer de 2 a 15 cm de largo con un lóbulo terminal grande y varios lóbulos laterales.

Partes comestibles

Toda la planta es comestible.

Cantidad segura de consumibles

Come como mejor te parezca.

Mejor estado consumible

Mezclar las hojas con ensalada o moler las raíces para hacer té.

Valor nutricional

Contiene proteínas, hierro, vitamina A y C.

Ubicación

Las plantas son comunes en América del Norte. La planta se puede encontrar a lo largo de carreteras, sitios alterados, pastos y áreas de desechos.

Pennycress de campo

El berro de campo también se conoce como Stinkweed, Frenchweed o Fanweed. Puede ocurrir como una planta anual de invierno o verano.

Identificación

Las semillas son de forma ovalada y de color marrón oscuro. Están redondeados en un punto y más afilados en un punto en el otro extremo.

Los tallos tienen nervaduras y pueden tener alas a lo largo de las nervaduras. Las hojas alternas miden hasta 4 pulgadas de largo y 1 pulgada de ancho. Los márgenes de las hojas aparecen ondulados y, a veces, pueden tener dientes romos.

El sistema de raíces es el de una raíz primaria. Las flores son diminutas, de aproximadamente ⅛ pulgadas de ancho cuando están completamente abiertas, con cuatro pétalos blancos y cuatro sépalos verdes.

Partes comestibles

Las semillas y las hojas son comestibles.

Cantidad segura de consumibles

Grandes dosis pueden provocar una disminución de los glóbulos blancos. No es seguro durante el embarazo y la lactancia.

Mejor estado consumible

Las hojas se pueden comer crudas o hervidas.

Valor nutricional

Es rico en proteínas, grasas, carbohidratos y aceite.

Ubicación

Field Pennycress se encuentra comúnmente en parcelas de vivero, áreas a lo largo de vías férreas y bordes de carreteras, campos en barbecho, jardines y tierras de cultivo.

Ortiga muerta púrpura

Esta planta también se conoce como "monstruo devorador de color púrpura". Se le dio el nombre para describir su efecto en la temporada de invierno, ya que su color púrpura puede convertir todo un campo en púrpura en invierno.

Identificación

Es una planta anual. La ortiga peluda no pica, de ahí el nombre de "ortiga muerta". Lo encontrará comúnmente en terrenos baldíos y aceras.

La planta tiene hojas de forma triangular con el tallo que se une a la hoja del tallo. Las flores son de color rosa, con forma de tubo. Los extremos inferior y superior se inclinan uno hacia el otro.

Los tallos son de forma cuadrada, con una mezcla de color verdoso en la parte inferior y tonos morados en la parte superior.

Partes comestibles

Las hojas de ortiga muerta son la única parte comestible de la planta.

Mejor estado consumible

Las hojas se pueden usar en ensaladas, mezcladas como batidos, para sopas y también para té. Entonces, puedes optar por consumirlo crudo o cocido.

Mejor cantidad consumible

Come las hojas con moderación.

Valor nutricional

Puede ser de buen uso medicinal. Contiene propiedades antiinflamatorias, antifúngicas y antibacterianas.

Ubicación

Encontrará ortiga morada en la mayoría de los jardines de América del Norte.

No me olvides

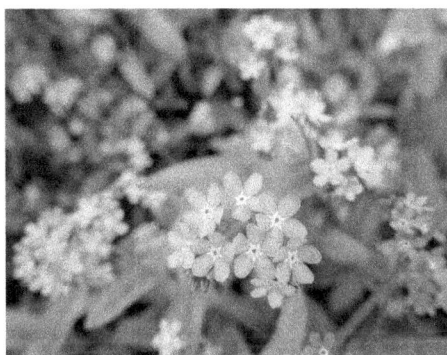

Se sabe que esta flor simboliza el amor verdadero. Las flores se utilizan para decorar regalos con la esperanza de que los destinatarios no olviden al donante. Las flores desprenden una hermosa fragancia durante la noche.

Identificación

Las flores tienen pétalos azul grisáceo de 3 a 5 mm. Los tallos florales curvados se abren para mostrar una sucesión de flores de cinco lóbulos.

Las hojas y los tallos son suaves y peludos. Las hojas superiores no tienen tallos y se alternan a lo largo del tallo. La rama de la planta puede alcanzar una altura de 40 cm.

Los frutos son de mericarpio en forma de huevo y de 1,5 a 2 mm de largo. Son brillantes, de alas estrechas y de color marrón amarillento.

La planta se ve comúnmente en bordes de carreteras, bordes de bosques, paredes desmoronadas y setos.

Partes comestibles

Las flores de esta planta son comestibles.

Cantidad segura de consumibles

Las flores no son tóxicas y se pueden comer con la frecuencia que desee.

Mejor estado consumible

Las flores se pueden comer crudas como bocadillo o en una ensalada o se pueden usar para decorar postres y adornar sus comidas.

Valor nutricional

Toda la planta se utiliza como medicina y puede curar las hemorragias nasales y los problemas pulmonares.

Ubicación

La planta es común en América del Norte y algunas especies son nativas de California.

Gordolobo

Esta planta se caracteriza por sus hojas suaves y flores amarillas en la parte superior que le dan un aspecto único.

Identificación

Esta suave planta bienal crece alta. Produce hojas en forma de roseta durante su primer año de crecimiento.

El tallo alto parece un poste y tiene una densa espiga de flores amarillas. Difunde las semillas que produce, pero no es agresivamente invasivo. Sus semillas germinan en campo abierto.

Las flores crecen de 5 a 60 cm de largo, y cada flor tiene cinco pétalos, sépalos verdes peludos, estambres y un pistilo. Una cápsula de semillas reemplaza cada flor con dos células y numerosas semillas diminutas.

Las grandes hojas de forma ovalada forman una roseta basal. Viene en un color gris verdoso y las hojas crecen hasta 50 cm de largo.

Partes comestibles

Puedes comer las hojas y las flores.

Cantidad segura de consumibles

Puedes comer esta hierba cuantas veces quieras.

Mejor estado consumible

Las hojas y las flores se pueden comer como ensalada y hervir para hacer té.

Valor nutricional

Es rico en antioxidantes que se utilizan para curar el resfriado común y el asma. También es bueno para aliviar los músculos.

Ubicación

Es común en los Estados Unidos y el sur de Canadá. El gordolobo se encuentra en campos abiertos, terraplenes de vías férreas, áreas alteradas y lugares de desechos.

Cardo toro

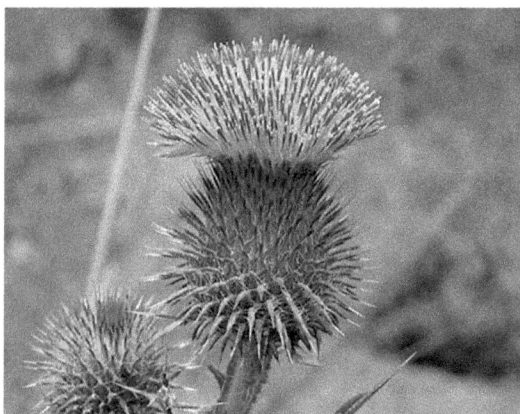

Esta planta está cubierta de espinas cortas y afiladas en la parte superior y un limbo de hojas de color verde oscuro. Es difícil tocar la superficie debido a los pinchazos.

Identificación

Las cabezas de las flores son de color púrpura y crecen de 3,5 a 5 cm de diámetro y de 2,5 a 5 cm de longitud. Las flores tienen brácteas estrechas con puntas de espinas.

Las hojas son alternas y en forma de lanza. Tienen pelos ásperos y con cerdas en la parte superior e inferior. Las hojas miden entre 7,5 y 30 cm de largo.

El tallo es firme y espinoso. Produce numerosas semillas con pequeñas plumas y se fija a la base mediante un anillo hasta que maduran. Tiende a crecer y sobrevivir en áreas perturbadas y áreas con humedad moderada.

Partes comestibles

La raíz, los tallos florales, las hojas, los botones florales y las semillas son comestibles.

Cantidad segura de consumibles

Come como mejor te parezca. Pero evita sus partes espinosas.

Mejor estado consumible

La raíz se puede mezclar con otras verduras. Los tallos de las flores se pueden cocinar y las hojas tiernas se pueden comer en ensalada. Los botones florales se pueden preparar y las semillas se pueden tostar.

Valor nutricional

Es rico en inulina y proteínas. También es bueno para curar problemas hepáticos y diabetes tipo II.

Ubicación

El cardo toro es común y se puede encontrar en la mayor parte de América del Norte.

Kudzu

Esta vid es conocida por su rápido y salvaje crecimiento. Es una especie altamente invasiva que crece hasta 30 cm por día.

Identificación

Las hojas se forman con tres folletos unidos a cada nudo. Las hojas están conectadas al tallo en su tallo. El pecíolo de la hoja central mide aproximadamente 19 mm de largo y los otros dos tienen pecíolos más cortos.

Las enredaderas largas tienen cerdas pequeñas de color marrón que se arrastran por el suelo o trepan por superficies verticales. Pueden cubrir un árbol entero o estructuras de edificios enteras. Las vides gruesas son leñosas.

Las flores son de color púrpura o púrpura rojizo y están dispuestas en racimos. Las flores pueden crecer hasta 8 pulgadas de alto.

Partes comestibles

Las hojas, las puntas de las enredaderas, las flores y las raíces son comestibles.

Cantidad segura de consumibles

Se debe comer una pequeña porción la primera vez para saber si es alérgico a ella. De lo contrario, puede consumir tanto como desee.

Mejor estado consumible

Las hojas se pueden comer crudas, picadas, horneadas o fritas. La raíz a menudo se convierte en té.

Valor nutricional

Es rico en calorías, proteínas, carbohidratos, fibra y grasas.

Ubicación

Se encuentra en el sureste de Estados Unidos.

Pickerelweed

Esta planta acuática tiene sus hojas y flores sobre el agua y parte del tallo bajo el agua.

Identificación

Puedes encontrar esta planta en aguas poco profundas. Tiene una espiga de flores pequeñas y hojas en forma de corazón y el tallo de la flor se eleva por encima de las hojas, con solo una hoja creciendo detrás de las flores.

Las flores florecen una tras otra de abajo hacia arriba. Este método de floración prolonga el período de floración durante varios días. Las flores crecen hasta 6 pulgadas.

Las hojas grandes proporcionan un hábitat para peces, aves, reptiles y mamíferos nadadores.

Su denso sistema de raíces proporciona una barrera de olas que evita que el sedimento de la costa se erosione. Las hojas miden entre 10 y 25 cm y tienen pecíolos largos.

Partes comestibles

Las semillas y las hojas son comestibles.

Cantidad segura de consumibles

Las nueces se pueden comer tanto como quieras, pero asegúrate de que la fuente de agua de la que cosechaste la hierba no esté contaminada.

Mejor estado consumible

Las semillas se pueden comer como nueces y los tallos de las hojas se pueden cocinar verdes.

Valor nutricional

Es rico en vitaminas y minerales.

Ubicación

Esta planta se puede encontrar en la mayor parte de América del Norte.

Trébol rojo

El trébol rojo es una planta comestible perteneciente a la familia de las leguminosas. Su historia se remonta a los chinos, quienes la utilizaron con fines medicinales. Los nativos americanos y otras culturas notables también creían que era una cura potente para las quemaduras y los problemas bronquiales.

Identificación

El trébol rojo tiene un aspecto distintivo debido a su flor rojiza. Su cabeza está formada por diferentes flores de forma tubular. Tiene hojas verdes formadas por chevron verde pálido o blanco en la parte superior de la planta. Esta característica protege a la planta de los insectos polinizadores.

Las hojas son ovaladas y generalmente más anchas en el centro de la planta. La base de cada hoja compuesta contiene un par de estípulas.

Partes comestibles

El trébol rojo da el mejor sabor entre otros tipos de tréboles. La flor es la parte más comestible del trébol rojo. Las hojas también se pueden agregar a la ensalada o al té para su consumo.

Cantidad segura de consumibles

Es mejor comerlo con moderación para evitar efectos secundarios como náuseas, sarpullido o dolor de cabeza.

Mejor estado consumible

Es recomendable no comer en exceso la flor porque puede causar hinchazón.

Valor nutricional

Es rico en vitamina C y una buena fuente de minerales como potasio, fósforo, calcio y magnesio.

Ubicación

Es común en la mayor parte de América del Norte. Por lo general, se encuentran entre pastos, campos y pueden crecer hasta unos 80 centímetros de largo.

Mitchella repens

La Mitchella repens pertenece a la familia de las madder con tallos que se extienden hasta unos 20 centímetros de largo. Se caracteriza por su par de flores tubulares blancas con frutos rojos. También se les llama twinberry.

Identificación

Los tallos de las plantas son generalmente de color verde claro a marrón claro. Más tarde se vuelven marrones y se suavizan a medida que envejece. Las flores son radialmente simétricas, miden alrededor de 13-16 mm de largo.

Las flores se encuentran en las axilas de las hojas o en las puntas de las ramas. Cada uno de los pares de flores comparte el mismo cáliz tubular.

Las hojas de la perdiz son ovaladas con superficies lisas a lo largo de sus márgenes. Está formado por una superficie superior brillante de color verde oscuro.

Partes comestibles

Las bayas y las hojas de la planta son comestibles, pero las hojas se suelen convertir en té. La fruta tiene un sabor suave y se puede utilizar en cualquier plato culinario.

Cantidad segura de consumibles

Es relativamente seguro de consumir, pero las mujeres embarazadas y las madres lactantes deben evitarlo.

Mejor estado consumible

Puede utilizar las hojas secas en té y comer la pulpa de la baya.

Valor nutricional

Es rico en proteínas, fibra y calorías.

Ubicación

Por lo general, se encuentran en tierras altas rocosas, sabanas arenosas y laderas de barrancos boscosos. Es particularmente común en el este de América del Norte.

Acedera de oveja

Acedera de oveja es una de las plantas comestibles silvestres más comunes en América del Norte. Es una planta perenne perteneciente a la familia del trigo sarraceno. Crece extendiendo sus raíces horizontales y sacando semillas. Tienen una altura media de unos 10 a 40 cm.

Identificación

Se puede identificar fácilmente por sus hojas en forma de flecha, que suelen crecer en forma de roseta. Un sistema de raíces rastreras se une a las hojas en crecimiento bajo tierra. La acedera de oveja pertenece a una especie similar a la semilla del muelle, y la similitud se muestra en sus cabezas de semillas.

Por lo general, crecen en parches debido a su raíz rastrera. Las flores son unisexuales, con los tipos masculinos de color amarillento. Por el contrario, las hembras tienen un color verde rojizo. Son pequeños y tienen verticilos con un racimo ramificado.

La parte inferior de las hojas está lobulada, a diferencia de la acedera común, que tiene una base de hoja puntiaguda. Las hojas del medio tienen un lóbulo lateral a cada lado y son de tallo corto.

Partes comestibles

Las hojas son comestibles. Los recolectores generalmente lo usan como espesante en sopas o lo muelen como harina para hacer fideos. Sabe a cítricos o cáscara de manzana y tiene un sabor a limón o tarta.

Cantidad segura de consumibles

Es mejor consumirlo en cantidades moderadas. Comer en exceso puede ser nauseabundo.

Mejor estado consumible

Las hojas se pueden comer crudas o cocidas.

Valor nutricional

La planta es rica en vitamina C.

Ubicación

Es común en áreas forestales de América del Norte.

Bolsa de pastor

El bolso de los pastores suele aparecer a principios de la primavera. A medida que la planta comienza a tener flores, las hojas basales comenzarán a marchitarse, dejando solo las hojas más pequeñas.

Identificación

Sus vainas en forma de bolsa pueden identificarlos rápidamente. Pertenece a la familia de la mostaza y se diferencia de las demás por sus hojas basales lobuladas. Las hojas crecen hasta unos 10 cm de longitud.

El primer juego de hojas que crece generalmente es redondeado, mientras que el último juego de hojas está profundamente dentado. El bolso de los pastores suele alcanzar una altura media de unos 30 cm.

Partes comestibles

Se puede sustituir por repollo o berro en ensaladas. Tanto las semillas de la bolsa de pastor como los brotes florales también son partes comestibles de la planta silvestre. El secado de la raíz se puede sustituir por jengibre para el consumo.

Generalmente, las hojas están disponibles durante todo el año y se pueden secar para su uso posterior.

Cantidad segura de consumibles

Consuma cantidades moderadas y las mujeres embarazadas deben evitarlo.

Mejor estado consumible

Las hojas se pueden consumir crudas o cocidas, según su elección.

Valor nutricional

Es rico en hierro, vitamina C y calorías.

Ubicación

La planta es común en la mayor parte de América del Norte. Por lo general, se encuentran en campos de cereales, bordes de carreteras, áreas de desechos y jardines.

Girasol

El girasol silvestre tiene un pétalo de rayo vistoso que suele atraer mariposas y pájaros. Puede llamarlos la versión no cultivada del girasol.

La principal fuente de nutrición del girasol proviene de la producción de la fotosíntesis y es por eso que el girasol y sus hojas giran para seguir al sol: son fototrópicas.

Identificación

Son plantas anuales con rasgos peludos, toscos y frondosos. Generalmente crecen hasta una altura de aproximadamente 1,5 metros con un tallo rígido y erguido. Los notará rápidamente por sus floretes amarillos.

Un disco central de color marrón rojizo se encuentra en la parte superior de la flor. Alrededor de 40 a 80 flósculos radiales rodean las flores.

Sus hojas tienen una textura áspera y áspera, que puede medir hasta unos 30 cm de longitud. Hay pelos cortos y rígidos esparcidos por la parte superior de las hojas. Tienen pecíolos de color verde claro a rojizo que están cubiertos de pelos cortos y rígidos. Los girasoles generalmente prosperan en áreas con suelo alcalino.

Partes comestibles

También puede molerlo en polvo y mezclarlo con harina para pan. Los pecíolos de las hojas se pueden hervir con otras verduras para su consumo.

Cantidad segura de consumibles

Come las semillas en la cantidad deseada.

Mejor estado consumible

Las semillas se pueden consumir crudas o cocidas.

Valor nutricional

Son ricos en proteínas, vitamina E y magnesio.

Ubicación

Por lo general, se encuentran en áreas de desechos, cercas, caminos y campos.

Belleza de primavera

La belleza primaveral, también conocida como Claytonia carolianais, se desarrolla a partir de un rizoma almidonado. La energía de temporadas anteriores se almacena en el rizoma para impulsar su crecimiento a principios de la primavera.

Esta planta silvestre utiliza el círculo amarillo y las venas rosadas de las flores como polinizadores.

Identificación

La belleza primaveral pertenece a la familia Montiaceae. Es un tipo de especie perenne que produce sus flores durante la primavera. Su pétalo rosa o blanco con venas oscuras se puede utilizar para identificarlo.

La maduración de las cápsulas de semillas suele provocar la desaparición de la planta desde arriba del suelo.

Cada una de las flores contiene seis pétalos blancos cubiertos por venas rosadas. Un par de hojas crecen en los tallos y una hoja mide unos 8 cm de largo y 2 cm de ancho.

Partes comestibles

Las raíces, hojas y tallos son comestibles. Sus raíces son ricas en almidón y tienen un sabor a nuez.

Cantidad segura de consumibles

Come tanto como desees.

Mejor estado consumible

Las raíces, hojas y tallos se pueden comer crudos o cocidos.

Valor nutricional

Es rico en vitamina A y C.

Ubicación

Por lo general, se encuentran en bosques, bosques abiertos, humedales y matorrales aluviales.

Planta de té

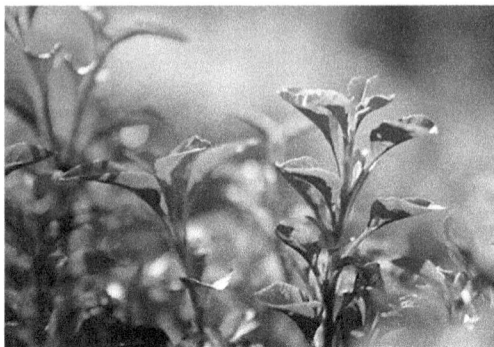

La planta del té también se conoce como Camellia Sinensis. Es la fuente de diferentes tipos de tés, incluido el té blanco, amarillo, negro y oolong.

El té se produce a partir de las yemas de las hojas y las hojas. Lo que diferencia el color del té de otro está en el proceso de producción adoptado por el productor.

Identificación

Se le conoce como un arbusto de hoja perenne, pero puede convertirse en un árbol si no se lo molesta. Puede durar hasta 50 años. Sus flores son siempre blancas con un aroma fragante. A veces aparecen en grupos de entre 2 y 4.

Las flores de las plantas son hermafroditas, que son polinizadas por abejas. Las hojas son de color verde oscuro con una punta puntiaguda. Las hojas tienen un envés peludo y pueden crecer hasta unos 8 cm de longitud.

Se encuentran comúnmente en áreas sombreadas con una gran elevación en los bordes del bosque. Prospera en un área llena de suelo arenoso o parcialmente arcilloso.

Partes comestibles

Las hojas son comestibles para la comida o el té. Es recomendable comerlo crudo si se quiere disfrutar al máximo de los nutrientes de la hoja. La flor del té también es apta para el consumo.

Cantidad segura de consumibles

Tómelo con moderación.

Mejor estado consumible

Las hojas de té se pueden comer como alimento o usarse para hacer té.

Valor nutricional

Las plantas de té tienen flavonoides, aminoácidos y proteínas.

Ubicación

Se puede encontrar en partes más cálidas de América del Norte.

Planta dentaria

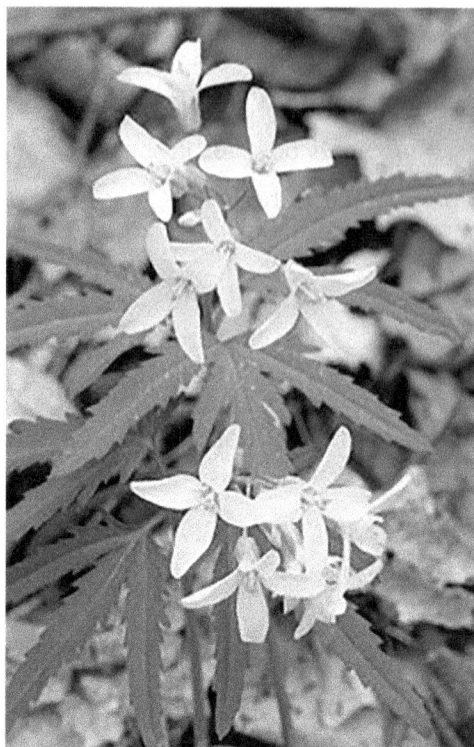

La hierba de dientes, también llamada planta Dentaria diphylla, pertenece a la familia Brassicaceae.

Identificación

Crece durante la primavera y permanece como cubierta vegetal durante el verano. La planta permanece inactiva inmediatamente después de la floración y regresa en el otoño. Las flores en las plantas prosperan entre marzo y abril.

Cada flor posee cuatro pétalos de color blanco a rosado. Las hojas de Toothwort son basales y tienen un pecíolo largo. Generalmente, la planta silvestre puede crecer entre 30 y 40 cm de altura.

Partes comestibles

Puede agregar hojas a una ensalada o cortarlas en sopas. La raíz de la planta tiene un sabor picante, especialmente cuando se cosecha por primera vez. La raíz desarrollará un sabor dulce si se deja fermentar durante unos tres días.

Cantidad segura de consumibles

Tómelo con moderación.

Mejor estado consumible

Tanto las hojas como las raíces de las plantas se pueden comer crudas o cocidas.

Ubicación

La planta de planta dentaria es originaria de América del Norte. Por lo general, se encuentran en el noreste de los EE. UU., Ontario y hasta las Marítimas en Canadá. La planta crece principalmente en bosques y prados con suelos húmedos.

Carda

Cardo también se conoce como Dipsacus fullonum. Es una planta bienal que se puede identificar fácilmente. La planta es autofértil y se sabe que atrae la vida silvestre. El primer año de la planta produce un conjunto de hojas en forma de roseta y crece hasta unos 2,5 metros al año siguiente.

Identificación

Puede identificar a Cardo por su raíz primaria gruesa y raíces secundarias fibrosas. Después del primer año, la flor forma un anillo en el medio de su cabeza. Luego crece durante unos días antes de que se seque, dejando dos anillos que crecen en direcciones opuestas.

Toda la cabeza de la flor mide entre 50 y 100 cm de altura con una sola flor que mide aproximadamente 12 mm.

Las flores son de color lila y crecen en la planta entre junio y septiembre. Los tallos florales generalmente se paran erguidos y las ramas cerca de la parte superior de la planta.

Partes comestibles
Las hojas y raíces son comestibles.

Cantidad segura de consumibles
Come como mejor te parezca.

Mejor estado consumible
Puede optar por comer las hojas crudas, cocidas o incluso agregarlas a un batido. Las raíces se pueden usar para hacer vinagre o té.

Valor nutricional
Es rico en fibra, vitamina C y flavonoides.

Ubicación
Los carmesí se pueden encontrar en muchas partes del mundo en áreas soleadas. Se puede encontrar en bordes de carreteras, pastos, campos abandonados y terrenos baldíos.

Vides de uva silvestre

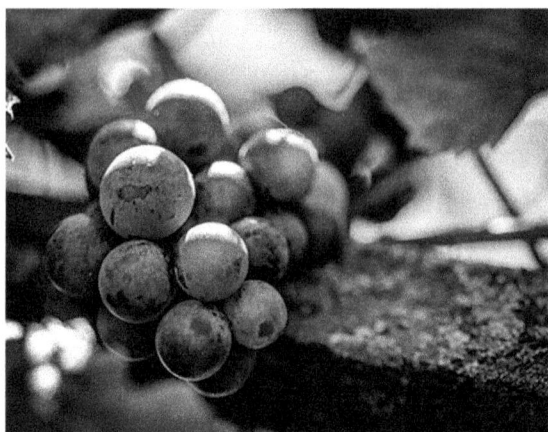

Las uvas silvestres, también llamadas Vitis Riparia, son cepas de hoja caduca con un patrón de crecimiento voraz. Su crecimiento puede eclipsar a otros árboles o arbustos alrededor.

Decenas de esta planta crecen en diferentes áreas del mundo. Son plantas perennes que crecen muy por encima de otras vides nativas.

Identificación

Las vides suelen producir hojas de lóbulos profundos que son similares a una uva cultivada. Trepa muy bien durante su crecimiento debido a sus zarcillos bifurcados. Generalmente son morados, negros o azul oscuro. En la planta crecen pequeñas flores de unos 10 cm de longitud.

Las flores florecen a principios del verano antes de que comiencen a desarrollarse las uvas verdes. Las hojas se alternan a lo largo del tallo y pueden crecer hasta unos 15 cm de longitud. Son de forma orbicular y están leve o profundamente lobuladas.

Los bordes están bien dentados con textura peluda. Generalmente, las uvas silvestres pueden crecer hasta unos 17 metros de largo.

Partes comestibles

La uva silvestre sabe mejor después de la helada inicial, pero también se pueden comer las uvas maduras. Disfrutarás mucho de la uva cuando la conviertas en jugo.

Cantidad segura de consumibles

Cómelo con moderación. Podría sumarse rápidamente a los carbohidratos y las calorías de su cuerpo.

Mejor estado consumible

Las hojas también se pueden comer crudas o agregarse a una ensalada. La fruta también se puede comer cruda.

Valor nutricional

Son una rica fuente de vitamina A, C, carbohidratos y proteínas.

Ubicación

Encontrarás hasta 60 especies de esta planta en Norteamérica.

Bálsamo de abejas silvestres

El bálsamo de abeja silvestre también se conoce como bergamota silvestre. Es una planta aromática que atrae abejas, pájaros y mariposas. Los nativos americanos lo usan comúnmente como una cura para el resfriado común.

El bálsamo de abeja silvestre crece a partir de rizomas rastreros.

Identificación

Las plantas de abejas silvestres se pueden identificar fácilmente de otras plantas por su áspero color lavanda o rosa. La planta muestra resistencia a la sequía y solo prospera en áreas soleadas y secas. Monarda didyma comparte características similares con la planta de abeja silvestre y se puede diferenciar por su color rojo.

Las flores son fragantes y florecen desde el centro de la cabeza de la flor hasta la periferia. Florece alrededor de un mes, a partir de mediados del verano. Las hojas alternas son ovadas o lanceoladas y generalmente varían en color.

Las condiciones ambientales determinarán si las hojas se volverán de color verde claro u oscuro. El bálsamo de abeja silvestre generalmente crece entre 30 y 70 cm de altura durante su vida.

Partes comestibles

Suelen utilizarse como sabores en comidas cocidas o ensaladas. La flor del bálsamo de abeja silvestre también se puede usar para decorar ensaladas.

Cantidad segura de consumibles

Está bien comerlo con moderación, pero las mujeres embarazadas deben evitarlo.

Mejor estado consumible

Las hojas se pueden comer crudas o cocidas.

Valor nutricional

Contiene ácido cafeico.

Ubicación

Las plantas generalmente se ven en los bordes de los claros, campos y matorrales de piedra caliza.

Malva Verbena

Inicialmente se sabía que la malva verbena era una planta cultivada, pero ahora crece bien en la naturaleza. Es una fuente natural de tintes verdes, amarillos y de color crema.

Generalmente prosperan en áreas con un pH equilibrado o áreas ricas en alcalinos.

Identificación

Su delicada textura floral puede facilitar su identificación. Las flores florecen, independientemente de las condiciones climáticas en un momento determinado. Esta planta perenne puede crecer hasta más de 50 cm de altura. Las flores contienen cinco pétalos blancos o rosados y cinco sépalos verdes.

La flor mide entre 3 y 9 cm de ancho y los pétalos miden tres veces la longitud del sépalo. Las hojas de la malva verbena poseen pecíolos largos de unos 3 a 8 cm de largo. La parte superior de las hojas suele ser de color verde oscuro y verde claro por debajo.

Partes comestibles

La semilla, las flores y las hojas de la malva Verbena son todas comestibles. Las semillas son la parte más sabrosa de la planta.

Cantidad segura de consumibles

Es mejor comer en cantidades moderadas.

Mejor estado consumible

Las hojas son relativamente blandas y se pueden comer crudas o cocidas.

Valor nutricional

Las plantas son densas en vitamina E, C y magnesio.

Ubicación

Es una planta común en América del Norte. Por lo general, crecen en terrenos baldíos o matorrales.

Nopal

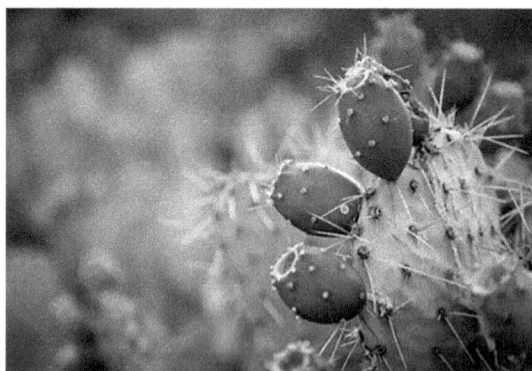

El origen del nopal se remonta a América del Sur antes de migrar a México y el sur de los Estados Unidos. Representa a otras quince especies del género Opuntia en América del Norte.

Identificación

Son plantas perennes y, a menudo, se caracterizan por tener segmentos de tallo carnosos, articulados y aplanados llamados almohadillas. Las almohadillas son tallos o ramas modificados que realizan diferentes funciones en la planta. Son responsables del almacenamiento de agua, la producción de flores y también la fotosíntesis.

Sus flores suelen florecer alrededor de abril a junio. Dependiendo de la especie, algunos pueden ser amarillos, melocotón, naranja, crema o cualquier combinación de esos colores. No tienen hojas. Las chumberas crecen aproximadamente hasta 1,5 metros y pueden extenderse hasta unos 4,5 metros de diámetro.

Partes comestibles

Tanto las frutas como las almohadillas son aptas para el consumo. Las tunas comestibles son aquellas con almohadillas que parecen cola de castor. Las especies de cactus cholla, conocidas por sus tallos delgados y redondeados, no son comestibles.

Cantidad segura de consumibles

Demasiado puede causar náuseas, dolor abdominal en algunas personas.

Mejor estado consumible

Puedes consumir sus frutos frescos.

Valor nutricional

Es rico en carbohidratos, proteínas, vitamina A y C, calcio y fósforo.

Ubicación

La mayoría de las especies de tuna son nativas de América del Norte.

Herb Robert

Herb Robert lleva el nombre de un monje francés que usó la planta para curar a muchas personas que padecían diferentes enfermedades. Es ampliamente conocido en el año 1000 DC como una potente cura para dolencias internas y externas.

Según la investigación, los científicos descubrieron que la planta prospera en áreas con alta radiación. A partir del estudio, se cree que la planta absorbe la radiación del suelo y la dispersa.

Identificación

Puede identificar rápidamente la planta por su olor desagradable y su color rosa brillante. La flor florece desde la primavera hasta octubre. La flor tiene forma de estrella radial y mide entre 1,5 y 2 cm en su extremo. Contiene cinco pétalos de punta redonda con venas más pálidas. Verá hasta diez estambres en la flor, y el pistilo contiene cinco carpelos.

Las hojas contienen un color verde parcialmente oscuro de unos 6 cm, con los bordes de color púrpura. Se sabe que la planta produce abundantes hojas, incluso si las plantas se recogen con regularidad. Herb Robert generalmente crece entre 30 y 40 cm durante su vida.

Partes comestibles

Tanto la flor como las hojas son seguras para el consumo. Se pueden secar y almacenar para su uso durante todo el invierno. Frotar las hojas frescas sobre la piel puede ayudar a repeler los mosquitos.

Cantidad segura de consumibles

Come como mejor te parezca.

Mejor estado consumible

Puede añadirse a dietas crudas o frescas.

Valor nutricional

Es rico en vitaminas A y C y carotenoides.

Ubicación

Es común en la mayor parte de América del Norte.

Mayapple

Esta planta perenne pertenece a la familia Barberry. Su singularidad proviene de sus dos hojas en forma de paraguas con una flor después de la madurez. Puede detectar fácilmente la planta desde lejos porque sus rizomas forman esteras densas. Suele sobrevivir en suelos húmedos y ricos en humus.

Identificación

Mayapple es una de las pocas plantas que crece en el suelo durante la primavera. Sus hojas grandes y profundamente cortadas pueden identificarlo rápidamente. Una flor generalmente se forma debajo de las hojas y luego se transforma en una fruta amarilla.

Las flores se desarrollan a partir de la axila de las hojas con 6 a 9 pétalos. Los estambres amarillos rodean su gran ovario de color amarillo verdoso.

Las hojas de mayapple son conspicuas debido a sus grandes hojas en forma de paraguas. A medida que el tallo se alarga, las hojas permanecen cerradas y luego se despliegan a unos 15 cm de ancho. Las hojas siguen creciendo hasta alcanzar una longitud total de unos 40 cm de ancho. Por lo general, las mayapples crecen entre 30 y 40 cm de altura con un tallo robusto y liso.

Partes comestibles

La única parte comestible de la mayapple es la fruta amarilla. La semilla se debe quitar antes de comer. Asegúrese de que la fruta haya cambiado a amarillo antes de consumir porque las inmaduras no son seguras para el consumo. También puedes usar la fruta para hacer batidos.

Cantidad segura de consumibles

Comerlo en exceso puede causar cólicos. Solo debes comer una cantidad moderada.

Mejor estado consumible

Solo se puede comer la fruta amarilla madura.

Ubicación

Se encuentra comúnmente en América del Norte.

Hierba joe pye

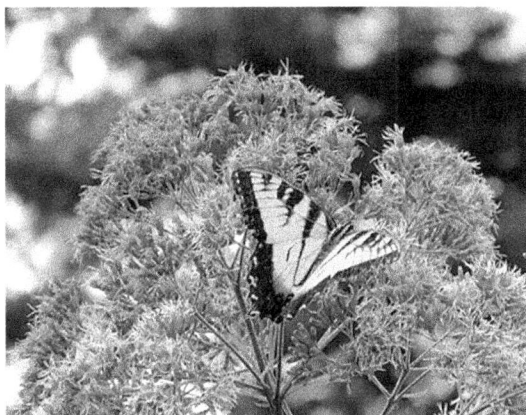

La hierba Joe Pye sirve como una planta silvestre multipropósito. Se utiliza como hierba, plantas de mariposas y también se cultiva en algunos lugares como macizos de flores.

La gente cree que el nombre de la planta proviene de un nativo americano llamado Joe Pye (Jopi). Usó la planta como cura para el tifus en el siglo XIX. Es una planta perenne que florece después de que otras plantas se han detenido.

Identificación

Puedes identificar la planta por sus flores de color rosa o violeta al final de su tallo. Las flores brotan en los tallos desde julio hasta finales del otoño. Tienen una gran cabeza de flor con un racimo abovedado de flores de disco rosa.

Las hojas forman un círculo concéntrico y pueden crecer hasta unos 25 cm de altura. Cada nodo contiene de cuatro a siete hojas y las hojas son elípticas. Generalmente, la hierba Joe Pye puede crecer hasta aproximadamente 1 metro de largo. Se encuentran principalmente en pantanos, bosques húmedos, matorrales húmedos, a lo largo de arroyos y campos.

Partes comestibles

Se puede comer cualquier parte de la planta, incluida la raíz. Puede secar las hojas y los tallos para su uso posterior. Las flores frescas se pueden utilizar para hacer té de hierbas.

Cantidad segura de consumibles

Es mejor comer en cantidades moderadas.

Mejor estado consumible

Es mejor consumirlo fresco o seco para su uso posterior.

Ubicación

La planta es originaria de América del Norte.

Mala hierba

El nombre botánico de Knapweed se llama Centaurea nigra, y también se conoce como Hardheads. La mala hierba puede durar años como pastizal abandonado o como pastizal. Insectos como moscas, abejas, escarabajos y mariposas polinizan sus flores.

Identificación

La mala hierba prospera en áreas con suelos bajos o moderadamente fértiles. Puede identificar la planta por su color verde apagado, que está cubierto por pelos ásperos. Tienen tallos erectos que se ramifican en la parte superior.

Las cabezas de las flores de mala hierba crecen en las puntas de las ramas con la base cubierta con márgenes con flecos oscuros. La flor generalmente brota de junio a septiembre, dependiendo de la ubicación.

Las hojas son alternas y de color verde pálido. Las hojas inferiores de la planta a veces están dentadas y pueden crecer hasta unos 25 cm de longitud. Generalmente, la mala hierba crece hasta aproximadamente 1 metro de longitud durante su vida. Se pueden encontrar en prados, pastos, bordes de campos, bordes de bosques y bordes de caminos.

Partes comestibles

La mala hierba se utiliza generalmente con fines medicinales. Solo las flores son seguras para el consumo.

Cantidad segura de consumibles

Come como mejor te parezca.

Mejor estado consumible

Puedes comerlo crudo o cocido, según tus preferencias.

Valor nutricional

Es rico en carbohidratos, proteínas, fibra y ceniza.

Ubicación

Se encuentra comúnmente en Canadá y algunas otras partes de América del Norte.

Puerro salvaje

Los puerros silvestres pertenecen a la misma familia que la cebolla y es una de las primeras plantas silvestres comestibles que aparecen durante las primaveras. Se utiliza mucho en el pasado como tónico primaveral para la restauración después de un invierno prolongado.

Existen dos variedades de puerro silvestre, a saber, Var. tricoccum y Var. burdickii. El primero se caracteriza por una base roja y un racimo de alrededor de 50 flores. Este último tiene hojas estrechas con unos 20 racimos.

Identificación

Los puerros silvestres presentan una hoja de forma elíptica que suele aparecer en primavera. Puede identificarlos rápidamente por su olor, que es similar al de las cebollas. Es posible que deba triturar su hoja para notar la diferencia a través del olor a cebolla correctamente.

Las flores crecen después de que las hojas han emergido durante unas cuatro semanas. La flor blanca producida tiene seis pétalos y seis estambres con una punta de color amarillo cremoso.

Las hojas crecen a partir de un bulbo subterráneo durante las primeras primaveras. Crecen hasta unos 15 a 30 cm de largo y 2 a 10 cm de ancho. Presenta una textura suave con venas paralelas. Generalmente, los puerros silvestres crecen hasta unos 45 cm de longitud y se encuentran principalmente en los bosques.

Partes comestibles

Las hojas y los bulbos son comestibles. Es recomendable tomar una hoja por planta debido a su ciclo de crecimiento de siete años.

Cantidad segura de consumibles

Come como mejor te parezca.

Mejor estado consumible

Las hojas y los bulbos se pueden comer crudos o cocidos.

Valor nutricional

Es rico en vitaminas y minerales.

Ubicación

Se puede encontrar en muchas partes de América del Norte.

Cuchillas

Las cuchillas pertenecen a la familia Rubiaceae. Existen más de 3000 especies en la familia Rubiaceae. La gente le da a la planta otros nombres como cogollo pegajoso, willy pegajoso, besos, hierba pegajosa y clivers.

Identificación

Las cuchillas son una planta anual que se arrastra con tallos extendidos. Crecen adhiriéndose a cualquier cosa en su camino con pelos en forma de gancho. Las flores son pequeñas, miden aproximadamente 1 mm de largo y 1 a 2 mm de ancho. Son de color blanco con cuatro pétalos unidos en la base.

En las cuchillas crecen dos tipos distintos de hojas, a saber, hojas sin tallo y hojas de cuchilla. Las hojas sin tallo crecen en grupos de 6 a 9 en la articulación del tallo.

Las hojas de la cuchilla son estrechas con puntas puntiagudas. No crecen en altura, excepto que se adhieren a una planta alta. Las cuchillas se encuentran comúnmente en los márgenes de los campos y en los setos.

Partes comestibles

Tanto las hojas como los tallos son seguros para el consumo. También se utilizan en el pasado con fines medicinales. La fruta se puede secar y utilizar como sustituto del café. Algunas personas también secan las hojas para preparar té.

Cantidad segura de consumibles

Puede comer lo que crea conveniente. Para aquellos que sienten sarpullido después de tocar las plantas, no lo coman en absoluto.

Mejor estado consumible

Las hojas y el tallo se pueden comer crudos o cocidos. También puedes usarlo en bocadillos.

Ubicación

Se encuentra principalmente en América del Norte, Europa y Asia.

Totora

Las espadañas también se conocen como juncos y se encuentran entre los alimentos silvestres más comunes. Suelen utilizarse en la confección de esterillas y cestas. Los aborígenes utilizan la planta como fuente de harina.

Identificación

Las espadañas se pueden identificar fácilmente por su cabeza en forma de cigarro, que es marrón. Durante la primavera, los brotes jóvenes crecen y luego se transforman en una cabeza con forma de cigarro. Este cigarro contiene miles de semillas en desarrollo.

Las flores están compuestas por la formación de cigarros masculinos y femeninos. La parte masculina es la espiga amarilla que se eleva por encima de la parte femenina.

Las hojas de la totora son erectas, lineales, planas y en forma de cúpula, y miden entre 10 mm y 20 mm de ancho. Cada brote vegetativo produce entre 12 y 16 hojas. Las totoras se mantienen erguidas, con un promedio de 2 a 3 metros de altura.

Partes comestibles

Los tallos jóvenes de la planta se pueden comer crudos o cocidos. Algunas personas usan la parte inferior de las hojas para adornar la ensalada. Algunos tuestan las flores en flor y el polen amarillo generalmente se agrega a los panqueques.

Los pólenes también se pueden usar como espesante para guisos y sopas después de agitarlos bien en una bolsa de papel.

Cantidad segura de consumibles

Come como mejor te parezca.

Mejor estado consumible

Elija las partes comestibles más jóvenes y consúmelas crudas o cocidas.

Valor nutricional

Es rico en carbohidratos y proteínas.

Ubicación

Prosperan en pantanos, áreas abiertas húmedas, campos húmedos y zanjas.

Verbena azul

El Blue Vervain pertenece a la familia Verbenaceae. Además de ser una planta silvestre, se ha convertido en una de las mejores opciones para jardines paisajísticos. Es una planta perenne que a menudo es polinizada por abejas.

Identificación

Puede identificar la verbena azul por sus tallos en 4 ángulos, que a veces tienen pelos blancos. Es una planta alta y erguida que se ramifica por encima de su punto medio. La floración suele tener lugar desde finales de la primavera hasta finales del verano, según la ubicación geográfica.

La flor silvestre está formada por muchas puntas en forma de lápiz que se ramifican hacia arriba. Un anillo de flores de color púrpura se coloca en cada flor. Las hojas de la verbena azul están alineadas una frente a la otra con una longitud que varía de 3 cm a 17 cm.

Los caracteriza un color verde oscuro con fuertes venas. La verbena azul generalmente crece entre 30 cm y alrededor de 2 metros durante su vida.

Partes comestibles

Es seguro consumir la semilla, la flor y las hojas. Solo se puede comer la forma molida y tostada de la semilla. Las flores y las hojas se pueden echar a una ensalada para adornarla. También es conocido por su uso medicinal por parte de los herbolarios médicos.

Cantidad segura de consumibles

Puede comerse tanto como desee. Las personas con enfermedades renales deben evitar comer esta planta.

Mejor estado consumible

Las hojas y flores se pueden comer crudas o cocidas. La semilla solo se puede comer después de ponerla a tierra o tostarla.

Ubicación

Es una planta común en Estados Unidos y Canadá. Prospera en áreas húmedas con poca exposición al sol.

Milenrama común

La milenrama común también se conoce como Achillea millefolium. Es una planta silvestre perenne que a menudo se conoce como una maleza agresiva.

El nombre Achillea fue adoptado de Aquiles en las guerras de Troya, quien lo usó para curar las heridas de sus soldados.

Identificación

Su follaje verde aromático y parecido a un helecho puede identificar la milenrama común. Están formadas por pequeñas flores densas que se aplanan. Es una planta común que crece tanto en la naturaleza como en los jardines. Las cabezas de las flores crecen en el tallo en racimos y cada racimo contiene al menos una cabeza de flor. Cada cabeza de flor contiene alrededor de 20 a 25 flores de rayas blancas.

Las hojas de esta planta miden entre 7 y 12 cm de largo. Cada nervadura central contiene muchos folletos a cada lado, que también se subdividen en folletos más pequeños. Generalmente, la planta de milenrama suele crecer entre 30 cm y 1 metro.

Partes comestibles

Las flores y las hojas son comestibles. Se pueden usar para hacer té. Agregar las hojas a una ensalada también puede ser una excelente combinación.

Cantidad segura de consumibles

Se debe usar una cantidad moderada o pequeña por vez.

Mejor estado consumible

Las hojas de esta planta silvestre se pueden consumir crudas o cocidas y es mejor comerlas cuando aún es joven.

Ubicación

Es una planta común que se encuentra generalmente en la mayor parte de América del Norte. Prosperan en áreas soleadas con suelos arenosos.

Cardo de cerda común

El cardo común pertenece a la familia Compositae. A menudo se come debido a su amplia gama de minerales.

Identificación

Puede identificarlos rápidamente por sus tallos huecos que expulsan látex cuando se rompen. La raíz principal es corta y las hojas lobuladas. Las flores son amarillas, con un diámetro de unos 5 a 6 mm. Encontrarás las flores en el tallo de la planta cerca del extremo de la rama.

El primer juego de hojas es redondo y tiene un margen dentado. Los pelos están salpicados en la superficie de las hojas y las hojas maduras son más delgadas. Las hojas maduras son de color verde oscuro con un margen dentado irregular. La planta crece entre 30 cm y 1 m de altura. La planta prospera en la mayoría de los tipos de suelo y se puede encontrar en patios, pastos, campos, etc.

Partes comestibles

Las flores, hojas y raíces jóvenes de esta planta son comestibles.

Cantidad segura de consumibles

Come como mejor te parezca.

Mejor estado consumible

La planta sabe mejor en su temporada temprana. Las flores y las hojas pueden mezclarse con una ensalada o cocinarse con espinacas y sopas. Puedes preparar las raíces jóvenes y los tallos también.

Valor nutricional

Es rico en minerales como magnesio, calcio, potasio, sodio, hierro, fósforo, zinc y vitaminas.

Ubicación

Aunque es originario de Europa, crece en muchas partes de América del Norte.

Uña de caballo

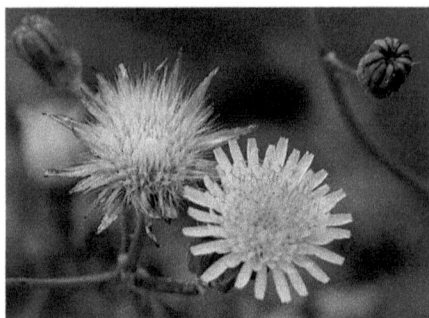

Coltsfoot es una planta perenne que generalmente se llama "hijo antes que padre". Recibe este nombre porque las flores crecen y mueren antes de que aparezcan las hojas. Parece un diente de león cuando la planta florece en primavera. Algunas personas lo usan para el tratamiento y la prevención de la tos.

Identificación

Sus flores de color amarillo brillante se pueden usar para identificarlo mientras florece a principios de la primavera. Las flores son únicas, con un ancho medio de unos 1,5 cm. Muchas flores pistiladas y flósculos radiales se disponen sobre las flores con estambres blancos.

La superficie de la hoja es lisa y de apariencia cerosa. Las hojas están salpicadas de pelos blancos por debajo. La altura media de Coltsfoot es de unos 10 a 15 cm.

Partes comestibles

Las flores y las hojas son seguras para el consumo.

Cantidad segura de consumibles

Es aconsejable utilizar una cantidad moderada porque las hojas tienen un sabor algo amargo.

Mejor estado consumible

También puede agregar las partes comestibles a las ensaladas. Se ha demostrado que agregar la flor con miel ayuda a aliviar la tos. Las hojas tienen un sabor algo amargo, por lo que se aconseja hervir antes de añadir a una sopa.

Ubicación

Prospera en áreas abiertas y se encuentra comúnmente en bordes de caminos, zanjas, bordes de bosques y deslizamientos de tierra.

Milenrama de hoja de helecho

La milenrama de hoja de helecho también se conoce como Achillea filipendulina. Es famoso por su uso antiséptico y antiinflamatorio.

Contiene muchos minerales y vitaminas que son beneficiosos para la salud. También se utiliza para tratar resfriados, enfermedades renales, dolor menstrual, heridas y muchos más.

Identificación

Puede identificar esta planta silvestre por su único tallo robusto. En este tallo crecen flores de disco y rayos diminutos. Las flores son amarillas y crecen en grandes racimos llamados corimbos compuestos. Los corimbos suelen tener hasta 10 cm de ancho.

Las hojas miden entre 5 y 20 cm de largo. Crecen casi uniformemente de manera rizada en el tallo.

Partes comestibles

Las hojas tiernas se recomiendan para ensaladas. A menudo se usa como conservante para cerveza.

Cantidad segura de consumibles

Aunque es nutritivo, es recomendable no consumir la planta con regularidad.

Mejor estado consumible

Las hojas son amargas y se pueden comer crudas o cocidas.

Ubicación

Es común en América del Norte y en muchas partes del mundo. Por lo general, se encuentran en el campo, áreas de desechos, a lo largo de las carreteras, prados y pastos.

Ultimas palabras

Saber todo sobre una planta silvestre ayudará a los recolectores a comprender qué funciona mejor en cada estación. La mayoría de estas plantas silvestres se encuentran cerca de usted. Puede decidir agregar algunos a su paisaje para facilitar el acceso. No importa si eres nuevo en la búsqueda de comida o si eres un profesional, siempre hay una planta para que encuentres.

Sin embargo, no basta con encontrar estas plantas. Necesita saber la forma correcta de cosecharlos y almacenarlos. Aprenderá todo sobre eso en el próximo capítulo.

Capítulo 7

Consejos de Recolección y Almacenamiento de Plantas Comestibles Silvestres

La recolección y el almacenamiento son dos de las partes esenciales del buscar alimentos.

La cosecha involucra todos los procesos que incluyen traer los ingresos del campo. El almacenamiento se refiere a todos los procesos involucrados en asegurar el uso continuo de las ganancias cosechadas.

La demanda de plantas comestibles silvestres ha aumentado recientemente. Este aumento de la demanda se debe a la mayor conciencia sobre la salud y el bienestar.

Muchos restaurantes han comenzado a agregar especies silvestres a su menú. Al igual que muchas opciones de alimentos saludables, no es barato. Los restaurantes pagan generosamente por estas especies silvestres.

La mayoría de los restaurantes pagarían más por recibir sus plantas frescas. Desafortunadamente, la mayoría de estas especies son perecederas. Invariablemente, debe asegurarse de que sus plantas se entreguen frescas.

Algunas de estas especies también son estacionales. La demanda, por otro lado, no es estacional. Encontrar una manera de mantenerlos frente a la escasez le da alguna ventaja en el precio.

Por tanto, la cosecha y el almacenamiento van de la mano.

Incluso si los conserva por motivos personales, el almacenamiento sigue siendo vital. El proceso de búsqueda de alimentos puede ser estresante. El almacenamiento te ayuda a guardar algunos para usarlos más adelante. De esa forma, no tendrá que salir siempre en busca de plantas silvestres.

Consejos para cosechar plantas silvestres

La recolección de plantas silvestres puede ser muy divertida. También puede convertirse en una catástrofe, especialmente si eres un novato. El problema aquí es que incluso podría estar haciendo algo mal sin saberlo. Por lo tanto, incluso como un veterano, encontrará útiles los siguientes consejos de cosecha.

1. Reúna información sobre identificación

Este paso no debe omitirse. Es crucial porque algunas plantas son peligrosas de consumir. Algunas de estas peligrosas plantas son similares a las especies comestibles. Algunas familias de plantas no son consumibles en todos los ámbitos. Es posible que encuentre muchos parientes similares durante la cosecha.

Asegúrese de recibir la educación adecuada para evitar recoger plantas potencialmente peligrosas. Familiarízate con tus plantas antes de ir al campo.

Si bien algunas plantas son peligrosas para consumir, otras son mortales al tocarlas. Pueden producirse reacciones alérgicas graves simplemente por tocar algunas especies.

Debes saber qué evitar antes de ir al campo. Más importante aún, debe comprender por qué debe evitarlos.

2. Comprender el área

Antes de salir a cosechar, debes conocer la zona. Su lugar de cosecha ideal debe estar libre de contaminantes. Los contaminantes pueden presentarse en forma de herbicidas o insecticidas. El lugar también debe estar libre de desechos tóxicos.

Además, verifique las condiciones de crecimiento de las plantas. No recoja plantas que estén luchando por crecer. Por ejemplo, no debe elegir plantas que crezcan en condiciones de sequía o baja fertilidad del suelo.

Más importante aún, solo coseche en áreas donde esté permitido. Además, trate de cambiar la ubicación de la cosecha tan a menudo como pueda.

3. Entender la planta

La comprensión de la planta se presenta en diferentes formas. También debe aprender la mejor manera de cosechar las plantas sin matarlas. De esa forma, las plantas pueden ser útiles durante el tiempo que las necesite.

Para comprender sus plantas, debe saber cuál es el mejor momento para cosecharlas. Las diferentes plantas tienen diferentes estaciones cuando están en su mejor momento. Además, a sus partes les va bien en diferentes épocas del año. Investigue un poco para saber cuándo es mejor cosechar lo que necesita.

4. Coseche solo lo que necesita

Al pensar en la estacionalidad, es posible que tenga la tentación de tomar demasiado. Está mal en varios niveles.

En primer lugar, podría estar poniendo a la especie en peligro de extinción. Si continúa cosechando tanto, podría cosechar todo lo que hay para cosechar de esas especies.

En segundo lugar, tomar demasiado a la vez podría resultar en desperdicio. Podría tomar tanto que no podría almacenar. Eventualmente, se desperdicia.

Debe tener una idea de cuánto necesita para evitar tener desperdicio. Con un almacenamiento adecuado, podría almacenar algunas especies durante seis meses. Este período es más largo que la temporada baja para la mayoría de las especies silvestres. Por lo tanto, sus estimaciones deberían proyectar cuánto necesitaría durante ese tiempo.

Solo debe tomar alrededor del 5% de la población de una especie en particular. Su lugar de cosecha debe tener esas especies en abundancia.

Tenga en cuenta que no es la única persona que cosecha. Por lo tanto, coseche de una manera que deje mucho para los demás.

5. Después de la cosecha

Después de cosechar sus plantas, debe pensar en el futuro. Si se presenta la oportunidad, reemplace las plantas con sus semillas. De esa manera, tendrá algo a lo que recurrir en el futuro.

Consejos para almacenar plantas silvestres

Los siguientes consejos te ayudarán a conservar tu cosecha y conservar su frescura.

1. Mantenga sus plantas secas

Mientras recolecta sus plantas, es posible recolectarlas con agua. Podrías tener rocío sobre ellos, especialmente si cosechas por la mañana. Asegúrese de eliminar las gotas de agua para mantenerlas almacenadas durante mucho tiempo.

2. Mantener por separado

Mantenga diferentes especies de manera diferente. Este enfoque evitará la contaminación.

Además, mantenga las diferentes partes de la planta separadas unas de otras cuando sea necesario. Por ejemplo, si va a recolectar flores y raíces, las raíces deben mantenerse alejadas de las flores. Como sabrás, las raíces vendrían con suciedad, lo que puede afectar a las flores.

Alternativamente, mantenga las partes verdes en bolsas de papel. Puede utilizar recipientes que les permitan respirar. Cualquiera que elija, trate de no sobrellenar.

3. Actualizar antes de guardar

Inmediatamente después de salir del campo, intente refrescar sus plantas antes de almacenarlas. Restaurarlos implica enjuagarlos con agua fría. Esta práctica los mantendrá frescos y limpios durante el tiempo que los necesite.

4. Refrigere tan pronto como pueda

Inmediatamente después de regresar del campo, refrigere sus verduras. Además, clasifique otras partes que necesiten refrigeración y haga lo mismo. Este hábito les ayudaría a conservar su frescura y evitar que se marchiten.

A veces, la distancia desde el punto de cosecha hasta el campo puede ser muy grande. Considere la posibilidad de utilizar unidades de refrigeración si puede.

5. Evite el uso de plástico

El plástico eleva la temperatura, por muy cuidadoso que sea. El aumento de temperatura siempre tendrá un impacto adverso en el almacenamiento de sus plantas. En la medida de lo posible, busque alternativas saludables a los plásticos.

Ultimas palabras

La recolección y el almacenamiento son partes esenciales de la búsqueda de plantas silvestres. La mayoría de las veces, los dos procesos van de la mano. Ambos métodos tienen como objetivo tener plantas seguras para un consumo continuado.

La seguridad es crucial en la búsqueda de alimento. Hemos proporcionado algunos consejos que debe tener en cuenta cuando vaya a buscar comida.

Capítulo 8

Consejos Para Buscar Comida

~~~~~~

La búsqueda de alimento es una experiencia emocionante, pero también se puede hacer mal. Todo se reduce a seguir las reglas. Afortunadamente, estas reglas o consejos no son difíciles de cumplir. Obtener este libro es un paso en la dirección correcta.

Los consejos a continuación lo guiarán siempre que busque comida. Estos son consejos simples que debe conocer antes, durante y después de la búsqueda de alimento.

Consejos generales para buscar comida

Hay ciertas cosas que necesita saber sobre la búsqueda de alimento antes de salir. Le brindamos estos consejos para ayudarlo en su viaje.

Conozca su región

Es esencial comprender la región en la que buscará alimento. Haga una investigación adecuada sobre el paisaje del área donde tiene la intención de buscar alimento.

Las emisiones de las minas u otras estructuras industriales podrían contaminar el agua o el suelo que nutre la planta que pretende buscar alimentosar. Estos contaminantes pueden enfermarlo.

Los hongos absorben los contaminantes rápidamente. Evite recolectar hongos cerca de áreas industriales o carreteras con mucho tráfico.

Además, los tipos de herbicidas, pesticidas u otros productos químicos utilizados pueden afectar las plantas y afectarle a usted indirectamente. Por lo tanto, asegúrese de hacer su investigación.

Este proceso implica una investigación en profundidad del terreno. Los cursos en línea y los libros electrónicos, al igual que uno, son excelentes lugares para comenzar.

Conocer tu región te ayuda a conocer el tipo de plantas que se cultivan allí. Este conocimiento nos lleva al segundo punto.

Conozca sus plantas

El buscar alimentos incluye plantas silvestres que pueden ser extremadamente venenosas. Por lo tanto, debería poder diferenciar entre plantas comestibles y aquellas que no lo son. Un pequeño error puede resultar costoso. Algunas plantas pueden tener efectos terribles en tu salud.

Por ejemplo, perejil gigante, iris, cicuta venenosa, acónito son plantas silvestres comunes que se encuentran en América del Norte. Estas plantas no son aptas para la alimentación. Por lo tanto, si busca comida en América del Norte, debe poder identificar estas plantas y evitarlas.

Las plantas como la espadaña, el pino y la menta son seguras y comestibles, independientemente de la ubicación. Algunos consejos adicionales que le ayudarán son;

- Es aconsejable buscar con un experto, alguien que pueda identificar correctamente estas plantas.

- En caso de duda, apéguese a lo que sabe. Puede explorar las plantas normales con las que está familiarizado.

- La regla general para los recolectores es que si no puede identificarlo, no lo coma.

- Es aconsejable pasar de las plantas comestibles conocidas a las desconocidas. Sin embargo, en casos extremos de inanición, asegúrese de probar las plantas por primera vez antes de consumirlas.

Consejos para probar la comestibilidad de las plantas

- Divida la planta en diferentes partes: tallos, hojas, etc. y luego pruebe por separado.

- Deseche las partes o secreciones de las plantas, como la savia, que tengan mal olor o sabor.

- Toque su piel con una pequeña parte de la planta y espere diez minutos. Esta acción le ayuda a realizar pruebas de intoxicación por contacto. Si tiene alguna reacción como erupciones, inflamación, etc., no coma la planta.

- Si no hay reacción, toque una pequeña parte de la planta en sus labios. Espere otros diez minutos.

- Luego, use su lengua para saborear la planta. Espere también diez minutos.

- Si no hay reacción, coma una pequeña parte de la planta. Espere de 7 a 10 horas

- Si siente que se está enfermando, intente inducir el vómito. Entonces, no comas la planta.

- Si se siente bien después de estos pasos, está listo para comenzar.

No olvide que solo debe utilizar estos consejos en casos extremos. Identificar correctamente sus plantas y su área es lo primero.

Además, estos consejos pueden no ser muy eficaces para los hongos. Algunos hongos saben tan bien, pero son completamente venenosos. Hay que tener mucho cuidado con las setas.

Puede buscar en Internet una lista de plantas peligrosas en su área y cómo identificarlas. Los libros o guías son buenos compañeros a la hora de buscar comida. Los libros que contienen imágenes de plantas comestibles y venenosas son una buena fuente de conocimiento.

En caso de duda, ¡no te lo comas!

Hacer preguntas

Pregunte a los nativos de la zona (si hay nativos presentes). Estos nativos saben más sobre las plantas que tú. Puede obtener información sobre la tierra y las plantas. Podrían servirle como guía de búsqueda. Algunos consejos que debe tener en cuenta son;

- Las plantas que son seguras para los animales no lo son automáticamente para los humanos. No haga esta suposición.

- No pruebe dos plantas nuevas al mismo tiempo. Pruebe una nueva planta después del pedido.

- Limpia muy bien tus plantas. Los hongos deben estar completamente limpios porque han acumulado estiércol y podrían tener restos de hongos o bacterias. Las bayas, por otro lado, deben limpiarse con un suave flujo de agua. Use agua limpia cuando lave sus plantas.

- Cuando busque comida con su familia, asegúrese de vigilar a sus hijos. No dejes que coman ninguna planta por sí mismos.

- Manténgase alejado de las plantas que crecen junto a la carretera. Si debe comer plantas que crecen junto a la carretera, asegúrese de lavarlas bien para evitar la contaminación.

- No todas las plantas deben consumirse crudas. Algunos tipos de hongos son venenosos cuando se comen frescos. Tendría que hervir unos y cocinar otros. Consulte las formas de preparar plantas silvestres de manera segura. Además, los trematodos hepáticos se encuentran en plantas húmedas en su etapa larvaria y pueden causar graves problemas de salud. Estos problemas pueden evitarse cocinando o hirviendo las plantas.

- Diferentes plantas silvestres y hongos crecen en diferentes estaciones. Es aconsejable buscar plantas y sus estaciones para saber qué esperar al buscar alimento. Algunos tipos de hongos crecen en determinadas épocas del año. Por ejemplo, las frutas como bellotas, moras y castañas se encuentran en abundancia durante el invierno.

Conocete a ti mismo

Debe tener una lista de sus alergias y sensibilidades alimentarias. Evite las plantas que pueden desencadenar sus alergias. Que sea bueno para tu amigo no significa que sea bueno para ti.

- Cuando tenga dudas sobre si es alérgico a una planta en particular, practique la prueba de comestibilidad descrita anteriormente.

- Evite las plantas silvestres o los hongos cuando esté embarazada. Las plantas silvestres y los hongos pueden contener sustancias químicas que pueden dañar a su bebé.

Por ejemplo, algunos tipos de agujas de pino pueden provocar abortos espontáneos.

Consejos a considerar durante la búsqueda de alimento

- No tome más de lo que puede consumir para evitar desperdicios.

- Al cosechar plantas, tenga cuidado de no dañarlas. Cosecha con cuidado. Elija las bayas con sumo cuidado.

- Cosecha de especies densamente pobladas. Tome setas que ya tengan la tapa abierta. Se han desprendido de sus esporas para poder reproducirse.

- Todo recolector de alimentos debe ser consciente del ecosistema. Las actividades de búsqueda de alimentos a veces pueden alterar el ecosistema. Se recomienda que comience con malezas para evitar este problema. Algunas plantas crecen casi inmediatamente después de la cosecha. El plátano y la ortiga son ejemplos de malas hierbas que se multiplican rápidamente y son seguras.

- No coseche todas las plantas. Por el bien de la preservación y el ecosistema, siempre deje algunas plantas. Algunas aves y otros animales se alimentan de estas plantas. Además, recuerde que otros también se alimentan. Algunas de estas plantas necesitan ser reemplazadas. Necesitan producir semillas y esporas para otro ciclo de crecimiento. Ayuda a la continuidad y al equilibrio.

- La ley protege algunas plantas silvestres, especialmente plantas raras. Asegúrese de conocer las plantas que puede recolectar. También puede llevar una guía de campo cuando busque ayuda.

- Asegúrese de haber obtenido el permiso del propietario del terreno. Los dueños pueden ser los nativos o el gobierno. No desea cosechar plantas en propiedad privada o en tierras gubernamentales.

- Mantenga un registro de nuevas plantas, nuevas ubicaciones o cualquier otra información cuando las descubra. Le servirá como guía cuando vaya a buscar comida en el futuro.

- Limpie su entorno después de cada ejercicio de buscar alimentos.

- Nunca vayas solo a buscar comida a un área desconocida. Vaya en grupos, con nativos o con un experto.

Consejos para la ropa de buscar alimentos

- La ropa ligera y cómoda es la mejor opción para buscar alimento. Un par de jeans, una camisa de manga larga y zapatos cómodos para correr o botas de montaña son perfectos para caminar.

- Debería proteger su piel de la infestación de insectos. También puedes viajar con repelente de insectos. Asegúrese de estar bien cubierto de la cabeza a los pies. Use calcetines si puede.

- Algunos ejemplos de suministros o equipo que serían útiles incluyen tijeras, bolsas de papel y tela, un cuchillo afilado y una paleta, todo en un conveniente paquete.

- Asegúrese de no sobrecargarse con demasiados artículos innecesarios.

Consejos adicionales para buscar comida durante las actividades de senderismo

No es raro ver a personas que combinan actividades de búsqueda de comida y senderismo. Van de la mano en la mayoría de los casos. Estos consejos deben practicarse además de las instrucciones anteriores.

- A veces, es posible que estas plantas no lo sostengan durante su viaje. Necesitaría un suministro de grasas y proteínas saludables para su viaje. Por eso, es fundamental potenciar la alimentación con una dieta minimalista. Consiga nueces u otras fuentes saludables. Recuerde, es una dieta minimalista, así que no la sobrealimente.

- Los peces son una buena fuente de proteínas. Puede ir junto con su equipo de pesca cuando busque alimento.

- Ve a buscar comida con tu cuchillo. Los cuchillos te ayudan a cosechar las plantas que necesitas desenterrar.

Estos consejos lo ayudarán a mantenerse a salvo cuando vaya a buscar comida. Por lo tanto, debe seguirlos mientras busca alimento. Es posible que le preocupe y se pregunte si vale la pena dedicar tiempo a buscar comida con todos los numerosos consejos que debe seguir.

En el próximo capítulo, aprenderá todo sobre los beneficios de buscar comida. También lo ayudaremos a ver los peligros y cómo puede superarlos.

Capítulo 9

Beneficios Ambientales y Peligros del Buscar Alimentos

La búsqueda de comida tiene muchos beneficios a nivel personal. Presenta una fuente barata para obtener las comidas. Mientras busca alimento, puede elegir su comida a mano. Si tiene suerte, podrá encontrar especies raras. Todos estos beneficios son gratuitos.

La cantidad de plantas comestibles que hay en la naturaleza es múltiplo de lo que tenemos en las tiendas de comestibles. La logística de transporte limita la recolección de algunas de estas plantas.

A veces, es económicamente imprudente recolectar algunas especies, en comparación con el suministro disponible de algunas especies y el proceso de recolección. A gran escala, puede que no sea rentable.

Sin embargo, buscar comida te permite probar algunas de estas especies. A veces, pequeñas cantidades de estos sabores únicos pueden ser todo.

Mientras disfruta de algunos sabores únicos en la vida, también se nutre. Se sabe que las especies silvestres son más nutritivas que sus tipos domesticados.

Por ejemplo, los dientes de león silvestres contienen aproximadamente siete veces más fitonutrientes en comparación con las espinacas. Del mismo modo, dependiendo de la variedad, las manzanas silvestres podrían contener 100 veces más fitonutrientes en comparación con las que se venden en las tiendas de comestibles.

Además, tiene la seguridad de tener alimentos frescos y no contaminados. Dado que usted mismo puede elegir su comida, tiene la seguridad de una relativa seguridad.

Mientras eliges comida fresca y sabrosa, puedes ver el mundo exterior. Puede caminar hasta los lugares de cosecha y estirarse para recoger algunas frutas. Esta forma de ejercicio tiene sus propias recompensas. Incluso puede resultarle más gratificante que ir al gimnasio.

La sociedad moderna nos ha robado la oportunidad de disfrutar de algunas cosas. Una de esas cosas es conectarse con el medio ambiente.

En lugar de simplemente mirar desde la distancia, estás involucrado directamente con la naturaleza. Puedes contar los ciclos naturales y reavivar tu vínculo con el mundo. Puede saber qué estación es simplemente mirando algunas plantas. También puede determinar qué plantas serían abundantes en esos momentos.

¿Existe alguna forma mejor de conectarse con el medio ambiente? La búsqueda de alimento le permite conectarse con el medio ambiente sin problemas.

El punto culminante de todo son los beneficios que la búsqueda de alimentos tiene en el medio ambiente. La búsqueda de alimento es beneficiosa, sin duda. Sin embargo, existe la preocupación de que pueda tener efectos perjudiciales sobre el medio ambiente.

Casi todo lo que tiene una ventaja tiene sus desventajas. Del mismo modo, la búsqueda de comida tiene sus detrimentos, incluso a nivel personal. Por ejemplo, se podrían ingerir especies peligrosas. También pueden arrestar a uno, y así sucesivamente.

En este capítulo, examinaremos los beneficios de buscar comida en el medio ambiente. También exploraremos los peligros de buscar comida en el medio ambiente.

Beneficios de buscar alimento en el medio ambiente

La búsqueda de alimento es beneficiosa para el medio ambiente. A continuación, presentamos algunas formas en las que el buscar alimentos aporta beneficios adicionales para el medio ambiente.

1. Sostenibilidad

La sostenibilidad de una especie se refiere a la capacidad de esa especie de existir siempre. Para que una especie sea sostenible, debe consumirse de manera razonable. Estas especies deben usarse sin que se extingan.

Es fundamental porque la extinción no solo afecta a la especie. Desde una perspectiva más amplia, los efectos podrían ser muchos.

Muchos pueden argumentar que no consumir plantas silvestres preserva la especie. Hablando racionalmente, la mejor forma de agotar algo es consumirlos. Por el contrario, los recolectores protegen a las especies que consumen.

Es así porque la búsqueda de alimento se realiza bajo alguna forma de ética. Aunque informal, esta ética asegura la sostenibilidad de la especie.

Por ejemplo, los recolectores deben esparcir semillas de sus plantas después de la cosecha. Permitiría que las plantas crezcan nuevamente. Además, a los recolectores solo se les permite tomar solo el 5% de la población total de una especie de planta en el lugar.

2. Biodiversidad mejorada

Cuando se hace correctamente, la búsqueda de alimento mejora la biodiversidad. La biodiversidad describe cuán diverso es un ecosistema. Es decir, cuántas especies diferentes de plantas y animales viven en un entorno particular.

Los científicos han dicho que hay alrededor de 80.000 plantas comestibles en el mundo. A día de hoy, aproximadamente el 95% de lo que comemos proviene de 30 de esas plantas. Deja atrás más del 99% que están infrautilizados.

El éxito de las especies que comemos hasta la fecha se debe a que el hombre depende de ellas para sobrevivir. Tomemos el arroz como ejemplo. El hombre disfruta comiendo arroz. A lo largo de los años, se ha realizado un gran esfuerzo en el arroz para garantizar que no se extinga.

El buscar alimentos amplía las opciones de plantas de las que podemos depender. Nos da más plantas que podemos proteger deliberadamente. Esta acción significa que también queremos que estas plantas tengan éxito.

Además, un estudio reciente afirma que una colección cuidadosa de plantas es saludable para las poblaciones de plantas.

3. Producción de alimentos limpios

Durante la producción normal de alimentos, se utilizan muchos insumos químicos. Se aplican fertilizantes al suelo para mejorar la productividad. Los herbicidas se aplican para matar las malas hierbas y los insecticidas se utilizan para prevenir la infestación de insectos. La lista continua.

El sistema de cultivo que tenemos a día de hoy tiene un alcance corto. Este sistema favorece únicamente a las especies cultivadas frente a las que considera malas hierbas. Al final, estas malas hierbas están condenadas a la destrucción por cualquier medio. En la mayoría de los casos, se emplean productos químicos nocivos.

Algunos de estos productos químicos se quedan en las plantas que consumimos. Con el tiempo, se acumulan en el cuerpo y causan daño.

A mayor escala, el uso de estos productos químicos tiene efectos nocivos sobre el medio ambiente. Usar un fertilizante químico, por ejemplo, puede parecer inofensivo. Desafortunadamente, podría provocar la contaminación de las vías fluviales. Aumenta la cantidad de gases de efecto invernadero en el aire.

Los pesticidas y raticidas matan la vida silvestre. Eventualmente, estos químicos reducen la biodiversidad.

La búsqueda de alimento le brinda una alternativa bastante limpia a la agricultura convencional. Las plantas buscar alimentosras crecen de forma natural, dejando de lado la necesidad de productos químicos que podrían afectar el medio ambiente.

El buscar alimentos también ofrece una alternativa a nuestros monótonos sistemas de cultivo. Con la búsqueda de alimento, muchas de esas especies que llamamos malas hierbas pueden consumirse.

La verdad es que algunas de estas 'malas hierbas' son incluso más nutritivas que las plantas cultivadas. Con la búsqueda de comida, es más una situación en la que todos ganan. Se nutre consumiendo algunas de las 'malas hierbas'. También puedes controlar su población, para que no afecten tus cultivos.

Mientras busca alimento, tiene la seguridad de su seguridad personal. También está seguro de la seguridad del medio ambiente.

4. *Creación de nuevos hábitats*

Las especies que ahora llamamos domesticadas estuvieron una vez en estado salvaje. Mucho antes de que el hombre entendiera el cultivo de estas especies, recolectaron de la naturaleza.

El hombre aprendió a reproducir estas plantas sin tener que recolectarlas cada vez. Esta evolución significó que el hombre tuvo que tomar las plántulas de estas plantas de la naturaleza.

A veces, resulta en la introducción de algunas otras plantas no deseadas. Esta introducción accidental crea nuevos ecosistemas que son únicos.

5. *Apreciación de la naturaleza*

La búsqueda de comida permite a las personas conectarse con su entorno. Pueden apreciar el medio ambiente y preocuparse más por él al hacerlo.

La búsqueda de comida ayuda a las personas a comprender las estaciones. Está familiarizado con los ciclos alimentarios, lo que significa que tiene que esperar algunas temporadas para disfrutar de algunos alimentos. Este estilo de vida es un poco diferente al que estás acostumbrado ahora. Te ayuda a respetar el medio ambiente.

Más importante aún, buscar comida te enseña sobre el medio ambiente. Aprenderá las mejores formas de cosechar sus plantas y métodos de cosecha que fomenten la sostenibilidad. También aprenderá sobre especies en peligro de extinción.

De esta manera, puede contribuir con su cuota a la conservación y preservación.

Peligros de la búsqueda de alimento en el medio ambiente

El peligro de buscar alimento en el medio ambiente es un tema controvertido. Los científicos que están a favor del buscar alimentos creen que es casi inofensivo. Por otro lado, algunos de ellos piensan que es peligroso.

La verdad, sin embargo, se encuentra en el medio. La búsqueda de alimento, a pesar de sus numerosos beneficios para el medio ambiente, puede presentar tantos riesgos, especialmente cuando el recolector no tiene experiencia o va en contra de las instrucciones.

Los siguientes son casos en los que la búsqueda de alimento podría representar un peligro para el medio ambiente.

1. Sobreexplotación

Uno de los riesgos importantes que plantea la búsqueda de alimento para el medio ambiente es la sobreexplotación. Seamos sinceros. Los humanos siempre serían humanos. Habría ganas de volver por más.

Teniendo en cuenta que muchas de estas especies tienen un precio elevado. La gente querría cosechar más, cosechar a niveles de los que el medio ambiente podría no recuperarse pronto. Aunque algunos científicos creen que esta recolección ayuda a la especie.

Además, algunos científicos creen que la población de plantas silvestres no puede sustentar a todos. Si todos se dedicaran a la búsqueda de alimento, podría haber un grave problema de sobreexplotación.

La sobreexplotación podría eventualmente conducir a la extinción. Habría efectos dominó teniendo en cuenta la naturaleza frágil de los ecosistemas. Una planta puede parecer insignificante. Sin embargo, una planta puede ser todo para muchas otras plantas y animales.

Sin embargo, los científicos que fomentan la búsqueda de alimento no lo ven como un problema. En su opinión, los humanos siempre encontrarían una forma de proteger su supervivencia. Es decir, si los humanos decidieran comer variedades silvestres, encontrarían la manera de hacerlas disponibles para siempre.

Incluso entonces, eso elimina la idea de "natural" del buscar alimentos. Además, algunas especies (especialmente los hongos) no son cultivables. La pregunta es, ¿cómo reemplazamos tales especies?

2. Puesta en peligro de especies

Los accidentes pasan todo el tiempo. Como humanos, no importa cuán cuidadosos seamos, todavía cometemos errores. La gravedad de estos errores suele diferir. En la búsqueda de comida, incluso los errores más pequeños pueden presentar riesgos importantes.

Los pequeños errores pueden tener efectos graves, como pisar una planta inofensiva sin siquiera saberlo. Al final puede descubrir que esas plantas están en peligro. Además, dado el mayor cuidado, la protección de estas especies en peligro de extinción depende de la experiencia del recolector.

Los veteranos sabrían rápidamente qué evitar y dónde evitarlos. Los principiantes, por otro lado, puede que no lo encuentren fácil. Cuando se les lleva a áreas completamente nuevas, los veteranos podrían incluso cometer esos errores.

A veces, la emoción que viene con la búsqueda de comida supera a algunas personas. Encuentras algunos individuos haciendo más para conseguir algunas especies.

Algunas de estas personas encuentran su motivación en los precios exorbitantes de estas plantas silvestres. Otros simplemente están fascinados con su gusto. De cualquier manera, los ve lanzando la precaución al viento para satisfacer sus antojos.

Da lugar al pisoteo de especies en peligro de extinción. Algunos incluso podrían destruir las ramas de los árboles para tener porciones en algunas frutas silvestres.

3. Destrucción de ecosistemas naturales

La búsqueda de alimento viene con la interferencia del hombre con los entornos naturales. Aunque algunos podrían argumentar que esta interferencia es mínima, incluso en pequeñas cantidades, la intervención del hombre podría inclinar el equilibrio de los ecosistemas.

Esta interferencia podría ser tan pequeña como la creación de senderos. Por poco que sea, el hombre contribuye con una especie de desequilibrio a estos hábitats naturales. Estos leves desequilibrios al final se agregan a la extinción de algunas especies.

Fomentar la búsqueda de alimento implicaría traer muchos humanos a la naturaleza. Sin duda, tal afluencia alteraría el frágil equilibrio de estos hábitats.

Por el momento, se estima que más de 12 especies se extinguen cada día. A ese ritmo, si todos decidiéramos buscar alimento, solo pasaría un momento antes de que no quedara nada.

4. Toxicidad

Uno de los riesgos importantes que conlleva la búsqueda de alimento es la toxicidad. Hay tantas especies comestibles por ahí. Al mismo tiempo, varias especies son peligrosas de consumir.

Algunos de estos comestibles se parecen mucho a sus peligrosos homólogos. A veces, la mejor manera de diferenciarlos es por experiencia. Incluso con experiencia, los veteranos todavía tienen dificultades para distinguir entre algunas plantas.

Si se ingieren, las plantas tóxicas pueden causar intoxicación. Algunos otros también pueden causar irritaciones graves en la piel de las personas alérgicas.

Ultimas palabras

No hay duda de que buscar comida es beneficioso. Existen varios beneficios para los seres humanos y el medio ambiente en general. Sin embargo, los beneficios del buscar alimentos dependen de un uso razonable. El uso razonable también es un factor del recolector, la tierra y varias otras variables.

La búsqueda de comida puede convertirse en un problema, si no se controla. Incluso con los problemas que vienen con el uso irrazonable, la búsqueda de alimento sigue siendo beneficiosa. Una de las formas en que puede evitar que la búsqueda de alimento sea un problema es utilizando las herramientas adecuadas.

En el próximo capítulo, aprenderá todas las herramientas esenciales que necesita antes de ir a buscar comida.

Capítulo 10

Herramientas Esenciales para la Búsqueda de Alimentos

La búsqueda de comida es uno de los pasatiempos más frugales y saludables que puede encontrar. Es una excelente manera de reconectarse con la naturaleza. También es una excelente manera de explorar el aire libre.

Para algunos, buscar comida es una forma de vida. Tener las herramientas adecuadas hará que la búsqueda de comida sea divertida, segura y mucho más fácil para usted.

15 herramientas esenciales para buscar comida

Tener las herramientas adecuadas hace la vida más fácil. Si desea dedicarse a la búsqueda de alimentos, algunas herramientas esenciales harán que su experiencia de búsqueda sea divertida.

Estas herramientas hacen que la búsqueda de comida sea más fácil y placentera para usted. Aunque puede prescindir de algunos de ellos, hay algunos de los que no puede prescindir.

1. Podadoras

La cuchilla de podar es una herramienta de la que quizás no pueda prescindir como recolector. Si es solo una herramienta que puede comprar para comenzar, las podadoras son la herramienta preferida. Un cuchillo de podar es útil para cortar vides y tallos.

Las podadoras están construidas para este propósito, y su diseño en forma de gancho permite cortar con un solo golpe. Además, un cuchillo especial ayuda en terrenos mixtos y para cortar cerca del suelo. Tienes la oportunidad de proteger tu cuchillo de supervivencia del óxido y el golpe accidental de rocas.

Sin embargo, es esencial comprar el tipo correcto de cuchillo de podar. Compra una podadora de alta calidad que se pueda afilar. Esta calidad garantiza que no siempre tenga que reemplazar su podadora una vez que se desafila.

Si es posible, compre una podadora que pueda modificarse con punteado o una con mango antideslizante. Esta característica asegura que no resbale y corte.

Compra una podadora que reducirá la tensión y la fatiga de las manos. Cuando estén completamente abiertas, las podadoras no deben exceder el ancho de su agarre.

Las podadoras se utilizan principalmente para recolectar y procesar hierbas recolectadas. Cortan fácilmente ramitas, ramas pequeñas, raíces y tallos herbáceos.

2. Cuchillo de jardín japonés o cuchillo de desmalezado

Esta herramienta también se conoce como Hori Hori. Hori Hori es un famoso cuchillo de jardín que se originó en Japón. Este origen explica por qué se le llama cuchillo japonés. La hoja es ligera y ergonómica. También es una de las herramientas esenciales para los recolectores. Es liviano y cabe fácilmente en su mochila.

Esta herramienta es compacta y se utiliza para trabajos pesados. Es una excelente herramienta de deshierbe y una robusta herramienta de artesanía salvaje. Ayuda a romper el suelo y arrancar raíces de la tierra. Los cuchillos de jardín pueden sacar rocas del suelo e incluso pueden cortar la mayoría de los suelos arcillosos. También se puede utilizar para dividir raíces, cortar césped y trasplantar.

Al comprar un cuchillo de jardín, debe comprar uno con mango de madera, ya que tienden a ser más fuertes que el plástico. Además, compre uno que tenga un borde en la base de la hoja. Protegerá su mano si el cuchillo se desliza.

3. Horquilla excavadora

La horquilla excavadora es la herramienta preferida para excavar raíces. Los dientes de la horquilla pueden aflojar eficazmente los suelos y levantar las raíces de las ramas de la tierra. Es menos probable que las horquillas de excavación dañen las raíces que una pala o una pala.

El tenedor de excavación también se puede usar en el jardín para aflojar la tierra, cosechar raíces medicinales y malas hierbas. A diferencia de las horquillas para heno o estiércol que tienen púas planas y flexibles, las horquillas de excavación tienen púas cuadradas y resistentes.

4. Pala

Existe una alta probabilidad de que ya tenga esta herramienta colgada en su cobertizo de jardín o garaje. Sin embargo, puede resultar útil tener un par de tipos diferentes. Las palas varían en tamaño.

Una pala más grande y más fácil de manipular es apropiada para usted si busca mucho alimento. También puede seguir con la versión compacta dependiendo de la cantidad de buscar alimentos que haga.

Una pala compacta se utiliza principalmente en la búsqueda de alimento para iniciar el proceso de extracción / recolección de plantas de raíz principal como la bardana. También es útil para excavar en suelos muy compactados.

Las palas deben ser adecuadas para el medio ambiente donde se puede encontrar la cosecha prevista. Las palas de excavación pequeñas funcionarán bien en suelos blandos, pero no son apropiadas para su uso en un entorno con suelo rocoso.

5. Tijeras de cocina o tijeras

Quizás se pregunte por qué necesita tijeras de cocina cuando ya tiene un cuchillo. Bueno, puedes prescindir de las tijeras de cocina si ya tienes un cuchillo.

Sin embargo, también debes tener en cuenta que muchas cosas se hacen más fácilmente con tijeras que con un cuchillo. Tampoco cancela la necesidad de un cuchillo, ya que algunas tareas se realizan mejor con un cuchillo.

En esencia, ambos tienen diferentes propósitos para los que son adecuados. Por lo tanto, tenerlos a ambos como herramienta de búsqueda le facilitará la búsqueda.

Las tijeras de cocina son útiles para recolectar verduras de tallo tierno como violeta, pamplina y cuchillas. El uso de un cuchillo de podar para esta tarea puede hacer que el trabajo sea un desastre, ya que las podadoras son adecuadas para tallos más resistentes.

Las tijeras también son mejores que las podadoras para plantas con tallos como el nudo japonés, la bardana y los cardos.

Cuando compre sus tijeras de cocina, esté atento a un par de calidad que pueda cortar ramas pequeñas.

6. Paleta

Una paleta es una pequeña herramienta manual que se utiliza para excavar, alisar, aplicar o mover pequeñas cantidades de materiales particulados o viscosos. Es posible que no necesite una paleta dependiendo del tipo de búsqueda de alimento en el que se encuentre.

Sin embargo, si necesita cosechar raíces como bardana, maní, zanahoria silvestre, etc., necesitará una paleta. Necesitará una manera excelente de desenterrar estas raíces, y la paleta es la mejor herramienta para este trabajo.

Solo debes llevar la paleta cuando sea la temporada de raíces para reducir el peso de tu mochila.

7. Navaja de bolsillo

Una navaja de bolsillo es útil cuando tienes que pelar la corteza de árboles medicinales, cortar setas de madera o cortar tallos gruesos. Usar una navaja reduce la posibilidad de lesionarse.

8. Cestas con asa

Las cestas te recompensarán de muchas formas. Son útiles para recolectar y secar hierbas. Las cestas son imprescindibles para los amantes de las setas.

Los hongos se aplastan fácilmente y la forma más segura de almacenarlos y mantenerlos intactos es colocarlos planos en el fondo de una canasta grande. Para mayor comodidad, compre una canasta con asas.

Además, las hierbas silvestres, las plantas más pequeñas y las flores comestibles se guardan mejor en una canasta, donde tienen menor riesgo de magulladuras o aplastamientos.

9. Mochila

Una mochila de calidad es una de las herramientas de búsqueda esenciales. Es la forma más fácil de transportar sus otras herramientas de alimentación, así como sus hallazgos.

Una buena mochila debe estar acolchada idealmente con correas cómodas y también debe ser de un buen tamaño para tu cuerpo. Un gran número de bolsas y bolsillos también son una ventaja, ya que facilita la organización.

10. Bolsas transpirables

En la cosecha, necesita un medio viable para transportar las plantas que encuentre. Si transporta las plantas en bolsas de plástico que no permiten el flujo de aire, las hojas verdes vibrantes pueden volverse marrones. La mejor forma de transportar estas plantas es con un recipiente transpirable.

También es posible que deba tener en cuenta recipientes pequeños para bayas, hongos y frutas. Ciertos hongos, bayas y frutos rojos son frágiles. Se pueden triturar fácilmente en una mochila o incluso en una canasta de buscar alimentos cargada.

Ponerlos en recipientes pequeños antes de guardarlos en la mochila o canasta ayudará a proteger su delicada cosecha.

11. Cubos o Tubtrugs

A medida que domine la búsqueda de alimentos, necesitará cubos para cosechas a mayor escala, como arándanos silvestres y saúco, así como para cosechas de raíces fangosas. Agregar un poco de agua en el fondo de los cubos también ayudará a mantener frescas las hojas y los tallos de las hierbas durante el largo viaje en automóvil de regreso a casa.

12. Guantes

La búsqueda de comida puede ser difícil para sus manos. Las plantas como las ortigas o una zarza de bayas pueden pincharle los dedos.

Si alguna vez ha experimentado la sensación de ardor al rozar su mano contra los finos pelos de las ortigas, entonces sabe que los guantes son esenciales cuando se trata de plantas.

Usar guantes protegerá sus manos y yemas de los dedos de los pinchazos. Protéjase las manos con guantes de cuero adecuados.

13. Lupa o lupa

Una lente de aumento hace que sea mucho más fácil espiar flores.

Deberá observar cada detalle, como el tamaño diminuto de los poros, o los pelos casi invisibles en los tallos de las plantas, o las pequeñas venas en las hojas para identificar correctamente algunas plantas y hongos. Estos detalles no se pueden ver fácilmente solo con los ojos. Necesitas una lupa.

14. Placa de vidrio transparente

Necesitará una placa de vidrio transparente para las impresiones de esporas. Hacer impresiones de esporas es crucial para distinguir los hongos comestibles de los venenosos o potencialmente mortales. Las impresiones de esporas se pueden hacer usando una placa de vidrio transparente.

15. Botella de agua

La búsqueda de alimento puede ser deshidratante. Necesitará mucha agua para seguir adelante. Por lo tanto, una botella de agua es una herramienta esencial para la búsqueda de alimentos.

Cuando compre botellas de agua para buscar comida, compre un recipiente grande que pueda contener grandes cantidades de agua.

También debe comprar uno que se ajuste adecuadamente a su mochila.

Ahora, tiene una lista de verificación de todas las herramientas que necesita antes de salir a buscar comida. Sin embargo, antes de irse, se pregunta si puede tener a alguien con usted. Bueno, es posible que no hayas oído hablar de sociedades de alimentación. Puede saber más sobre ellos en el próximo capítulo.

Capítulo 11

Sociedades de Alimentación:
Lo Que Necesita Saber

¿Alguna vez jugaste a este juego en el que estabas perdido en la naturaleza y tenías que buscar comida para ti cuando eras joven? Probablemente comerías las frutas de tu jardín, fingirías vivir en una casa hecha de madera y cazarías animales.

Lo que probablemente no sabías entonces era que era la forma de vida de algunas personas. Estas personas son recolectoras. Sí, todavía hay gente que vive así.

Quizás se pregunte cómo este estilo de vida puede ser sostenible en el siglo XXI. En los capítulos anteriores, ha aprendido acerca de los beneficios de la búsqueda de alimento, por lo que debería poder ver por qué la gente podría querer vivir de esta manera.

Sin embargo, es posible que no tenga una idea real de cómo está estructurada una sociedad de búsqueda de alimentos, la cultura de estas personas llamadas cazadores-recolectores y los diferentes tipos de comunidades. Este capítulo le ayudará a saber todo lo que necesita saber.

Atributos generales de las sociedades de alimentación

Las sociedades de alimentación están formadas por personas que no tienen una fuente constante de alimento. Cazan y recolectan comida, de ahí el nombre de cazadores-recolectores.

Estas personas viven un estilo de vida nómada de moverse de un lugar a otro en busca de comida. También suelen ser grupos reducidos para que la comida siempre llegue a todos.

Los antropólogos se han tomado el tiempo de estudiar estas sociedades. Debe tener en cuenta que las sociedades de alimentación son generalmente difíciles de considerar en su conjunto debido a los diferentes climas en los que viven. Los recursos disponibles para las comunidades también difieren, lo que conduce a una variación inevitable en la cultura.

Sin embargo, algunas características son comunes a todas las sociedades de alimentación. Hemos discutido algunos de ellos a continuación.

• *Comunidades pequeñas*

Las sociedades de alimentación suelen ser pequeñas. También viven en lugares donde no hay mucha gente. Según los antropólogos, esta característica probablemente sea así para garantizar que los alimentos disponibles puedan sustentar a todos. Si permanecen en un área densamente poblada, existe la posibilidad de que la alimentación se convierta en una lucha por la supervivencia.

• *Estilo de vida nómada*

Los cazadores-recolectores suelen vivir como nómadas. Aunque no es el caso de todas las sociedades de alimentación, es común. Solo construyen refugios temporales y se trasladan a otras áreas cuando hay necesidad de más comida y agua. Se mueven con las estaciones, los rebaños y los recursos disponibles. Un ejemplo de tal sociedad es la Ngatatjara en el desierto australiano.

• *Herramientas de fabricación propia*

Los recolectores de alimentos fabrican sus herramientas con materiales de la zona. Sin embargo, con el creciente desarrollo y contacto con otras comunidades, han comenzado a hacer uso de herramientas hechas a máquina.

• *Uso temporal de recursos*

Las sociedades recolectoras siempre hacen uso de los recursos disponibles de manera que puedan regenerarse. Por ejemplo, no arrancarían árboles frutales, sino que recolectarían los frutos y dejarían que el árbol fructificara un año más. Una vez que los recursos en un área llegan a cierto nivel, los recolectores se trasladan a otra área y vuelven a visitarla la próxima temporada.

• *División del trabajo*

En las sociedades de buscar alimentos, todo el mundo trabaja, independientemente del género. El trabajo se suele dividir por sexo y edad. En la sociedad King San del desierto de Kalahari, las mujeres recolectaban alimentos, que consistían en frutas, melones, bayas y nueces. Al mismo tiempo, los hombres realizaban rituales y entretenían a la gente. En algunas otras sociedades, los hombres cazaban y las mujeres recolectaban vegetación.

• *Falta de estructura*

A diferencia de las sociedades occidentales con sus sistemas políticos y económicos estructurados, las sociedades recolectoras no cuentan con tales estructuras. Estas personas suelen estar relacionadas y la comida se comparte habitualmente. Tampoco poseen propiedades, lo que puede llevar a una jerarquía. Esta falta de sistema funciona ya que los grupos suelen ser pequeños y emparentados, además de que no se quedan en un solo lugar.

La forma de vida en las sociedades de alimentación es simple y, en general, similar. Las diferencias significativas están en los recursos disponibles para ellos. Sin embargo, aún puede clasificar las sociedades de alimentación en función de este factor. Puede conocer los tipos de grupos de alimentación a continuación.

Tipos de sociedades de alimentación

Hay características tradicionales que puede esperar ver en cualquier sociedad de alimentación. Sin embargo, existen peculiaridades por las que podemos agrupar estas sociedades. Algunas de las diferentes sociedades de alimentación son;

• *Sociedades de peatones*

Estas sociedades recogen su comida mientras caminan. Una sociedad de búsqueda de alimentos muy conocida que cae en esta categoría es Kung San, conocida como Zhuloasi. Este grupo tiene acceso a más de 150 especies de plantas y 100 especies de animales.

Sin embargo, Zhoulasi no se come todas las plantas. Su favorita es la nuez de mongongo, que es una fuente de proteínas. Se mudan fuera del área una vez que los recursos se reducen o según las estaciones. Viven en grupos de dos o tres familias en la temporada de lluvias, pero acampan a los veinte o cuarenta años cuando está seco en un lugar donde hay agua.

• *Sociedades acuáticas*

Estas sociedades recolectoras dependen del agua para obtener recursos y alimentos para alimentarse. Un ejemplo es el Haida, también conocido como Ou Haadas, que vive en la isla Príncipe de Gales y las islas Queen Charlotte, Columbia Británica.

Este grupo utiliza varios tipos de alimentos que se obtienen del agua alrededor de sus viviendas. Su dieta consiste en vieiras, fletán, nutrias, salmón, leones marinos y algas. Sin embargo, no es solo lo que obtienen del agua lo que comen.

También cazan mamíferos terrestres como ciervos y recolectan plantas silvestres como bayas.

• *Sociedades ecuestres*

Este grupo de recolectores es más raro que los otros dos. Se identifican solo con las pampas y estepas de América del Sur y las Grandes Llanuras de América del Norte. Este tipo de recolectores comenzaron después de que los colonos europeos reintrodujeron a los estadounidenses a los caballos.

Aonikenks es un ejemplo de este tipo de sociedad de alimentación. Esta sociedad, conocida como Gente del Sur o Tehuelche, se aloja en las Estepas Patagónicas de América del Sur. Cazan guanacos y comen raíces, ñandúes y semillas.

Por qué las sociedades de alimentación ya no son comunes

Las sociedades buscar alimentosras fueron la norma durante más de un millón de años. Sin embargo, ya no es un estilo de vida que ve. Quizás se pregunte por qué es así.

Bueno, el cambio comenzó con la Revolución Neolítica.

Hace unos 12.000 años, cuando comenzó la Revolución Neolítica, comenzó la agricultura. La gente tuvo que construir casas para poder quedarse en un lugar y cuidar sus granjas. Si bien los cazadores-recolectores todavía existieron hasta la edad moderna, el estilo de vida disminuyó hasta que parece inexistente.

Una de las razones por las que esta forma de vida es poco común es por los riesgos que conlleva. Existe la posibilidad de no encontrar comida durante días, riesgos para la salud y todo eso.

Muchas personas están considerando fusionar esta forma de vida con su estilo de vida actual, debido a los beneficios del buscar alimentos.

Si se ha tomado el tiempo de leer este libro hasta este punto, debe estar considerando buscar comida usted mismo. Lo felicitamos por ese paso y esperamos haber podido ayudarlo en su viaje.

Conclusión

¿Te acuerdas de Bob? Sí, ese hombre que podía valerse por sí mismo en la naturaleza.

Probablemente pensó que lo que hizo no era posible cuando leyó su historia en la introducción.

Sin embargo, ahora que ha llegado al final de este libro, esperamos que sepa lo contrario. Tienes todo lo que necesitas para buscar comida y, con la ayuda de este libro, no te equivocarás.

Cada palabra de este libro lo ha guiado para saber cómo identificar y ubicar plantas y hongos silvestres comestibles regionales.

¿Estás intentando actualizar el conocimiento que tienes en tu arsenal ahora? Destaquemos lo que obtuvo de este libro.

Ha aprendido qué es la búsqueda de alimento, sus categorías y las preguntas más frecuentes. Probablemente no haya ningún problema sobre la búsqueda de alimento que no pueda abordar ahora.

Las setas son una especie interesante. Ahora, sabes todo sobre su historia y cómo existen tipos comestibles y no comestibles. Cada detalle que necesita examinar para identificar, ubicar y cultivar las especies comestibles se ha destacado en un formato fácil de leer.

Entendimos que recolectar estos hongos comestibles no es el final del viaje. Por lo tanto, pudo aprender todas las estrategias que puede utilizar para cosechar y almacenar hongos. Estos consejos te ayudarán a disfrutar durante mucho tiempo del dulce manjar de las setas.

Tan deliciosos como pueden ser los hongos, pueden envejecer si siempre son parte de su comida sin ninguna variedad. Por lo tanto, necesita saber cómo usar, identificar y ubicar otras plantas silvestres comestibles.

Con cincuenta plantas silvestres comestibles descritas y explicadas en este libro, esta necesidad no debería ser un problema en absoluto. También debe conocer los métodos correctos a utilizar al cosechar y cosechar estas plantas.

La búsqueda de alimento tiene sus riesgos y beneficios. Este libro se los ha descrito para que sepa lo que está haciendo antes de comenzar. Sin embargo, no lo vivimos sin esperanza, ya que le explicamos consejos de seguridad que lo ayudarán cuando esté en la naturaleza.

Una de las cosas esenciales que necesita para hacerlo bien, especialmente si es un principiante, son las herramientas que necesita para buscar comida. Ahora conoce las quince herramientas cruciales que necesita tener cuando va a buscar comida.

Los recolectores expertos probablemente le dirán que uno de los placeres de la búsqueda de alimento es la belleza de hacerlo con amigos y familiares. Ha aprendido sobre las sociedades de alimentación, sus características y tipos.

¿Puedes ver que tienes todo el conocimiento que necesitas para comenzar a buscar comida? No tendría problemas para identificar, ubicar y preservar plantas y hongos silvestres comestibles en su región con este libro como guía.

¿Entonces, Qué esperas?

¡Es hora de empezar a buscar comida!

GUÍA PARA BUSCAR ALIMENTOS

Cosecha y Almacenamiento de Plantas Silvestres Comestibles en Diferentes Estaciones

MONA GREENY

Introducción

os seres humanos han dependido tradicionalmente de la naturaleza para sobrevivir. De hecho, los primeros seres humanos, los que vivían hace millones de años (Roberts P, 2017), fueron los primeros forrajes (A., 2015) en la tierra. Tenían hambre y tenían que sobrevivir, entonces, ¿qué hicieron? ¡Fueron al desierto en busca de comida! Cazaban animales o recolectaban plantas silvestres comestibles que les permitían tener una dieta equilibrada, de acuerdo con sus necesidades (Cordain, 2000).

Es interesante notar que los seres humanos antiguos recolectaban toda la comida con sus propias manos y probablemente la comieron inmediatamente después. Iban a buscar bayas, verduras silvestres, hongos y todo tipo de frutas o plantas que crecieran en los arbustos para satisfacer sus necesidades dietéticas.

Los seres humanos antiguos tuvieron que pasar por muchas pruebas y errores para reconocer y aprender qué plantas eran seguras para comer, cuáles eran venenosas y qué tipos de plantas silvestres comestibles se podían encontrar durante épocas específicas del año. Y no tenían un libro al que admirar o hacer alguna investigación antes de comerlos, así que imagínense lo difícil que era buscar comida en ese entonces.

Se puede argumentar que la sociedad actual ha roto con el conocimiento de nuestros antepasados porque hemos disminuido la característica de ser recolectores. Ahora estamos consumiendo una gran cantidad de azúcar (Stadterman, 2020), harinas y alimentos industrializados que nos han dejado con un sistema alimentario roto, y esto se puede ver fácilmente cuando miramos todo lo que compramos en el supermercado. .

Ahora, no estoy aquí para decirles lo que está bien o mal con respecto a qué y cómo debemos comer o qué debemos consumir, porque es demasiado subjetivo. Sin embargo, diré que cultivar alimentos en granjas grandes, que resultan estar muy lejos de los clientes, por lo que la comida necesita viajar miles de millas para llegar al destino final y luego los consumidores pueden comerla, no es una concepto ideal; al menos, para mí, no lo es.

Las personas no solo son incapaces de ver y comprender cómo se cultivan sus alimentos, sino que tampoco tienen una idea o una conexión personal con lo que comen. Entonces, la gente no sabe cómo se cultiva una verdura o cuánto tiempo se tarda en obtener ese tamaño. No saben que hay varias plantas silvestres comestibles en la naturaleza que son tan similares, pero a veces más sabrosas, que las que compran en el supermercado. ¡Y no saben ninguna de estas cosas porque nunca han estado buscando comida!

Sé que ir al supermercado y comprar toda su comida es un procedimiento estándar para muchas personas. Sin embargo, también hay un movimiento significativo que ahora está resurgiendo, donde pensamos que recolectar alimentos es normal y la naturaleza es nuestro gran supermercado de espacios abiertos. Nos hemos acostumbrado a que otros nos impongan su miedo porque realmente no saben lo que es salir y recoger algunas plantas silvestres que son comestibles, nutritivas y gratuitas, pero nosotros lo hacemos, ¡y ahora tú también lo sabrás!

Algunos jardineros o agricultores tienen cultivos en su jardín, pero no lo aprovechan al máximo porque no les gusta ir a buscar comida o realmente no saben cómo hacerlo. Pero sus cosechas, nutrición y salud en general podrían ser diez veces mejores si solo salieran y exploraran qué otros tipos de plantas silvestres comestibles tienen.

No obstante, existe un término dentro de la comunidad agrícola que comprende el período comprendido entre el invierno y la primavera; se refiere a cuando el invierno se desvanece, y los agricultores ahora están ocupados organizando y plantando los cultivos que eventualmente se convertirán en su alimento para el resto del año. Este término se llama "la brecha del hambre".

Los jardineros nuevos siempre se preguntan, "¿y ahora qué?" cuando este período se acerca pronto porque significa que todas las frutas y verduras que han cultivado se están agotando, especialmente si aún no han conservado ningún alimento.

Sin embargo, ¿sabía que hoy en día los agricultores individuales fomentan la búsqueda exitosa de plantas silvestres comestibles? Porque saben que puede ayudarlo a llenar ese "vacío de hambre" entre temporadas.

De hecho, hay muchas plantas silvestres comestibles en la naturaleza y las encontrará donde vive o cerca de donde se encuentra. Los tipos de plantas silvestres que tenga dependerán de su ubicación, pero la mayoría de las veces, las personas de todo el mundo tienen plantas silvestres comestibles, y ni siquiera son conscientes de esto, ¡y podrían comer gratis!

Si quieres ser más resistente, o quieres complementar tu huerto que ya está en crecimiento, entonces tener una dieta variada donde incorpores plantas silvestres comestibles definitivamente te ayudará a lograr estos objetivos, porque tienen valor nutricional (Guarrera, 2016). .

En este libro, te enseñaré qué tipos de alimentos silvestres puedes encontrar y comer durante todas las estaciones. Más específicamente, te guiaré a través de las plantas silvestres comestibles, porque no solo mantendrán tu barriga llena, sino que también podrían convertirse en una fuente esencial de vitaminas y nutrientes durante todo el año.

Siempre que elija su propia comida, sabrá que es lo más fresca posible, pero también se está volviendo a conectar con todos los antepasados que hicieron esto, años y años atrás. Se sentirá nuevamente conectado con la naturaleza y estará orgulloso de haber encontrado algo en la naturaleza. Ahora puede asegurar su propia comida porque sabe que es segura, nutritiva y deliciosa para comer. Y, si alguna vez hay un período de hambruna (Pinela, 2017), ¡estarás cubierto si vas a buscar comida!

Ahora, no estoy tratando de decir que todo es perfecto cuando cosechas plantas silvestres comestibles, porque la realidad es que puede ser muy arriesgado, especialmente si vas solo. No tenemos el conocimiento detallado y orientado que tenían nuestros antepasados cazadores-recolectores, no importa cuánto lo intentemos.

Como resultado, no podemos simplemente ir a algunos campos y comenzar a recoger las plantas que nos apetezcan y comerlas más tarde. Esto es irresponsable, ya que podría lesionarse gravemente si tiene dolor de estómago o incluso morir en algunos casos. Es por eso que siempre debe tener cuidado cuando vaya a buscar comida; porque muchas plantas silvestres no comestibles se asemejan a algunas plantas silvestres comestibles, pero la principal diferencia es que son venenosas (Cornara, 2018), por lo que deberá tener cuidado con ellas.

Pero estamos aquí para aprender juntos sobre las plantas silvestres comestibles. Admito que podrían pasar años antes de que usted (o yo, para el caso) sepa cómo identificar correctamente todos los diferentes tipos de plantas silvestres que existen y que se pueden comer; sin embargo, una vez que comience a aprovechar los beneficios de la búsqueda de alimentos, lo hará ¡nunca mires atrás!

Puede utilizar este libro para responder todas las preguntas que pueda tener. Encontrará información asombrosa y relevante sobre todos los temas relacionados con la búsqueda de alimento, la recolección y el almacenamiento de plantas silvestres comestibles. Sabrá qué tipos de plantas son comestibles, cuándo y dónde puede encontrarlas, cuánto debe comer y todos los beneficios asociados con la búsqueda de plantas silvestres comestibles.

Aunque muchas plantas se identifican fácilmente, ¡las repasaremos! Este es su libro si desea comenzar a buscar alimentos con confianza. Discutiremos todo lo que necesita saber antes de buscar, cosechar y almacenar sus plantas silvestres comestibles de manera segura y sostenible.

La búsqueda de alimento tiene muchos beneficios; por ejemplo, está trayendo más comida a su mesa (por lo que está ampliando sus opciones de alimentos), está probando nuevos sabores (y, probablemente, ningún supermercado los venderá), y en realidad está ahorrando dinero (por supuesto, esto dependerá de su éxito en la búsqueda de alimento).

Además, buscar comida significa que estará conectado con la naturaleza e incluso podría salvarle la vida, especialmente si se encuentra en una situación difícil en la que tiene que pensar rápidamente para sobrevivir. Si está preparado, sabrá qué puede comer y de qué debe mantenerse alejado, ya que también deberá reconocer qué tipos de plantas silvestres no son comestibles.

Pero, ¿qué pasa si vives en la ciudad? ¡Las plantas silvestres comestibles pueden crecer en todas partes y en cualquier lugar! Podrás ver algunos en las grietas de la acera de una ciudad, aunque personalmente ni siquiera los tocaría. Puede ver plantas silvestres comestibles en colinas, montañas, en su jardín, literalmente en todas partes. ¡Solo están esperando que los coseches y los comas o los guardes!

Uno de los conceptos erróneos más grandes que tiene la gente con respecto a la búsqueda de comida, la cosecha y el almacenamiento de sus plantas es que piensan que si son habitantes de la ciudad, ¡entonces no pueden hacer esto! ¡Y ese no es el caso!

Hay muchas formas de hacer esto si vive en la ciudad. Por ejemplo, muchos propietarios que tienen árboles frutales con gusto le permitirán tomar parte de la fruta extra que producen los árboles, ya que no pueden comerlo todo. Deberá preguntar amablemente si puede cosechar la fruta que cae al suelo antes de que se pudra. ¡No solo tomará fruta gratis, sino que también los ayudará a tener un ambiente hogareño más limpio! Es una situación en la que todos ganan.

Si está buscando lugares adecuados para buscar comida, primero intente hacerlo en su propia tierra o, si no es posible, vaya a un espacio público (como un parque) y trate de buscar comida allí. Si conoce a alguien que tiene tierra y está de acuerdo con que busque comida allí, ¡siempre pregunte antes de entrar!

Es realmente fascinante cuando los individuos se convierten en recolectores porque comenzarán a observar la naturaleza aún más que nunca. ¡Pronto se darán cuenta de en qué fase está la luna sin tener que ir a un sitio web y buscar la respuesta! También serán conscientes de que tan pronto como la luna cambie de fase, la naturaleza también proporcionará un conjunto diferente de plantas.

Como recolector, comenzará a ver cambios en términos de su salud física; comenzará a comer mejor, caminará mucho; por lo tanto, esto también cuenta como ejercicio. Tendrás un sentido de pertenencia porque estás haciendo algo que sin duda traerá una nueva comunidad a tu vida. Además, sus finanzas también mejorarán, porque ¿por qué compraría ajo si puede buscar, cosechar y almacenar ajo silvestre? ¿¡Qué asombroso es eso !?

Cuando vas a buscar comida, no solo caminas. Verá, se inclina, se estira, excava, busca un poco más, va visualizando lo que le gustaría encontrar y siempre se sorprende de lo que realmente encontró.

Cuando busca su comida, tiene comida fresca todo el tiempo, ¡y no le costará un centavo! Cuando va a buscar comida con sus amigos o familiares, significa que también está compartiendo esta experiencia única con ellos, y este vínculo podría incluso superar su círculo más cercano de personas e ir más allá y extenderse a su comunidad.

Si lo piensas bien, muchas de las plantas que podemos encontrar en una tienda tienen un sabor suave, y pronto te darás cuenta de esto después de que comiences a comer plantas silvestres. Estas plantas tienen muchos minerales, nutrientes, antioxidantes y vitaminas, en comparación con las que se compran en las tiendas.

Y lo mejor de estas plantas silvestres comestibles es que no requieren agua, pesticidas ni fertilizantes. De hecho, muchos de ellos crecen solos sin nuestra ayuda externa. Mucha gente piensa en ellos como "malas hierbas" pero, en realidad, aportan muchos aspectos beneficiosos a nuestras vidas.

Por último, buscar, recolectar y almacenar sus plantas silvestres comestibles son actividades divertidas para hacer. Aprenderás sobre una amplia gama de plantas, podrás ver por qué la naturaleza es tan importante y cómo vas a volver a una vida más sencilla. Sé que puede ser intimidante al principio y, a veces, incluso aterrador porque es posible que no sepa qué consumir de manera segura.

También soy consciente de que buscar comida no es una actividad ideal para todos. Si terminas buscando comida, pronto te darás cuenta de que se necesita tiempo, esfuerzo y, sobre todo, paciencia para entrenar y aprender sobre las plantas silvestres comestibles para poder consumirlas correctamente. Sin embargo, si continúa saliendo al aire libre y busca alimento, eventualmente comenzará a adquirir experiencia y conocimientos y qué tipos de plantas silvestres comestibles debe elegir.

¡Es por eso que he escrito este libro para ti porque te he tenido en mi mente durante mucho tiempo! Mi objetivo es enseñarte cómo salir y empezar a notar y observar la naturaleza, para que tú también puedas recolectar inmediatamente tus plantas silvestres comestibles.

Entonces, si está buscando aprender más sobre la búsqueda de comida, la cosecha y el almacenamiento de plantas silvestres comestibles en diferentes estaciones, ¿adivinen qué? No debería buscar más, ya que esta guía completa cubrirá todo lo que necesita saber sobre esas plantas silvestres comestibles (¡y también sobre las plantas silvestres no comestibles!)

Feliz caza, realmente espero que te diviertas!

Capítulo 1

Búsqueda de Alimentos Para Principiantes

S i está pensando en comenzar a buscar algunas plantas silvestres comestibles, primero debe comprender algunos aspectos de cómo hacerlo.

Cuando una persona está pensando en buscar comida, pueden ser hongos, frutas, verduras, hierbas o cualquier otra planta medicinal que se pueda encontrar en la naturaleza. Buscar comida no es tan difícil como algunas personas piensan; de hecho, con esta guía, comenzará a reconocer con éxito diferentes tipos de plantas silvestres comestibles.

En este capítulo, aprenderá todo lo que necesita saber sobre la búsqueda de alimentos para principiantes.

Beneficios de buscar su propia comida

Hay muchos beneficios asociados con buscar su propia comida. Los siguientes son algunos de los más importantes, ya que realmente resuenan con la mayoría de los recolectores:

Estás probando nuevos sabores

Siempre que consumas plantas silvestres comestibles, pronto notarás lo diferente que saben a lo que estamos acostumbrados a comer. Pero también se dará cuenta de que nunca encontrará estos nuevos sabores en su supermercado local.

La búsqueda de comida es la oportunidad que tienes (y la que te das a ti mismo también) de probar plantas únicas y sabrosas que aportan nuevos sabores (Cornara, 2018). Y también puedes experimentar con ellos y crear muchos platos diferentes; así que, si vas a organizar una cena pronto, ¡no olvides ir a buscar comida antes de que lleguen todos los invitados!

Estás consumiendo comida gratis

Si su comida es buscada, entonces es probable que haya gastado la gran cantidad de $ 0 para conseguirla. Buscar comida es una excelente idea si vive con un presupuesto limitado o si simplemente está tratando de ahorrar algunos dólares cada mes.

Lo que es realmente irónico es que, si terminas encontrando tus plantas forrajeras en el supermercado, probablemente tendrán un precio alto. Por ejemplo, ¡piensa en las setas! (Sé que no son una planta, pero quiero que veas este punto con claridad). En muchas áreas del mundo, puedes encontrar hongos siempre que vayas a buscarlos.

Si compras esos mismos hongos en tu tienda local, ¡notarás lo caros que son! Los piñones son otro ejemplo perfecto de lo que se puede encontrar fácilmente de forma gratuita al buscar comida, pero, por otro lado, costarán mucho cuando se vendan en los supermercados.

Estás comiendo sano

Las plantas silvestres comestibles son una gran fuente de valiosa nutrición. Para darle una idea, las plantas silvestres de diente de león tienen más fitonutrientes que las espinacas compradas en tiendas; ¡pero las malas hierbas son tan impopulares entre la gente que tratan de eliminarlas de sus jardines siempre que pueden!

Además, cuando estás en la naturaleza y estás buscando comida, tu cuerpo también se beneficia. No solo caminará, sino que también estará expuesto al sol, una gran fuente de vitamina D.

Por último, comenzará a observar lo que entra en su cuerpo, cómo se alimenta, lo que su cuerpo acepta o rechaza y lo que lo hace sentir bien: ¡estar saludable comienza cuando se ama tanto a sí mismo que su dieta es equilibrada!

Estas ejercitando

Lo crea o no, buscar comida puede considerarse un deporte, aunque no de alta intensidad, pero aún así se beneficiará de salir al aire libre.

Cuando comienza a buscar plantas silvestres comestibles, probablemente esté caminando mucho, esté en constante movimiento y, a veces, incluso esté caminando a algunos lugares altos para cosechar su comida.

Pero también te estás estirando para alcanzar algunas frutas; te estás inclinando para reconocer y recoger algunos greens; vas de un lugar a otro recogiendo cosas!

En mi opinión, buscar comida es incluso un mejor ejercicio que ir al gimnasio. Y si combinas la caza y el cultivo de tu propio huerto, ¡eso es todo! Estás ejercitando cada músculo que tienes ... ¡incluso tu lengua!

Te estás conectando con la naturaleza

Si elige su propia comida, entonces sabrá de dónde vino esa fruta (u otro producto); esto te hará sentir en sintonía con la naturaleza porque estás consumiendo algo que habías observado, que sabías que estaba allí donde lo cosechaste.

Cuando te conviertas en un recolector experimentado, también te darás cuenta de cuándo es el mejor momento para buscar algunas plantas comestibles. Usted sabe que su sabor cambia con respecto a la temporada (o incluso la fase lunar), y cuánto crecerán (o serán acrobacias) algunas de esas plantas si no cumplen con sus requisitos de sol o agua.

Aunque estés observando, ya no eres un simple observador de la naturaleza porque estás actuando junto a ella y estás consumiendo lo que te proporciona. Esta conexión con la naturaleza es algo que casi todos hemos olvidado porque definitivamente se pierde en el mundo moderno, donde todo debe hacerse ahora mismo y, como resultado, tenemos un sistema agrícola donde los cultivos se están introduciendo continuamente a los fertilizantes para crecer. más rápido que nunca.

Practica la sostenibilidad

Si está buscando comida, elija plantas cultivadas localmente, orgánicas y gratuitas. No está gastando su dinero en comprar frutas o verduras que vienen del otro lado del mundo, no está usando pesticidas dañinos ni ningún otro tipo de químicos agrícolas peligrosos, por lo que las plantas son " mejores ", y definitivamente está no daña la naturaleza al alimentarse de estas plantas.

De hecho, ocurre lo contrario. Porque no riegas las plantas, la lluvia lo hace por ti. No depende de los combustibles fósiles para alimentar esas plantas y su huella de carbono se reduce drásticamente.

Es más, a veces incluso se te puede considerar como un héroe del jardín (¡bueno, para mí lo eres!) Porque estás usando tus recursos locales. Estás buscando plantas para consumirlas, y algunas de ellas a menudo se consideran malas hierbas, por lo que la gente tiende a evitarlas a toda costa.

Como ves, buscar comida es fundamental, divertido y te aportará diferentes aspectos beneficiosos. Y el paradigma más importante que jamás romperá una vez que comience a buscar su comida es que la comida está en todas partes. ¡No es solo en los supermercados o en un huerto al contrario de lo que mucha gente piensa o dice! Si observa la naturaleza durante mucho tiempo y con suficiente conciencia, verá comida por todas partes.

Peligros de buscar plantas silvestres comestibles

Pero buscar comida viene con una gran señal de advertencia roja. Si no está seguro de la planta, no la coma, ya que es aconsejable identificar siempre correctamente la planta antes de siquiera pensar en consumirla; de lo contrario, pueden surgir graves consecuencias.

Aquí hay otros peligros de buscar sus plantas silvestres comestibles:

Demasiada información puede resultar confusa

Convertirse en un recolector significa que está estudiando plantas silvestres comestibles, pero también significa que debe aprender a reconocer esas plantas no comestibles. A veces, puede sentir que hay mucha información circulando, lo que puede confundirlo porque no sabe por dónde empezar.

¡Por suerte para ti, esta guía ya está disponible! Revisaremos toda la información relevante y esencial que lo ayudará a obtener su alimento con éxito.

Tendrás que lidiar y superar la falta de familiaridad

Los alimentos desconocidos pueden, por extraño que parezca, traer muchos recuerdos antiguos. Piénselo de esta manera, cuando éramos niños pequeños, probablemente estábamos demasiado emocionados cada vez que veíamos comida nueva o, a veces, ¡teníamos demasiado miedo incluso para tocarla!

Cuando comience a buscar comida, se encontrará con muchos alimentos desconocidos, y si los prueba sin cocinarlos o prepararlos correctamente, es probable que los guarde y no los vuelva a comer nunca más.

Cómo comer las plantas que se encuentran en la naturaleza es casi tan importante como identificar correctamente qué plantas son seguras para el consumo humano. De hecho, muchas plantas silvestres comestibles son amargas, en realidad no saben tan bien si se comen crudas y algunas incluso son indigestas si no las cocinas adecuadamente.

Si es un recolector principiante, deberá asegurarse de saber cómo utilizar las plantas que está recolectando; de lo contrario, todo el producto que acaba de cosechar se desperdiciará en cuestión de días porque su sabor o textura le desanimará.

Puede elegir una planta "mala"

Cuando una persona comienza a buscar comida, lo que más pregunta es: "¿Estoy recogiendo la planta silvestre comestible correcta?". Porque a veces, incluso si tienes esta guía contigo, todavía te preguntarás por un par de segundos si es la misma planta o si es comestible o no.

Si no tiene cuidado, ¡incluso puede comer algo dañino porque algunas plantas silvestres son venenosas! Nadie es inmune a esto, ya que le podría pasar al recolector más experimentado.

Además, tal vez esté 100% seguro de que la planta que acaba de cosechar es completamente segura y no tóxica, pero aún puede estar llena de residuos de pesticidas o incluso desechos animales. Por eso es fundamental enjuagarlos bien antes de consumirlos (incluso si estás en tu jardín o terreno).

Podría estar dañando el medio ambiente donde cosecha

Como recolectores, haremos nuestro mejor esfuerzo para preservar la naturaleza tanto como sea posible. Pero a veces no nos damos cuenta de las situaciones que ocurren debajo de las plantas que estamos tratando de cosechar.

Por ejemplo, si somos nuevos en la búsqueda de alimento, es posible que no sepamos qué cantidad de la planta podríamos tomar sin dañarla. A veces, las plantas pueden morir como resultado de nuestra intrusión de cosecha. Otras veces, tomamos tanto de una sola planta que se debilitan y comienzan a aparecer otras especies más robustas e invasoras. Por último, podríamos estar caminando sobre suelo delicado; podríamos estar triturando plantas sin darnos cuenta, o incluso podríamos estar alterando hábitats sin saberlo.

Algunas áreas son muy delicadas para entrar y pueden sufrir daños graves si entramos y cosechamos sus plantas. ¡Siempre es necesario tener en mente esta posibilidad en particular porque no estamos buscando comida para destruir hábitats!

La búsqueda de comida es ilegal en algunas áreas

Lo sé, ¡suena loco! ¿Cómo puede ser ilegal la búsqueda de comida? ¿Cómo puede ser arrestado si solo está recolectando alimentos? Pero en algunas áreas del mundo, la búsqueda de comida parece incompatible con la vida moderna.

Por otro lado, si está tratando de cosechar en la propiedad de otra persona sin permiso, entonces está metido en problemas, porque esa es su tierra privada.

Por otro lado, no es como si pudieras ir a un lugar público y eso es todo, puedes comenzar a buscar comida nuevamente; ¡porque la verdad es que muchos parques te prohíben tomar plantas! En algunos lugares, también existen límites con respecto a la cantidad de una planta específica que puede tomar.

Como puede ver, sería mejor si supiera cómo son las leyes del lugar donde vive antes de comenzar a buscar comida; ¡De esta forma evitarás situaciones incómodas en las que termines encontrándote dentro de un coche de policía!

Tipos de alimentos que puedes buscar

Si pensaba que las plantas eran los únicos productos que podía recolectar, entonces, afortunadamente para todos, ¡este no es el caso! De hecho, existen otros tipos de alimentos que se pueden recolectar fácilmente, como los hongos, el marisco (estos serían ostras o cualquier otro marisco comestible relacionado) y diferentes tipos de frutos secos.

Además, ¿sabías que es legal en algunas áreas buscar comida, más específicamente carne, si te encuentras con un animal atropellado? Sin embargo, deberá asegurarse de que la carcasa esté fresca. De lo contrario, podría enfermarse mucho.

Sin embargo, si golpea a un animal (como un venado) o ve que otro automóvil lo golpea y el cadáver aún está fresco, puede ir a buscar esa carne. Asegúrese de conocer las leyes de la zona en la que se encuentra, a veces es ilegal tener un animal muerto sin un permiso especial. Y si terminas cocinándolo, asegúrate de hacerlo bien para matar todas las bacterias que pueda tener.

Por otro lado, debes tratar de familiarizarte con el ecosistema en el que vives. Asegúrate de conocer los tipos de malas hierbas, árboles, hierbas, frutas, verduras y flores que te rodean; ¡Hay muchas flores comestibles, hongos, plantas acuáticas, malas hierbas, árboles y arbustos!

Si vas a buscar comida por primera vez, trata de ir con alguien que ya sepa cómo hacerlo, de esta manera tendrás otro par de manos, ojos y cerebro a tu lado. Las siguientes son solo algunas ideas de lo que podría buscar: pamplina, plátano, henbit, diente de león, ajo silvestre, redbud, acedera de madera, cebollas silvestres, hongos ostra, ¡y muchos más!

Por último, también puede buscar insectos y gusanos. ¡Aparentemente, agregarán muchas proteínas a su dieta! Es por eso que son un poderoso recurso proteico en muchas áreas del mundo, ¡solo asegúrese de cocinarlos correctamente!

Buscar comida y tu dieta

Ir a buscar comida es un paso importante para ser más independiente de sus necesidades dietéticas y su salud en general. Si ya cultivas tu propia comida, entonces ya sabes que lo que consumes viene directamente de tu jardín a tu mesa, y nada jamás superará esa sensación de satisfacción. Si, por el contrario, no está cultivando su comida, pero está considerando buscar comida, entonces usted también debe seguir adelante y hacerlo, ¡le proporcionará una perspectiva diferente de la vida!

Cuando comienzas a buscar comida, te das cuenta de la importancia de los productos frescos, pero también eres consciente del uso incorrecto de pesticidas y que los agricultores de todo el mundo hacen cada vez que cultivan alimentos. También puede conocer la cantidad de productos químicos que tiene el producto que acaba de comprar. Todas estas son excelentes razones para vivir un estilo de vida más autosuficiente, que logrará una vez que comience a buscar su comida.

Vivir así, a su vez, te hará más en sintonía con la naturaleza, con los entornos que te rodean y, en última instancia, contigo mismo. Comenzará a apreciar cada bocado de comida que tenga y se sorprenderá de lo que la naturaleza puede hacer.

Las plantas silvestres comestibles están llenas de beneficios nutricionales

Sobre todo, las plantas silvestres tienen un porcentaje significativo de vitaminas y minerales que son beneficiosos para el consumo humano y la salud. De hecho, algunas de estas plantas tienen más nutrientes que otras frutas y verduras; ¡Estamos tan acostumbrados a comer!

Esto es muy irónico si lo piensas. A menudo ni siquiera dudamos en pagar altos precios por alimentos que vienen de otros lugares, sin embargo, la mayoría de nosotros no nos damos cuenta de lo cerca que podemos encontrar superalimentos alternativos que nos ayudarán con nuestra salud (Bacchetta, 2016).).

Cómo empezar a buscar plantas silvestres

Si está interesado en encontrar formas de vida alternativas y más sostenibles, entonces definitivamente debería ir a buscar comida. No solo recuperarás tu soberanía alimentaria, sino que también adquirirás nuevas habilidades e información ya que estarás en contacto constante con la naturaleza, aprendiendo sobre la gama completa de plantas silvestres comestibles que existen en tu área. Entonces, ¿cómo puedes empezar a buscar comida?

¡Ya que está leyendo este libro, entonces ya tiene un gran comienzo en su viaje de búsqueda de alimento! Le sugiero que vaya a su patio trasero (si tiene uno) y busque esas plantas que ya conoce. Si no tienes jardín, ¡no te preocupes! Podrías ir a la casa de un amigo o podrías ir al parque.

Trate de observar la naturaleza lo más de cerca que pueda e intente identificar tantas plantas silvestres como sea posible. ¡Te sorprenderá lo mucho (o lo poco) que sabes! Sin embargo, este ejercicio no es para que se sienta mal por no saber mucho, recuerde que este es un viaje largo, ¡y todos estamos aprendiendo constantemente!

A continuación, ¡necesita ampliar su horizonte de búsqueda de alimentos! Ve a otro parque, la casa de un familiar con jardín, ve a un jardín botánico, mira videos en línea, busca imágenes de las plantas que pudiste identificar al principio y, sobre todo, báñate de conocimiento e información !

¡Estar preparado! ¡Sé que puedes hacerlo!

¿Qué herramientas necesitas?

Ir a buscar comida es una actividad simple pero divertida, pero no necesitará ningún equipo especial para buscar comida. Sería genial si tuviera un bloc de notas, un bolígrafo, una guía de campo, un cuchillo pequeño para las malas hierbas, un cuchillo grande para las raíces, un podador pequeño para las hierbas, unas tijeras de cocina, un tenedor de excavación, una bolsa con cierre hermético (o más), una canasta o bolsa de tela y una pala pequeña.

Soy una persona muy visual, ¡así que siempre recomendaré una cámara también! Cuando comencé a buscar comida, tomaba una fotografía de la planta y luego la comparaba con las de mi guía de campo. También preguntaba a mis amigos, que en ese momento tenían más experiencia que yo en lo que respecta a buscar comida.

Si logramos obtener la información correcta sobre la planta forrajeada, entonces la escribiría en mi bloc de notas, imprimiría la fotografía y la colocaría junto a la descripción. Este siempre ha sido un ejercicio excelente porque me ha permitido aprender (¡y lo más importante, recordar!) Todo sobre las plantas que he encontrado.

Dónde ir a buscar plantas comestibles silvestres

¡Podrías ir a buscar plantas comestibles silvestres en cualquier parte del mundo! Sin embargo, si vive en la ciudad y está a punto de ir a buscar comida, tenga en cuenta lo siguiente:

Evite las áreas contaminadas

Deberá pensar en las áreas donde buscará alimento y si han tenido o no contaminantes que podrían ser peligrosos para su salud. Si vive en un área contaminada donde la contaminación está en todas partes, le recomiendo que evite buscar comida allí.

Cuando empieces a buscar comida, asegúrate de que todos los lugares a los que vayas estén lejos de la actividad humana, ¡así que ir al campo sería una gran idea!

Evite los parques públicos concurridos

Sé que ya te he dicho que vayas a un parque si no tienes un jardín, y aún puedes ir si solo estás al comienzo de tu viaje de búsqueda de comida, donde incluso estás identificando tus primeras plantas.

Sin embargo, si siente que está listo y le gustaría cosechar algunas plantas silvestres comestibles, entonces debe evitar los parques públicos concurridos porque es probable que se contaminen (¡incluso si el lugar no tiene basura por todas partes!) .

Esta contaminación suele ser invisible a simple vista, pero las plantas que le gustaría consumir probablemente estén llenas de toxinas pesadas que podrían dañar su sistema inmunológico. Por lo tanto, evite los parques públicos concurridos si está realmente listo para consumir su comida forrajeada.

Evite las áreas para perros

Sería mejor si también evitara las áreas donde los perros tienden a hacer "sus negocios". De hecho, también debes evitar cualquier otra zona donde cualquier tipo de animal vacíe su estómago. Esto podría infectar seriamente las plantas cercanas; por lo tanto, podría contagiarte gravemente de una enfermedad o algo similar.

Cuándo buscar plantas silvestres comestibles

¡Imagínese ir a buscar comida y pensar que quiere comer un tipo específico de planta, solo para darse cuenta de que ni siquiera es el momento adecuado para que brote!

Es imperativo realizar una correcta identificación de la planta; de esta manera, sabrá cuándo están creciendo y produciendo frutos para que usted forrajee y consuma.

También es fundamental saber cuándo florecen las plantas, porque si te confundes entre una o dos plantas, pero sabes que tienden a florecer en mayo, y ahora es julio, sabrás que estás viendo dos espccies diferentes que se parecen. .

Conocer las plantas también te dará otra ventaja: sabrás las diferentes épocas que tardan las plantas en florecer o producir frutos, y también sabrás cuándo cosechar.

Si la planta que está buscando no está haciendo lo que debería (según usted), siempre debe buscar el consejo de un experto antes de consumir la planta. De lo contrario, puede ponerse en riesgo.

Además, debe cosechar plantas silvestres comestibles siempre que sienta que la planta es "aceitosa". Esto significa que están liberando activamente su aroma y su sabor será mucho más fuerte. ¡Por supuesto, esto también será una cuestión de gusto personal! Por otro lado, si está buscando aprovechar el contenido nutricional de la planta, es mejor cosechar antes de que florezcan, ya que estarán llenas de nutrientes, vitaminas y minerales.

Aquí hay algunas reglas generales que debe seguir:

- Lo mejor sería cosechar las plantas antes de que florezcan; de lo contrario, no tendrán tantos nutrientes.

- Sería mejor cosechar una vez que vea que la planta tiene suficiente follaje; de esta manera, la ayudarás a continuar su crecimiento.

- Debe cosechar temprano en la mañana o cuando el sol está a punto de ponerse. ¡No coseches por la tarde, cuando el calor del día está en su apogeo!

Mejorando sus habilidades de búsqueda de alimentos

Digamos que ha empezado a salir a "buscar comida". Era tu primera vez e hiciste lo que te dije: solo identificabas plantas que ya conocías. ¡Te diste cuenta de que la naturaleza te está proporcionando superalimentos cerca de donde estás! Y también te diste cuenta de lo mucho que te gustaría seguir buscando tu propia comida.

El siguiente paso será mejorar sus habilidades de búsqueda de alimentos, para que no cometa muchos errores cuando esté fuera de casa.

Me gustaría recordarle que está mejorando y aprendiendo estas habilidades vitales de búsqueda de alimento. En el pasado, todos nuestros antepasados, independientemente de su nacionalidad, consumían alimentos silvestres continuamente para sobrevivir. Ellos fueron los que se dieron cuenta de los beneficios medicinales que tienen las plantas, por lo que pudieron salvar vidas simplemente consumiendo y usando (o aplicando tópicamente) plantas.

Todos nuestros antepasados pasaron por períodos de guerras, enfermedades y, a veces, incluso hambrunas. Y aunque hemos perdido el contacto con la naturaleza, ahora estamos volviendo a nuestras raíces, estamos haciendo agricultura regenerativa porque nos preocupamos por nuestros suelos y también estamos acogiendo activamente los cambios de la naturaleza en nuestras vidas.

Mejorar nuestras habilidades de búsqueda de alimentos también implica ser conscientes de que hay muchos miles o millones de plantas silvestres que son excelentes para consumir o aplicar si queremos apoyar nuestro sistema inmunológico y mejorar nuestra salud.

Necesita saber que cuanto más busque alimento, más confianza tendrá. No es difícil encontrar plantas silvestres comestibles; solo necesita asegurarse de tener el estado de ánimo adecuado al explorar.

Qué ponerse al buscar plantas silvestres

La primera vez que fui a buscar comida, ¡llevaba vestido y chanclas! ¡Y no, no recomiendo usar un atuendo similar a este cuando vayas a buscar comida! Era el comienzo del verano y no sabía que estaba a punto de pasar el día cazando comida en el desierto.

No me malinterpretes, todavía la pasé muy bien, y esta experiencia me abrió los ojos y me hizo darme cuenta de lo mucho que no sabía sobre las plantas y me hizo feliz de lo mucho que ahora podía aprender sobre esas plantas. !

Fui con un par de expertos que ya habían estado allí un par de días antes de nuestra visita. Es esencial que te rodees también de otros recolectores, especialmente al principio, cuando todo parece demasiado nuevo y la confusión reina en el aire.

Si va a buscar comida, asegúrese de usar ropa cómoda. Vístase según la temporada en la que se encuentre; sin embargo, incluso si es en pleno verano, te recomiendo que uses mangas largas y pantalones; de lo contrario, los insectos te devorarán en poco tiempo.

Además, debes llevar sombrero y zapatos cómodos. Es probable que camine y se mueva mucho, por lo que debe poder tener libertad de movimiento; de lo contrario, es posible que tenga dificultades en la naturaleza.

Forrajeo en solitario versus grupo

Si esta es la primera vez que busca comida, definitivamente debe considerar ir con otra persona o incluso con un grupo de personas. También le recomendaría que busque a alguien que tenga conocimientos y esté dispuesto a enseñarle sobre identificación de plantas.

Si va solo, todo este proceso puede parecer realmente desalentador al principio, y es probable que termine por dejar de fumar, especialmente si encuentra una planta con un parecido. Por lo tanto, siempre vaya con alguien que sepa sobre identificación de alimentos.

E incluso cuando y si se siente lo suficientemente cómodo para ir solo, siempre debe elegir ir con otra persona. Aunque buscar plantas no es tan peligroso como buscar hongos silvestres, debes tener cuidado cada vez que pruebes una nueva planta.

Sería mejor si también respetara a los futuros visitantes que vendrán al lugar donde está buscando comida (a menos que esté buscando comida en su jardín). Sin lugar a dudas, probablemente irán otros recolectores, así que asegúrate de salir siempre con toda tu basura y trata de ser lo más respetuoso posible, tanto con la naturaleza como con los demás recolectores.

Capítulo 2

Reglas Básicas Para
Buscar Plantas Silvestres

A menudo sucede que, como nuevo recolector de alimentos, se le plantean muchas preguntas sobre qué comer, cómo cosechar las plantas y las reglas básicas para recolectar alimentos.

Si soy completamente honesto, incluso si eres un recolector experimentado, siempre habrá algo más que puedas aprender porque la naturaleza es enorme. Todavía estamos descubriendo nuevas plantas todos los días.

No se trata de un conjunto de reglas que todo el mundo deba seguir; sin embargo, sería genial si todos los siguiéramos, ya que significaría que todos estamos cuidando este planeta y sus recursos a veces finitos.

Estas reglas son reglas implícitas, pero eso no disminuye la importancia de respetarlas y enseñarlas a otros recolectores siempre que sea posible. Aquí hay algunas reglas que debemos seguir siempre que vayamos a buscar comida:

Embárcate en tu primer viaje de búsqueda de alimentos

La búsqueda de comida puede parecer increíblemente difícil al principio, especialmente si estás en medio de un bosque tratando de encontrar comestibles silvestres. Es un desafío que debes estar dispuesto a aceptar porque terminarás rodeado de numerosas cantidades de raíces, bayas, nueces y plantas que son comestibles. ¿Entonces, qué debería hacer? ¿Por dónde deberías empezar?

Siempre debe comenzar a explorar y ver si reconoce alguna de las plantas que está mirando. Tómese su tiempo, pero realice una inspección completa de todo (o al menos, tanto como sea posible).

Si vas con una persona con más experiencia, ¡pregúntale! ¿Están de acuerdo en que esta planta es como la que mencionaste? ¿O creen que es completamente diferente? De cualquier manera, siempre escuche lo que tienen que decir y compárelos con los suyos y con cualquier otra guía relevante que pueda tener.

Respete las especies en peligro de extinción

Una de las primeras veces que busqué comida, me topé con un hermoso árbol frutal. Era pequeño, pero tenía las naranjas más grandes que había visto en mi vida, o pensé que eran naranjas. Estaba a punto de tomar una " naranja " cuando mi amigo me detuvo y me preguntó si sabía cuál era esa fruta. Le dije: "¿Es una naranja?", Y ella dijo: "No es una naranja". Es una de las especies en peligro de extinción en esta pequeña comunidad. No podemos aceptarlo ".

Me sentí terrible porque estaba a punto de traerme esas naranjas, aunque realmente no sabía el significado y el significado que tenía esta fruta en particular en el lugar en el que estábamos.

Ese día aprendí una lección fundamental, que es siempre respetar las especies en peligro de extinción. Es más, en muchas áreas del mundo, buscar especies en peligro de extinción es un acto ilegal, ¡e incluso podrías ir a la cárcel por ello!

Aprenda sobre las plantas

Pero para que respetes las especies en peligro de extinción, primero debes saber cuáles son.

Trate de identificar la planta antes de comerla. También debe tener en cuenta que muchas veces las plantas en la vida real se verán ligeramente diferentes de las plantas en un libro. Y este principio se aplica a las mismas plantas que se encuentran en varios lugares y climas, pueden parecerse a usted, pero tienen diferencias.

Consulte con un experto local, que debe ser alguien del área que también esté bien versado en la búsqueda de alimentos. Por lo tanto, ¡asegúrese siempre de preguntarle a otra persona si no lo sabe!

La identificación adecuada de plantas silvestres comestibles podría mejorar su experiencia. Por el contrario, si el proceso de identificación no ha sido correcto, ¡esto podría tener una gran consecuencia!

Por último, como probablemente ya sepa, muchas frutas y verduras crecerán durante una temporada en particular, ¡y también lo harán estas plantas silvestres comestibles! No podrá encontrar dientes de león durante el otoño, por ejemplo. Si lo hace, tal vez no vea tantos, ¡o pueden tener un sabor diferente!

Es por eso que es recomendable comprender qué tipos de plantas silvestres comestibles crecen durante la temporada en la que se encuentra. De esta manera, estará al tanto de las plantas que consumirá; por lo tanto, su experiencia de búsqueda de alimentos puede tener una mayor probabilidad de éxito.

Más información sobre las zonas

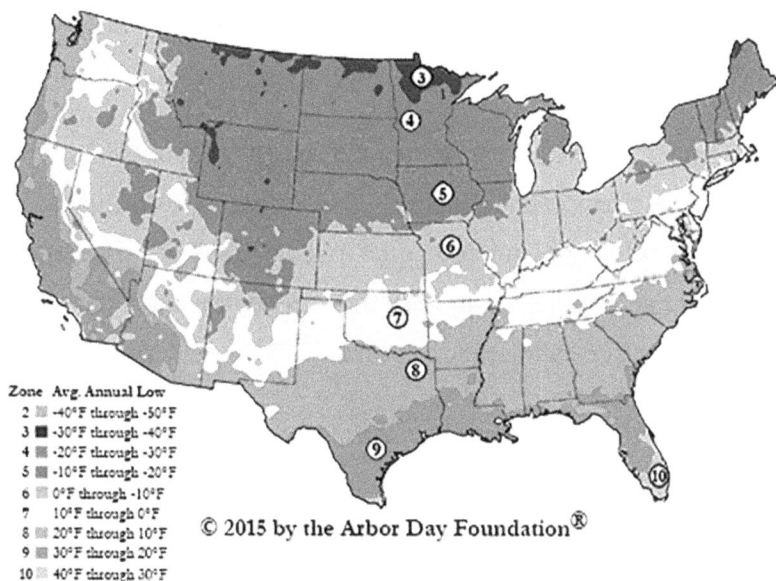

Zone	Avg. Annual Low
2	-40°F through -50°F
3	-30°F through -40°F
4	-20°F through -30°F
5	-10°F through -20°F
6	0°F through -10°F
7	10°F through 0°F
8	20°F through 10°F
9	30°F through 20°F
10	40°F through 30°F

© 2015 by the Arbor Day Foundation®

En los Estados Unidos de América, existe algo llamado zona de resistencia del USDA. Este colorido mapa de zonas será una de las mejores herramientas que encontrará, ya que le explicará en qué zona de plantación o cultivo se encuentra. Esto lo ayudará, como nuevo recolector de alimentos, a saber cuál es el clima de su área.

Luego tendrás que investigar un poco para saber qué plantas están cerca de ti y cuáles pueden sobrevivir.

Este mapa refleja las zonas de rusticidad en el país y se basa en la temperatura mínima extrema anual promedio que se ha registrado en áreas específicas durante los últimos 30 años.

Obviamente, esta es solo una guía "aproximada", ya que muchas veces puede haber nuevos microclimas que son simplemente demasiado difíciles de representar en el mapa. O, por otro lado, también podría ocurrir que un lugar en particular podría tener dos zonas diferentes porque están en la frontera con otra área de resistencia del USDA.

Esta es una gran herramienta para tener, ya que será útil siempre que desee ver el " panorama general ". Sin embargo, esto nunca debe reemplazar el conocimiento que pueda obtener simplemente observando su jardín o cualquier otra área abierta cerca para usted, especialmente si está buscando comida.

Saber en qué tipo de zona se encuentra es fundamental para el éxito en la búsqueda de alimentos. Por ejemplo, imagina que vas a buscar comida y piensas que estás en la zona x. Te emocionas todo porque viste una planta y pensaste reconocerla de inmediato, así que te la das hace y te la comes. Pero luego, una vez que comienzas a investigar más, te das cuenta de que en realidad estás en la zona z, ¡y esa planta que acabas de comer no crece allí! O comiste otra planta o se produjo una excepción en ese lugar y la planta ha aparecido. De cualquier manera, ¡debes tener cuidado!

Búsqueda de plantas silvestres comestibles y sostenibilidad

Para mí, la belleza de buscar comida se basa en el hecho de que eres consciente de las plantas que tienes frente a ti, sabes lo que estás haciendo, cómo funciona la naturaleza y, como resultado, puedes alimentar a tus seres queridos.

De esta manera, saciará su hambre, pero también estará cumpliendo con su llamado interior porque está logrando algo que no muchas personas están dispuestas a hacer hoy en día.

Estos son algunos de los principios sostenibles básicos relacionados con la búsqueda de alimentos:

Deja siempre algo atrás

Si vas a buscar comida, intenta dejar algo atrás. En otras palabras, no tome más de lo que necesita. Al hacer esto, no solo dejará algo para otros recolectores que pueden venir después de usted, sino que también se asegurará de que las plantas no mueran inmediatamente después de que las tome.

Cuando dejas algunas plantas, debes proteger el medio ambiente de donde las extraes. De esta manera, también pueden propagarse, por lo que producirán más de la misma planta.

Si comienza a buscar comida de manera ética y sostenible, entonces usted y otros recolectores podrían aprovechar el mismo lugar durante más tiempo.

No eches las raíces

Si es posible, trate de dejar intactos los sistemas de raíces de las plantas; de esta forma, las plantas seguirán creciendo, independientemente de que ya hayas tomado algunas de las hojas o partes superiores de la planta.

Si dejas las raíces, también estás respetando la planta, aunque proporcione muchas otras plantas. Trate de tomar dos o tres hojas de diferentes plantas, en lugar de tomar una planta entera.

Además, realice este procedimiento con cuidado; puede usar un cuchillo pequeño en lugar de tomarlo todo con la mano. Si no tiene cuidado y toma o corta las raíces de la planta, podría matarla.

Tenga cuidado con la sobreexplotación

La sobreexplotación es un problema grave dentro de las comunidades de alimentación. Muchos recolectores tienden a pensar que si la planta ha crecido en un lugar en particular, entonces pueden tomarlo todo y volverá a crecer, porque así es como funciona la naturaleza, ¿verdad?

Pero no lo es. Muchas veces, cuando un recolector toma toda una planta, es posible que no vuelva a crecer. Algunas personas dicen que es porque los recolectores no han respetado completamente a las plantas, otras culparán al suelo; de cualquier manera, no deberíamos cosecharlo en exceso, al contrario, solo deberíamos tomar lo que realmente necesitamos.

Además, si cosechas de un parche específico, déjalo crecer antes de decidir tomar de allí nuevamente. Estas plantas necesitarán recuperarse antes de que empieces a reducir su cantidad nuevamente.

Hay muchos casos en todo el mundo en los que la gente iría a buscar plantas, ¡y ahora esas mismas plantas están casi extintas! ¡Deberíamos ser guardianes de las plantas, no destructores del planeta!

Respeta todos los ecosistemas

Quizás pienses que algunas plantas son malas hierbas porque son invasoras y tienden a crecer sin control por todas partes. Sin embargo, ¿alguna vez te has preguntado si están ahí por alguna razón? Por ejemplo, la gente tiende a pensar en los tréboles como malas hierbas; muchas personas incluso harán todo lo posible y los destruirán cada vez que los vean.

¿Pero sabías que los tréboles son realmente buenos para el suelo? Liberan algo de nitrógeno a la tierra, ¡lo cual siempre es necesario! Además de esto, también son una gran fuente de nutrientes para el consumo humano. Entonces, la próxima vez que esté pensando en eliminar algunas "malas hierbas insignificantes", ¡piense en los tréboles y la importancia que tienen!

Conocer los ecosistemas circundantes es importante, ya que sabrá qué plantas son nativas, cuáles son invasoras y cuáles agotarán o proporcionarán nutrientes al suelo.

Cuanto más sepa sobre el ecosistema de una planta, más las entenderá y verá si debe forrajearlas o no. A veces es mejor dejarlos donde están porque están ahí por una razón.

Las áreas protegidas deben permanecer protegidas

¡No vayas a un parque nacional o reserva natural y empieces a buscar comida! Todas estas áreas están protegidas, especialmente si también viven muchos animales salvajes. Recuerda siempre que este es su espacio, no el nuestro, y ellos son los protegidos, no nosotros.

A veces también puede ser ilegal buscar comida en estas áreas; por lo tanto, asegúrese de conocer todas las leyes relacionadas con la búsqueda de alimento si alguna vez va a tierras protegidas.

Si es posible, debe volver a plantar

Sé que las plantas silvestres comestibles son, bueno, silvestres por una razón. Pero si es posible, puede tomar las semillas de las especies nativas que se encuentran donde va a buscar alimento y esparcirlas por el suelo y también por el aire.

Aunque está interfiriendo, también está devolviendo algo porque la naturaleza hará su trabajo y, con suerte, también comenzará a cultivar esas semillas.

No escojas a los pequeños

O los que no crecen abundantemente. Puede parecer un consejo obvio, pero es algo que he visto muchas veces antes: ¡algunas recolectoras tomarían la mayoría, si no todas, de las plantas que quedan! Por eso te animo a cosechar solo las plantas que crecen abundantemente.

Sea consciente de sus áreas circundantes

Si va a buscar comida, intente proteger cualquier especie circundante que pueda encontrarse junto a las plantas que está cosechando. También debe hacer todo lo posible para nunca perturbar los nidos o incluso las casas de cualquier animal que pueda estar viviendo en esa área; de lo contrario, podría estar dañando seriamente su ecosistema.

Algunos animales son muy delicados, ya que han pasado por muchas cosas y pueden asustarse si te ven buscando comida cerca de donde viven. Asegúrese de respetarlos y respetar las plantas que puedan consumir también.

Invita a otros a que vengan a buscar comida contigo

La búsqueda de comida es una gran actividad para muchos de nosotros. Engloba todo lo que amamos de una sola vez: hacemos ejercicio, practicamos nuestra memoria y nuestras habilidades de observación, nos ponemos en contacto con la naturaleza y terminamos comiendo o consumiendo alimentos realmente saludables y nutritivos de forma gratuita.

Si te gusta buscar comida, ¡debes invitar a otros a que se unan a ti! De esta manera, enseñarás a otros lo que ya sabes y estarás pasando conocimientos de unos a otros. También apreciará la naturaleza con los demás, e incluso podría tener un vínculo más fuerte con esa persona cada vez que vaya a buscar comida. ¡Buscar comida sostenible de plantas silvestres comestibles es un gran regalo que puedes darle a cualquier persona que amas! ¡Definitivamente es una habilidad difícil que todos deberíamos aprender desde una edad temprana!

Capítulo 3

Todo lo que Necesita Saber Sobre las Plantas Silvestres Comestibles en Primavera

---

¡Oh, principios de la primavera! ¿Quién no ama el aroma de las flores que recién comienzan a florecer? ¡El sol está saliendo lenta pero seguramente, los árboles se están despertando y los animales están saliendo a jugar!

¡Durante la primavera, todo crece! Personalmente creo que es la estación que más cambios experimenta, porque poco a poco pasa del invierno, ¡y todo empieza a descongelarse hasta que vuelve a salir el cálido sol!

La primavera es definitivamente la temporada perfecta para comenzar a buscar plantas silvestres comestibles porque el invierno ha pasado, por lo que no hace demasiado frío y aún no hace demasiado calor. También es un momento perfecto para que las plantas comiencen a brotar en todas partes.

Este capítulo le enseñará todo lo que necesita saber sobre las plantas silvestres comestibles en primavera. Verás cómo comer tus verduras, cuáles son las mejores para cosechar a principios de la primavera y cuáles debes cocinar antes de consumirlas:

Lo que necesita saber sobre la búsqueda de alimento en primavera

Cuando llegue la primavera, todas las plantas empezarán a aparecer. Algunas verduras brotarán, y entonces podrías, allí mismo, encontrar plantas densas en nutrientes esperándote a tus pies.

A algunas personas les gusta esperar un poco más para comenzar a buscar comida, pero personalmente creo que el comienzo de la primavera trae muchas plantas diferentes y deliciosas para que las disfrutemos, como la mostaza de ajo.

Muchos encontrarán estas plantas demasiado amargas al final de la temporada, y seguro que lo son; es por eso que tendrás que acostumbrarte al sabor o tendrás que consumir la mayoría de las plantas al comienzo de la temporada.

Salir a buscar comida en primavera es increíble, ya que caminarás con buen clima, podrás ver cómo crece todo y también estarás haciendo grandes recuerdos.

Tipos de plantas silvestres comestibles que puede recolectar durante esta temporada

Aunque esta temporada parece muy corta para las plantas silvestres comestibles (porque estuvieron inactivas durante el invierno y ahora se acerca el verano), todavía podrá encontrar una amplia variedad de plantas comestibles.

Echemos un vistazo a lo que puede buscar durante esta temporada.

Cebollas salvajes

¡Definitivamente una de mis plantas comestibles silvestres favoritas! Y creo que todos los principiantes en el mundo de la búsqueda de alimento los adoran también porque son bastante fáciles de identificar. Las cebollas silvestres son una de las primeras plantas que brotan en primavera; si vive en el este de los Estados Unidos, seguramente los verá en esta época. También tienen grandes valores medicinales (Aleksandar, 2019).

Consejo importante: ¡puedes comer cebollas silvestres crudas! Es muy simple, simplemente espolvoréelos en cualquier plato que esté cocinando, ¡y listo! Tu comida sabrá aún mejor.

Cómo cosecharlo. Cuando las coseche, solo recoja las puntas y deje las raíces allí en el suelo; de esta manera, podrá tener un suministro constante de cebollas silvestres durante mucho tiempo. Debes cosecharlos a principios de primavera.

Cómo almacenarlo. Debe dejarlos secar naturalmente y guardarlos en una bolsa de papel o frascos con tapas herméticas en lugares frescos, secos y oscuros. Debe poner el nombre de la planta en el contenedor, así como la fecha en que la recogió. Nunca use bolsas de plástico ya que es muy probable que crezca moho.

Tenga en cuenta que las plantas mantienen intactas sus propiedades durante el primer año, por lo que es importante poner la fecha en el recipiente. Alternativamente, puede mezclarlo con aceite y colocarlo en algunas bandejas de cubitos de hielo y luego ponerlas en el congelador. Siempre que te apetezca usarlo, solo debes sacarlo y dejar que se cocine junto con el resto de la comida.

Mostaza de ajo

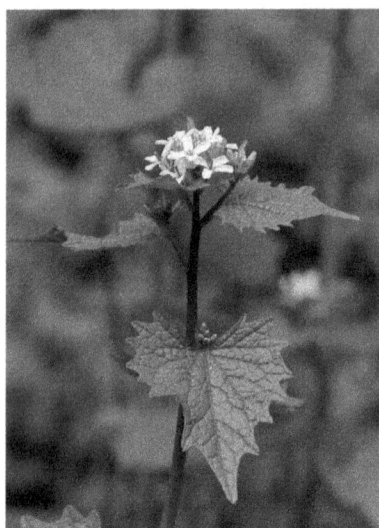

Conocido científicamente como Alliaria peciolado. Aunque esta planta es originaria de Europa, ahora se ha extendido por todo el mundo, y en los Estados Unidos, a menudo se la ve como una especie invasora... ¡lo cual es una gran noticia para nosotros, los recolectores de alimentos! No solo podrás buscar esta planta, sino que si es tan invasiva, ¡puedes tomar muchas y controlar su propagación!

Cómo cosecharlo. Solo necesitas quitarlo con cuidado del suelo. Debes cosecharlos durante la primavera y, dependiendo de la zona en la que te encuentres, a veces también puedes cosecharlos durante el verano.

Cómo almacenarlo. Debe dejarlos secar naturalmente y guardarlos en una bolsa de papel o frascos con tapas herméticas en lugares frescos, secos y oscuros. Debe poner el nombre de la planta en el contenedor, así como la fecha en que la recogió. Nunca use bolsas de plástico ya que es muy probable que crezca moho.

Tenga en cuenta que las plantas mantienen intactas sus propiedades durante el primer año, por lo que es importante poner la fecha en el recipiente. Alternativamente, puede mezclarlo con aceite y colocarlo en algunas bandejas de cubitos de hielo y luego ponerlas en el congelador. Siempre que te apetezca usarlo, solo debes sacarlo y dejar que se cocine junto con el resto de la comida.

Ajo silvestre

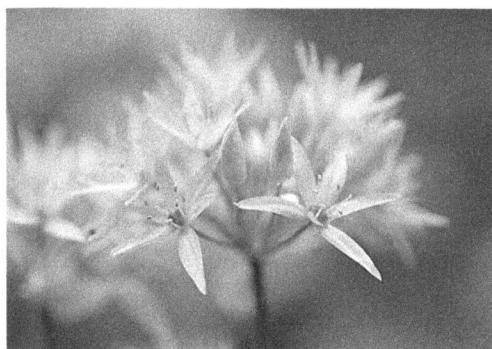

Conocido científicamente como Allium ursinum. ¡Otra de mis plantas favoritas! El ajo silvestre tiene un sabor fuerte, ¡pero es tan bueno de todos modos! Si pudo forrajear un poco, lave bien la planta y corte las hojas. ¡Toda tu casa ahora olerá a ajo silvestre!

Puedes picarlos y ponerlos en ensaladas; de hecho, podrías usar sus hojas en muchos platos diferentes. También es seguro consumir sus flores y bulbos; Se ha dicho que esta forma de ajo silvestre ayuda a curar algunos problemas gastrointestinales leves y sus síntomas (Pavlović, 2017).

Consejo importante: también puede utilizar jugo de ajo silvestre como desinfectante doméstico. ¿Qué tan bueno es eso? Incluso le ayudará a mantener las plagas alejadas de su jardín.

Cómo cosecharlo. Puede comerse toda la planta si lo desea; esto significa que puede cosechar toda la planta de una sola vez si es necesario. Solo necesitas quitarlo con cuidado del suelo. Debes cosecharlos durante la primavera.

Cómo almacenarlo. Debe dejarlos secar naturalmente y guardarlos en una bolsa de papel o frascos con tapas herméticas en lugares frescos, secos y oscuros. Debe poner el nombre de la planta en el contenedor, así como la fecha en que la recogió. Nunca use bolsas de plástico ya que es muy probable que crezca moho.

Tenga en cuenta que las plantas mantienen intactas sus propiedades durante el primer año, por lo que es importante poner la fecha en el recipiente. Alternativamente, puede mezclarlo con aceite y colocarlo en algunas bandejas de cubitos de hielo y luego ponerlas en el congelador. Siempre que te apetezca usarlo, solo debes sacarlo y dejar que se cocine junto con el resto de la comida.

Brotes de Rubus parviflorus

Conocido científicamente como Rubus parviflorus. Esta planta se encuentra en el pacífico noroeste de Estados Unidos. Es similar a la frambuesa porque también tiene frutos rojos silvestres. Sin embargo, las frutas tardarán mucho en madurar y es posible que pueda comerlas al final del otoño.

Cómo cosecharlo. Podrías comer las hojas o incluso los brotes jóvenes al comienzo de la primavera.

Cómo almacenarlo. Deberá colocar las hojas en su refrigerador como lo haría con otros tipos de hojas verdes. De lo contrario, debe dejarlos secar naturalmente y guardarlos en una bolsa de papel o frascos con tapas herméticas en lugares frescos, secos y oscuros. Debe poner el nombre de la planta en el contenedor, así como la fecha en que la recogió. Nunca use bolsas de plástico ya que es muy probable que crezca moho.

Tenga en cuenta que las plantas mantienen intactas sus propiedades durante el primer año, por lo que es importante poner la fecha en el recipiente. Alternativamente, puede mezclarlo con aceite y colocarlo en algunas bandejas de cubitos de hielo y luego ponerlas en el congelador. Siempre que te apetezca usarlo, solo debes sacarlo y dejar que se cocine junto con el resto de la comida.

Flores de diente de león

Conocido científicamente como Taraxacum. Aunque los dientes de león parecen frágiles, en realidad son plantas muy fuertes. Incluso comenzarán a aparecer antes de que la nieve (o el clima frío) desaparezca por completo. Otra característica importante es que solo aparecen por poco tiempo; entonces, aparecen, y diez minutos después, ¡se han ido!

El diente de león es considerado una especie invasora por muchos agricultores; sin embargo, aportan muchos minerales beneficiosos al suelo. Podrías consumir los dientes de león crudos si los buscas al comienzo de la primavera. Si no, se volverán amargos con el paso del tiempo.

Podrías comer toda la planta si quisieras. Sin embargo, tienen un sabor fuerte y amargo; por lo tanto, asegúrese de consumirlos cuando aún sean jóvenes (¡o podría cocinarlos!).

Por último, algunas personas incluso han experimentado con dientes de león y ¡han hecho vino! ¡Aparentemente, también es muy bueno! Entonces, si tienes la oportunidad y ves algunos dientes de león cerca de ti, ¡cosecha y haz un poco de vino!

Consejo importante: esta planta también se conoce como plato diurético; tienen muchas vitaminas como A, C, E y K; y si secas sus hojas, puedes beberlas como té. Son especialmente buenos si tiene diabetes (Wirngo, 2016).

Cómo cosecharlo. Solo necesitas cortar las flores o toda la planta, dependiendo de lo que quieras hacer con ellas. Debe cosechar la hoja si desea hacer una ensalada, vinagre o té. Por otro lado, debes cosechar las raíces si deseas hacer un vinagre, tintura o decocción de sabor más fuerte. Debes cosecharlos al comienzo de la primavera si los vas a comer crudos, si no, debes cosecharlos durante la primavera.

Cómo almacenarlo. Las raíces de los dientes de león son comestibles. Por lo general, los seco y molido, y luego agrego esto a mi leche, ¡y realmente sabe a café! ¡Asegúrese de guardarlo en un recipiente hermético donde no pueda pasar el aire, y luego colóquelo en su armario!

Mala hierba del dólar

También conocido como Hydrocotyle spp. Esta planta es el ejemplo típico de una planta que se desperdicia, ya que muchas personas no saben que son comestibles. De hecho, cada vez que aparece en un jardín, la gente se deshará de él inmediatamente porque si no, ¡todo el jardín se llenará de hierba de dólar!

Pero, ¡piensa por un minuto! ¿Qué pasaría si te comieras la hierba del dólar en lugar de simplemente tirarla a un lado para que se pudra? ¡Esto será muy beneficioso para nuestra salud y nuestro medio ambiente porque estaremos consumiendo alimentos nutritivos!

Esta planta tiene un sabor similar al de las zanahorias y el apio. Podrías cocinar fácilmente con él, pero trata de usar solo las hojas; de lo contrario, tendrás que cocinar los tallos y las raíces durante mucho tiempo para que se ablanden.

Cómo cosecharlo. Deberá tener cuidado al cosecharlo, ya que podría romperlo fácilmente. Debes cosecharlos durante la primavera.

Cómo almacenarlo. Debe almacenarlo como almacena zanahorias o apio. Algunas personas los colocarán en la nevera, mientras que otros los dejarán en el armario o en cualquier otro lugar similar.

Buen rey Enrique

Conocido científicamente como Blitum bonus-henricus. Esta planta silvestre comestible tiene muchos beneficios; es sorprendente que se le conozca coloquialmente como "espárragos del pobre". Mucha gente la considera una mala hierba, pero toda la planta es realmente magnífica, ya que tiene muchos beneficios para la salud asociados.

Consejo importante: puedes cortar los tallos (o brotes) y cocinarlos como si fueran espárragos. Alternativamente, puede cortar las hojas y comerlas en sus ensaladas. Es más, puedes cosechar las semillas, remojarlas durante la noche y luego enjuagarlas bien para eliminar todas las saponinas: ¡podrías comerlas como comerías quinua! Tienen una cantidad importante de proteínas.

Cómo cosecharlo. Puedes cosechar las semillas, los tallos o las hojas. Puedes comer toda la planta si lo deseas y es mejor cosecharlas durante la primavera.

Cómo almacenarlo. De nuevo, depende de ti. Puede guardarlo en el refrigerador o puede guardarlo en el armario.

Flor de saúco

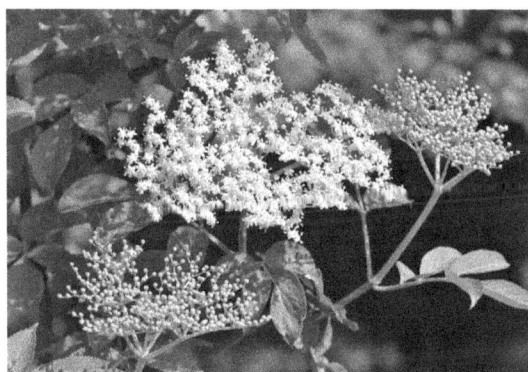

Se encuentran en el árbol, que se conoce científicamente como Sambucus nigra. Estas diminutas flores son muy fragantes y poderosas, ya que puedes preparar un buen té de hierbas con flor de saúco. Si tiene fiebre del heno o sinusitis, entonces es recomendable consumir este té (Mikulic-Petkovsek, 2015). También te hacen sentir relajado, así que no los consumas si vas a conducir.

Consejo importante: puede comerlos crudos, hacerlos en polvo o secarlos. ¡Puedes hacer jaleas o mermeladas, té o incluso helado!

Cómo cosecharlo. Debes cosecharlos a principios de primavera.

Cómo almacenarlo. Debe dejarlos secar naturalmente y guardarlos en una bolsa de papel o frascos con tapas herméticas en lugares frescos, secos y oscuros. Debe poner el nombre de la planta en el contenedor, así como la fecha en que la recogió. Nunca use bolsas de plástico ya que es muy probable que crezca moho.

Tenga en cuenta que las plantas mantienen intactas sus propiedades durante el primer año, por lo que es importante poner la fecha en el recipiente.

Ortigas

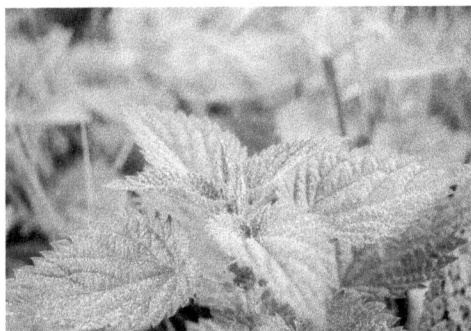

Conocido científicamente como Urtica dioica. Otra planta fácil de identificar durante la primavera. Las ortigas de primavera también aparecerán antes de que el invierno se haya ido por completo. Si va a cosecharlos, ¡debe usar guantes! De lo contrario, ¡tus manos sufrirán por la planta!

Las ortigas son conocidas por estar llenas de nutrientes. Se consideran similares a las espinacas y tienen una gran cantidad de calcio, hierro, magnesio y manganeso. Lo ideal sería tener una porción de esta planta al menos una vez a la semana, ya que es un superalimento (Esposito, 2019).

Esta planta lo ayudará a eliminar las toxinas pesadas que pueda tener en su cuerpo, limpiará su orina y también aliviará cualquier pintura artrítica y articular que pueda tener.

Consejo importante: coseche siempre las hojas más pequeñas o más jóvenes porque son las más frescas.

Tenga en cuenta: algunas personas pueden decir que no pueden ingerir ortigas porque tendrán dolor de garganta (especialmente aquellos que sufren de piel seca). Puede agregar otras plantas que contrarresten este efecto, como las plantas de malvavisco. Además, las ortigas pueden alterar los niveles de azúcar en sangre de una persona, por lo que si tiene diabetes, asegúrese de tener esto en cuenta.

Cómo cosecharlo. Si le preocupan las picaduras, ¡no lo esté! Podrías remojarlos fácilmente en agua, y luego todas las picaduras desaparecerán pronto. Debes cosecharlos durante la primavera.

Cómo almacenarlo. Debe dejarlos secar naturalmente y guardarlos en una bolsa de papel o frascos con tapas herméticas en lugares frescos, secos y oscuros. Debe poner el nombre de la planta en el contenedor, así como la fecha en que la recogió. Nunca use bolsas de plástico ya que es muy probable que crezca moho.

Tenga en cuenta que las plantas mantienen intactas sus propiedades durante el primer año, por lo que es importante poner la fecha en el recipiente.

Pamplina

También conocido como Stellaria media. Muchas personas los ignoran porque a veces son demasiado pequeños. Sin embargo, ¿sabías que las hojas son comestibles? ¡Puedes agregarlos a cualquier ensalada durante todo el año! Además, si sufre picaduras de insectos, puede agregar pamplina a cualquier loción o simplemente frotarla sobre la picadura. Sus flores también son comestibles, especialmente durante el comienzo de la primavera.

Consejo importante: si estás pensando en hacer pesto, ¡no busques más! ¡Ya ni siquiera necesitas albahaca, ya que puedes hacer fácilmente un sabroso pesto con pamplina!

Tenga en cuenta : la pamplina tiene muchos oxalatos que podrían sobrecargar su ingesta de diversos minerales; en otras palabras, también podrían aumentar la formación de cálculos renales si consume pamplina con regularidad.

Cómo cosecharlo. Debes cosecharlos durante la primavera. Solo necesitas tomar lo que vas a consumir o comer, así que toma unas tijeras y corta solo unos centímetros; ¡Tu comida sabrá mejor ahora!

Cómo almacenarlo. Debe dejarlos secar naturalmente y guardarlos en una bolsa de papel o frascos con tapas herméticas en lugares frescos, secos y oscuros. Debe poner el nombre de la planta en el contenedor, así como la fecha en que la recogió. Nunca use bolsas de plástico ya que es muy probable que crezca moho.

Tenga en cuenta que las plantas mantienen intactas sus propiedades durante el primer año, por lo que es importante poner la fecha en el recipiente. Alternativamente, puede mezclarlo con aceite y colocarlo en algunas bandejas de cubitos de hielo y luego ponerlas en el congelador. Siempre que te apetezca usarlo, solo debes sacarlo y dejar que se cocine junto con el resto de la comida.

Bardana

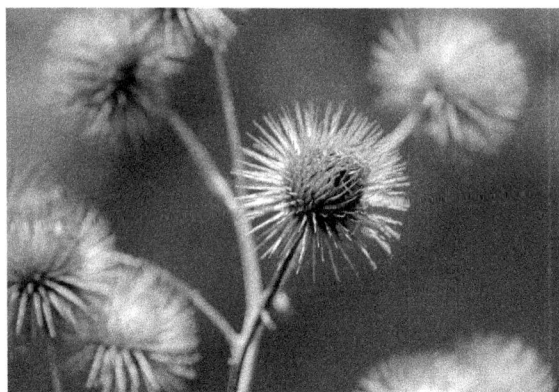

También conocido como Arctium. Esta enorme planta crece en estado salvaje en muchas partes del mundo. Si va de excursión al campo, ¡podrá ver fácilmente un par de estos! Si consume las semillas, entonces está purificando su sangre; Las bardanas también tienen propiedades diuréticas, pueden ayudarlo a eliminar el envenenamiento por metales pesados y ayudan con las mordeduras de serpientes.

Consejo importante: las raíces de las bardanas son similares a las zanahorias y puedes usarlas como tubérculos.

Cómo cosecharlo. Son una planta de raíz, así que asegúrese de sacarla delicadamente del suelo. Debes cosecharlos durante la primavera.

Cómo almacenarlo. Si está pensando en almacenarlos, no los coloque en su nevera, ya que están acostumbrados a estar al aire libre.

Espino

Las bayas de espino solo deben consumirse si sabes cómo eliminar las semillas de forma segura y eficaz porque tienen un alto porcentaje de cianuro (que podría ser perjudicial para nuestra salud).

Otros tipos de frutas, como las manzanas o los albaricoques, también tienen cianuro, y simplemente evita las semillas a toda costa. Sin embargo, con las bayas de espino es un poco más difícil simplemente ignorar las semillas porque casi toda la fruta está cubierta por ellas.

Consejo importante: asegúrese de enjuagar bien las plantas de espino.

Cómo cosecharlo. Las hojas del espino son comestibles, pero intente hacerlo cuando acaba de llegar la primavera. De lo contrario, no los disfrutará tanto como tienen un sabor a madera.

Cómo almacenarlo. Debe dejarlos secar naturalmente y guardarlos en una bolsa de papel o frascos con tapas herméticas en lugares frescos, secos y oscuros. Debe poner el nombre de la planta en el contenedor, así como la fecha en que la recogió. Nunca use bolsas de plástico ya que es muy probable que crezca moho.

Tenga en cuenta que las plantas mantienen intactas sus propiedades durante el primer año, por lo que es importante poner la fecha en el recipiente. Alternativamente, puede mezclarlo con aceite y colocarlo en algunas bandejas de cubitos de hiclo y luego ponerlas en el congelador. Siempre que te apetezca usarlo, solo debes sacarlo y dejar que se cocine junto con el resto de la comida.

Cuchillas

Conocido científicamente como Galium Aparine. Pertenecen a la familia de plantas Rubiaceae; y ahora se consideran nativos de América del Norte a pesar de que se originaron en Asia, África e incluso Europa.

Algunas personas sufrirán de una forma leve de dermatitis si alguna vez tocan cuchillas, así que asegúrese de usar guantes si es propenso a las alergias.

Cómo cosecharlo. Debes cosechar las cuchillas a principios de primavera. De hecho, ¡cuanto antes, mejor! Tendrán unos pequeños ganchos pegajosos que podrían pellizcarte y lo creas o no, ¡realmente duelen!

Cómo almacenarlo. Debe dejarlos secar naturalmente y guardarlos en una bolsa de papel o frascos con tapas herméticas en lugares frescos, secos y oscuros. Debe poner el nombre de la planta en el contenedor, así como la fecha en que la recogió. Nunca use bolsas de plástico ya que es muy probable que crezca moho.

Tenga en cuenta que las plantas mantienen intactas sus propiedades durante el primer año, por lo que es importante poner la fecha en el recipiente. Alternativamente, puede mezclarlo con aceite y colocarlo en algunas bandejas de cubitos de hielo y luego ponerlas en el congelador. Siempre que te apetezca usarlo, solo debes sacarlo y dejar que se cocine junto con el resto de la comida.

Chirimoyo

Estos árboles frutales son nativos de América; de hecho, son de la misma familia que la chirimoya. Si vives en un clima cálido, es probable que encuentres estos pequeños árboles. ¡Puedes comerlos crudos o puedes hacer batidos con la fruta!

Además, sus semillas son muy buenas para ti si las hierves y bebes esa agua cuando se haya enfriado.

Cómo cosecharlo. Si vives en Florida o Texas, entonces podrás encontrar este tipo de fruta. Asegúrate de cosecharlos cuando comiencen a ponerse amarillos o anaranjados y no cuando aún estén verdes, ya que este color indica que aún no están listos para consumirse.

Cómo almacenarlo. Puedes ponerlos en la nevera, puedes picarlos en cuadritos y congelarlos, o puedes hacer mermelada. También puede guardar las semillas y plantarlas.

Capítulo 4

Todo lo que Necesita Saber Sobre las Plantas Silvestres Comestibles en Verano

¡Oh, verano! A los recolectores les encanta este tiempo porque pueden salir y explorar la naturaleza y encontrar plantas increíbles que los ayudarán en su viaje de curación, pero también, que proporcionarán un gran valor nutricional en sus dietas.

Si comienza a buscar comida en este momento, entonces donde quiera que mire, verá cosas crecer, pero lo más importante, ¡verá comida en todas partes!

Este capítulo le enseñará todo lo que necesita saber sobre las plantas silvestres comestibles en verano:

Lo que necesita saber sobre la búsqueda de alimento en verano.

Cuando llegue el verano, todas las plantas harán una aparición importante. Podrá ver brotes de verduras por todas partes, y las frutas también serán más jugosas. El verano es esa época del año en la que no te detendrás (y no deberías), especialmente si ahora te gusta la búsqueda de comida.

Deberá probar las plantas y las frutas para ver cómo le gustaría comerlas, ya que su sabor cambiará a lo largo de la temporada.

Ir a buscar comida en verano es simplemente asombroso y emocionante, no solo tendrá un buen clima, sino que también podrá descubrir y ver muchos tipos diferentes de plantas silvestres comestibles.

Tipos de plantas silvestres comestibles que puede recolectar durante esta temporada

Estas son algunas de las plantas silvestres comestibles que podrá encontrar y forrajear durante esta temporada.

Moras

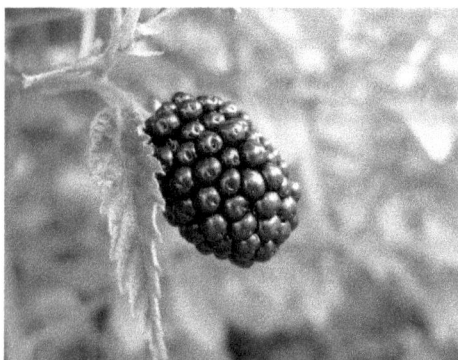

Conocido como Rubus fruticosus; Tienen mucha vitamina C y K para darle un impulso de energía inmediatamente después de su consumo. Podrías comerlos frescos tan pronto como los coseches del arbusto, o podrías hacer pasteles, batidos de frutas o ¡incluso comerlos con yogur! ¡Las opciones son infinitas con esta fruta!

Consejo importante: puedes usar guantes si quieres evitar que el color de la fruta entre en tus manos (¡algo que sucede a menudo una vez que comienzas a buscar moras sin parar!).

Tenga en cuenta: las moras tienden a reducir los niveles de azúcar en sangre, por lo que si tiene diabetes, asegúrese de no consumir las hojas.

Cómo cosecharlo. Esta deliciosa fruta se puede encontrar a finales de primavera y principios de verano; sin embargo, durarán todas estas temporadas.

Cómo almacenarlo. Si está consumiendo las hojas, puede molerlas o secarlas fácilmente. Alternativamente, si está consumiendo las frutas, puede ponerlas dentro del refrigerador.

Nueces negras

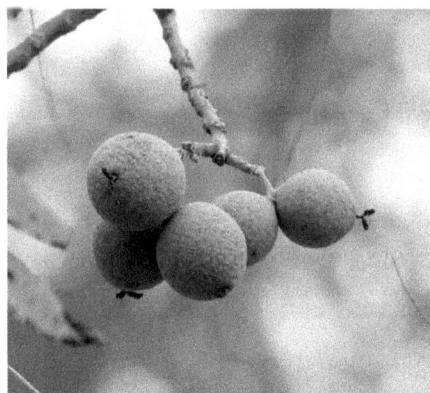

También conocidas científicamente como Juglans nigra y provienen de la familia de plantas Juglandaceae. Solo debes comer las carnes de nueces, aunque toda la planta también es medicinal. Aunque estas nueces pueden tardar más en procesarse (especialmente si las comparas con otros tipos de plantas forrajeras), ¡realmente valdrán la pena!

Consejo importante: las hojas se pueden preparar como tintura o té. Asegúrese de usar guantes; de lo contrario, sus manos se mancharán con un color marrón amarillento que se desprende de las nueces.

Tenga en cuenta : no debe usar esta tintura de nueces si está embarazada o amamantando, ya que podrían tener graves efectos dañinos internos.

Cómo cosecharlo. Deberías cosecharlos durante todo el verano, aunque, personalmente, creo que saben mejor hacia el final de esta temporada.

Cómo almacenarlo. Puede secarlos completamente y colocarlos en bolsas o recipientes pequeños, o puede hacer una bolsita de té y colocarlos allí. Alternativamente, también puede almacenar la carne de nueces en un recipiente y mantendrán su humedad.

Cerezas molidas

¡Podrás encontrar estas plantas durante toda esta temporada! Además, ¿sabías que están relacionados con los tomates? Son una fruta que se asemeja a linternas en miniatura y pueden ser de color naranja, amarillo o crema.

Consejo importante: si cocina con tomates, ¡puede cocinar fácilmente con cerezas molidas! De hecho, son tan similares que incluso puedes hacer salsas con cerezas molidas en lugar de tomates.

Tenga en cuenta: si la fruta no está madura, podría ser peligrosa para algunas personas (o incluso venenosa).

Cómo cosecharlo. Deberías cosecharlos durante todo el verano, aunque, personalmente, creo que saben mejor hacia el final de esta temporada. Otra cosa importante a tener en cuenta es que la cáscara debe dorarse antes de cosecharla, ya que esto indicará que la fruta ya está madura.

Cómo almacenarlo. ¡Simplemente puede guardarlos en el refrigerador o puede congelarlos después de cocinarlos!

Algodoncillo

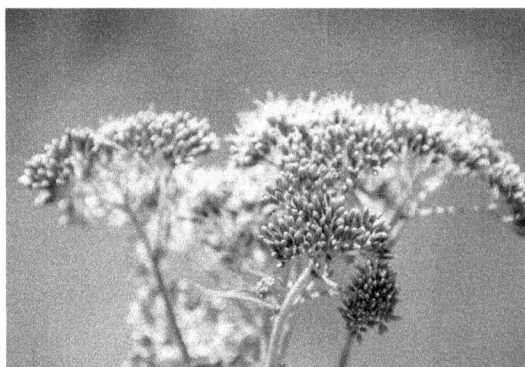

Florecerán y una flor rosa se abrirá y se volverá muy fragante. Esta planta es muy común en toda América del Norte y es muy fácil de reconocer.

Consejo importante: puedes cocinar las vainas como si fueran verduras, aunque tendrás que hervirlas dos veces, durante al menos tres minutos cada una. Asegúrate de cambiar el agua cada vez que los hiervas.

Cómo cosecharlo. Deberías cosecharlos a mediados de verano, aunque personalmente creo que saben mejor hacia el final de esta temporada, ya que su sabor será más intenso pero realmente bueno.

Cómo almacenarlo. Debe dejarlos secar naturalmente y guardarlos en una bolsa de papel o frascos con tapas herméticas en lugares frescos, secos y oscuros. Debe poner el nombre de la planta en el contenedor, así como la fecha en que la recogió. Nunca use bolsas de plástico ya que es muy probable que crezca moho.

Tenga en cuenta que las plantas mantienen intactas sus propiedades durante el primer año, por lo que es importante poner la fecha en el recipiente. Alternativamente, puede mezclarlo con aceite y colocarlo en algunas bandejas de cubitos de hielo y luego ponerlas en el congelador. Siempre que te apetezca usarlo, solo debes sacarlo y dejar que se cocine junto con el resto de la comida.

Plátano

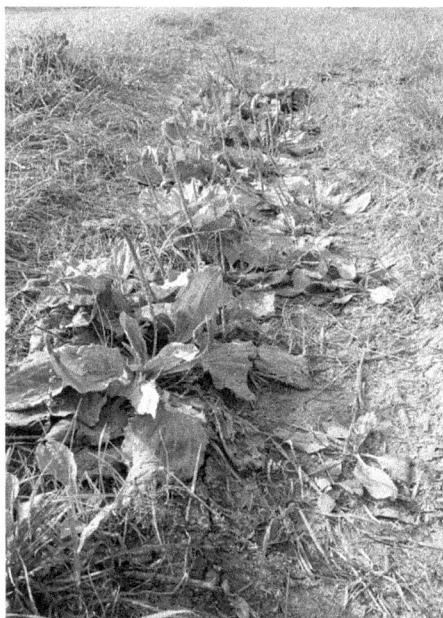

Conocida científicamente como Plantago spp., Plantaginaceae, podrás ver esta planta silvestre comestible cada primavera, aunque, en algunas zonas, la verás durante todo el año. Son plantas muy medicinales (Sarfraz, 2017). No deben confundirse con otros tipos de plátanos (que son de la misma familia que los plátanos).

Consejo importante: asegúrese de enjuagar bien las plantas de plátano.

Cómo cosecharlo. Los plátanos son comestibles, aunque, si quieres comerlos, es recomendable cosecharlos a principios de verano. Sin embargo, aún puedes consumirlos durante todo el año, solo asegúrate de agregar un poco de ralladura de limón, para que el sabor de la planta no sea tan fuerte.

Cómo almacenarlo. Debe dejarlos secar naturalmente y guardarlos en una bolsa de papel o frascos con tapas herméticas en lugares frescos, secos y oscuros. Debe poner el nombre de la planta en el contenedor, así como la fecha en que la recogió. Nunca use bolsas de plástico ya que es muy probable que crezca moho.

Tenga en cuenta que las plantas mantienen intactas sus propiedades durante el primer año, por lo que es importante poner la fecha en el recipiente.

Totora

¡Son flores silvestres que tienen una forma muy interesante! Los encontrará en la mayoría de los humedales, generalmente (pero no siempre es el caso) a fines de la primavera y principios del verano. Te darás cuenta de que las espadañas están maduras porque su flor se vuelve amarilla.

Consejo importante: las totora tienen dos picos, uno macho y otro hembra. Por lo general, el macho está arriba, mientras que la hembra está abajo.

Tenga en cuenta: cuando la flor de totora se vuelve marrón oscuro, ya no es comestible.

Cómo cosecharlo. Debes cosecharlos durante todo el verano. Deberá colocar los dedos sobre la hinchazón en la parte superior de la planta, justo en el tallo central. Si está blanda, es probable que estén listas para ser cosechadas. Si no es así, déjelos por un par de días y vuelva con ellos. Si los toca y el polen se dispersa, puede recolectarlos.

Cómo almacenarlo. Debe dejarlos secar naturalmente y guardarlos en una bolsa de papel o frascos con tapas herméticas en lugares frescos, secos y oscuros. Debe poner el nombre de la planta en el contenedor, así como la fecha en que la recogió. Nunca use bolsas de plástico ya que es muy probable que crezca moho.

Tenga en cuenta que las plantas mantienen intactas sus propiedades durante el primer año, por lo que es importante poner la fecha en el recipiente.

Bálsamo de caballo o bálsamo de abeja

Ambos están relacionados con la menta. Podrá ver estas plantas en todo Estados Unidos, aunque es más probable que las encuentre en las praderas o la llanura costera.

Consejo importante: puedes utilizar sus hojas para hacer té.

Cómo cosecharlo. Debes cosecharlos al final del verano. Aunque aparecerán al comienzo de la temporada, aún serán demasiado pequeños para consumir.

Cómo almacenarlo. Debe dejarlos secar naturalmente y guardarlos en una bolsa de papel o frascos con tapas herméticas en lugares frescos, secos y oscuros. Debe poner el nombre de la planta en el contenedor, así como la fecha en que la recogió. Nunca use bolsas de plástico ya que es muy probable que crezca moho.

Tenga en cuenta que las plantas mantienen intactas sus propiedades durante el primer año, por lo que es importante poner la fecha en el recipiente.

Ciruelas Silvestres

Son de la familia Prunus. Podrás ver estas plantas en todo Estados Unidos. Reconocerás las flores blancas que tiene esta fruta y podrás comerla tan pronto como esté madura.

Consejo importante: puedes utilizar sus hojas para hacer té.

Cómo cosecharlo. Debes cosecharlos durante todo el verano. Asegúrese de que la fruta esté madura ya que será más fácil cosecharla.

Cómo almacenarlo. Podrías ponerlos en tu nevera como lo harías con cualquier otra fruta. Alternativamente, puede hacer mermelada o jaleas y colocarlas en frascos.

Capítulo 5

Todo lo que Necesita Saber Sobre las Plantas Silvestres Comestibles en Otoño

La temporada pasada fue muy importante porque pudiste solidificar tus conocimientos sobre plantas silvestres comestibles. Y ahora, estás viendo cómo las hojas comienzan a caer, cómo los colores cambian en todas partes y cómo la comida que solías buscar también está desapareciendo lentamente.

Durante el otoño, podrá buscar hongos, ya que tienden a preferir la humedad de esta temporada. Pero también comenzará a ver plantas nuevas que no había encontrado en temporadas anteriores.

Si sale a caminar al comienzo del otoño, pronto se dará cuenta de la cantidad de alimento silvestre comestible que le queda para buscar. Para algunas personas, esta temporada es la mejor para buscar comida, ya que significa que las frutas ya están madurando y las nueces suelen estar en el suelo. Por otro lado, ¡es más probable que encuentres hongos también!

Durante las dos últimas temporadas, pudo entender cómo buscar alimento, qué buscar y cómo consumir y conservar lo que buscaba.

Ahora, en esta temporada, si presta mucha atención, probablemente verá nuevas plantas silvestres comestibles que nunca antes había encontrado.

Lo que necesita saber sobre la búsqueda de alimento en otoño.

Cuando llegue el otoño, todas las plantas tendrán que tomar una decisión: ¿permanecen inactivas, mueren o seguirán creciendo?

Deberá probar las plantas y las frutas para ver cómo le gustaría comerlas, ya que su sabor también cambiará a lo largo de la temporada. A veces puede que tenga que tener cuidado; de lo contrario, sus plantas o frutos podrían perderse fácilmente, ya que tienden a madurar demasiado rápido.

Tipos de plantas silvestres comestibles que puede recolectar durante esta temporada

Ahora, echemos un vistazo a lo que puede buscar durante esta temporada.

Nueces de haya

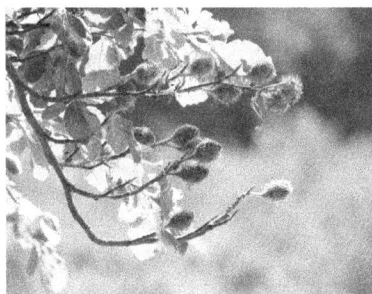

También conocido científicamente como Fagus sylvatica. Son frutos secos comestibles que se suelen utilizar para alimentar a los cerdos

por su valor nutricional, aunque son muy pequeños, ¡así que tendrías que consumir mucho para sentirte lleno! Tendrá que raspar toda la piel exterior y más gruesa antes de intentar consumirlo. De hecho, necesitará ver la semilla pequeña, ¡porque esa es la nuez!

Atención : no debes consumir grandes cantidades de nueces de haya porque contienen taninos y otros tipos de alcaloides que podrían provocar una reacción.

Cómo cosecharlo. ¡Solo tienes que recogerlos del suelo! Si lo desea, puede asarlos en el horno; esto ablandará las cáscaras y, a su vez, será más fácil pelarlas. Por lo general, caerán desde mediados de septiembre hasta principios de noviembre.

Cómo almacenarlo. Puedes colocarlos en un recipiente hermético. Si no, puedes hacer un poco de salsa o pesto con ellos y congelarlo.

Salto

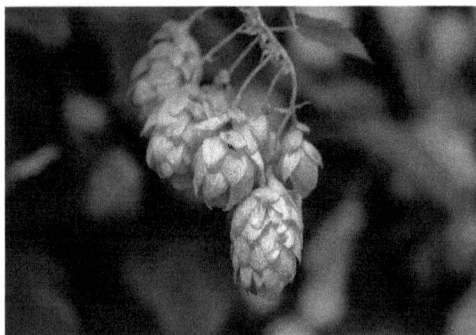

Conocido científicamente como Humulus lupulus. Verás este tipo de plantas trepando por diferentes setos. Puedes comer toda la planta si así lo deseas. Son plantas medicinales con muchos antioxidantes (Knez Hrnčič, 2019).

Cómo cosecharlo. Debes cosecharlo al principio o a mediados del otoño.

Cómo almacenarlo. Debe dejarlos secar naturalmente y guardarlos en una bolsa de papel o frascos con tapas herméticas en lugares frescos, secos y oscuros. Debe poner el nombre de la planta en el contenedor, así como la fecha en que la recogió. Nunca use bolsas de plástico ya que es muy probable que crezca moho.

Tenga en cuenta que las plantas mantienen intactas sus propiedades durante el primer año, por lo que es importante poner la fecha en el recipiente. Alternativamente, puede mezclarlo con aceite y colocarlo en algunas bandejas de cubitos de hielo y luego ponerlas en el congelador. Siempre que te apetezca usarlo, solo debes sacarlo y dejar que se cocine junto con el resto de la comida.

Caquis

Podrá encontrarlos en la parte sureste de los Estados Unidos, ya que son nativos de esa área.

Cómo cosecharlo. Deberá asegurarse de que la fruta esté suave y madura; de lo contrario, es posible que no le guste el sabor. Los caquis tienden a ser muy amargos y a veces incluso amargos. Espere hasta el final del otoño para cosechar.

Cómo almacenarlo. Puede colocarlos en su refrigerador, o puede hacer un poco de mermelada o mermelada para conservar la fruta.

Raíz de achicoria

Es importante tener en cuenta que si comes las hojas de achicoria durante el otoño, probablemente serán demasiado amargas y no sabrán tan bien. ¡Sin embargo, podrías comer las raíces y beberlas como si fueran café! Alternativamente, puedes comer las raíces, ¡y te harán sentir lleno (Fouré, 2018)!

Consejo importante: también puede beber la raíz de achicoria en el té. Solo asegúrate de hervirlos.

Cómo cosecharlo. Retire las raíces del suelo. Puedes cosechar raíces de achicoria durante esta temporada.

Cómo almacenarlo. Puede secarlos completamente y colocarlos en bolsas o recipientes pequeños, o puede hacer una bolsita de té y colocarlos allí.

Violetas

Si está buscando violetas, debe hacerlo durante esta temporada. ¡Son excelentes para hacer vinagre o para agregarlos a tu té!

Consejo importante: también puedes usar hojas de violetas para hacer almíbares. Tienen muchas propiedades curativas.

Cómo cosecharlo. Puedes cosechar violetas durante todo el otoño. De hecho, incluso puedes hacerlo a principios de invierno, ya que son muy resistentes a las heladas.

Cómo almacenarlo. Debe dejarlos secar naturalmente y guardarlos en una bolsa de papel o frascos con tapas herméticas en lugares frescos, secos y oscuros. Debe poner el nombre de la planta en el contenedor, así como la fecha en que la recogió. Nunca use bolsas de plástico ya que es muy probable que crezca moho.

Tenga en cuenta que las plantas mantienen intactas sus propiedades durante el primer año, por lo que es importante poner la fecha en el recipiente.

Vara de oro

La gente suele decir que es alérgica a las varas de oro, ¡aunque este tipo de flor amarilla también es muy medicinal!

Cómo cosecharlo. Puedes cosecharlo durante todo el otoño.

Cómo almacenarlo. Debe dejarlos secar naturalmente y guardarlos en una bolsa de papel o frascos con tapas herméticas en lugares frescos, secos y oscuros. Debe poner el nombre de la planta en el contenedor, así como la fecha en que la recogió. Nunca use bolsas de plástico ya que es muy probable que crezca moho.

Tenga en cuenta que las plantas mantienen intactas sus propiedades durante el primer año, por lo que es importante poner la fecha en el recipiente.

Castaño Chino

También conocidas como Castanea mollissima, pertenecen a la familia de plantas y frutos secos Fagaceae. No deben consumirse crudos; deberías cocinarlos en su lugar.

Tenga en cuenta: hay otros tipos de nueces que son bastante similares a las castañas chinas pero son venenosas. Asegúrate de poder diferenciarlo antes de consumirlo.

Cómo cosecharlo. ¡Siempre mira hacia abajo! Especialmente si te encuentras en los Apalaches del sur justo en medio del otoño, que es cuando deberías cosechar estas nueces.

Cómo almacenarlo. Podrías cocinarlos y ponerlos en el congelador. De lo contrario, podrías hacer un poco de mantequilla de nueces y guardarla en el refrigerador.

Castañas

Como puede ver, ¡el otoño es la temporada perfecta para todo tipo de frutos secos! A pesar de que a las ardillas les encantan (y probablemente se las comen a la mayoría), aún puedes encontrar algunas si miras hacia abajo cada vez que sales a caminar.

Tenga en cuenta: algunas personas pueden ser alérgicas a las nueces; asegúrese de comer solo un par primero y observe cómo reacciona su cuerpo.

Cómo cosecharlo. Puedes cosechar castañas dulces a lo largo de esta temporada.

Cómo almacenarlo. Puedes hacer una salsa pesto o mantequilla de nueces y ponerla en la nevera. Alternativamente, puede almacenarlos en recipientes herméticos.

Aceitunas de otoño

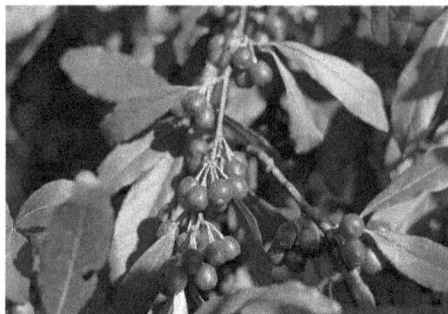

Aunque su nombre lo sugiera, son aceitunas, en realidad, ¡no lo son! ¡Habla de nombres confusos! En cambio, esta fruta es una baya, y tienden a ir sobre arbustos que potencialmente podrían convertirse en árboles de tamaño completo. Se les considera una especie invasora en el centro y este de los Estados Unidos.

Consejo importante: Deben estar completamente maduros antes de consumirse; por lo tanto, coloque un par de dedos alrededor y vea cómo se siente: si está demasiado duro, entonces todavía no son comestibles.

Tenga en cuenta: pueden ser astringentes si no están completamente maduros.

Cómo cosecharlo. Puedes cosecharlos a lo largo de esta temporada.

Cómo almacenarlo. Puedes hacer gelatina, galletas o pasteles. Alternativamente, puede colocarlos en el refrigerador y durarán un par de semanas.

Bellotas

Como puede ver, podrá encontrar una amplia variedad de nueces en el otoño, ¡incluso en la naturaleza! Sin embargo, no encontrará bellotas en su supermercado local; aparentemente, ¡no les gusta venderlos! Lo cual es genial para nosotros, los recolectores, con toda honestidad.

Si vive cerca de robles maduros, vaya y camine debajo de ellos; Probablemente encuentres estas bellotas. Son tan fáciles de identificar; ni siquiera tendrá que preocuparse por comer una nuez equivocada. Y tienen muchos buenos aspectos nutricionales; por ejemplo, tienen un alto contenido de calorías y grasas, y ambos son realmente buenos si lo piensas bien, especialmente si una persona tiene que depender de estos frutos secos cuando va a buscar comida.

Consejo importante: aunque son muy buenos para nosotros, no debes comerlos crudos, porque (como muchos otros tipos de frutos secos) las bellotas tienen taninos que las hacen venenosas y peligrosas para comer en estado natural.

Cómo cosecharlo. Cuando esté a punto de cosechar bellotas, asegúrese de tener agua cerca de usted para que pueda enjuagarlas bien. Idealmente, tendrías que hacer esto más de cinco veces, ya que debes asegurarte de que la bellota ya no tenga un sabor amargo.

Cómo almacenarlo. Puedes hacer mantequilla de nueces con bellotas o simplemente colocarlas en tu armario dentro de un recipiente hermético.

Capítulo 6

Todo lo que Necesita Saber Sobre las Plantas Silvestres Comestibles en Invierno

Oh, invierno. Definitivamente una de las temporadas más duras para los recolectores. Dependiendo de dónde viva, probablemente tendrá muchos problemas para encontrar comida para buscar en su área local.

Sin embargo, ¡no te rindas! No es imposible encontrar una planta nutritiva, saludable y deliciosa en invierno. Solo necesitará mantener los ojos abiertos y observar aún más.

Algunas personas temen el invierno: no solo hace mucho frío en algunas áreas, sino que también significa que la temporada de gripe apenas está comenzando. Sin embargo, con su nuevo conocimiento sobre la búsqueda de alimento, fácilmente podría renunciar a estos pensamientos de enfermarse, porque las plantas que encuentre pueden ser su medicina ... o mejor aún, puede usarlas de manera preventiva.

Este capítulo le enseñará todo lo que necesita saber sobre las plantas silvestres comestibles en invierno:

Lo que necesita saber sobre la búsqueda de alimento en invierno.

El invierno a menudo se ve como una temporada complicada porque el otoño ya ha quedado atrás, pero todavía estamos a un par de meses de la primavera. No muchas de nuestras frutas o plantas "habituales" crecen en el exterior; sin embargo, hay muchas bayas y otros tipos de frutas que seguramente harán que el invierno sea especial.

Por supuesto, todo dependerá de la zona en la que vivas. Sin embargo, la búsqueda de alimento durante esta temporada no debe verse como algo completamente difícil o imposible.

Tipos de plantas silvestres comestibles que puede recolectar durante esta temporada

Ahora, echemos un vistazo a lo que puede buscar durante esta temporada.

Lechuga de minero

También conocido como Claytonia perfoliate. Se parecen a la pamplina, pero son muy diferentes si se observan de cerca. Por ejemplo, la lechuga de minero tiende a tener hojas más redondas, mientras que la pamplina tiene hojas ovaladas.

Cómo cosecharlo. Puede cosecharlos durante esta temporada, ya que prosperan en temperaturas más frías.

Cómo almacenarlo. Debe dejarlos secar naturalmente y guardarlos en una bolsa de papel o frascos con tapas herméticas en lugares frescos, secos y oscuros. Debe poner el nombre de la planta en el contenedor, así como la fecha en que la recogió. Nunca use bolsas de plástico ya que es muy probable que crezca moho.

Tenga en cuenta que las plantas mantienen intactas sus propiedades durante el primer año, por lo que es importante poner la fecha en el recipiente. Alternativamente, puede mezclarlo con aceite y colocarlo en algunas bandejas de cubitos de hielo y luego ponerlas en el congelador. Siempre que te apetezca usarlo, solo debes sacarlo y dejar que se cocine junto con el resto de la comida.

Violeta salvaje

Conocidas científicamente como viola sororia o viola odorata, ambas son plantas muy medicinales que puedes encontrar fácilmente en todo Estados Unidos durante el invierno, especialmente si vives en un área donde los inviernos no son duros.

Consejo importante: ¡puedes hornear o hacer vinagre con violetas silvestres!

Cómo cosecharlo. Puede cosecharlos durante esta temporada si vive en un área cálida.

Cómo almacenarlo. Puedes hacer gelatina, galletas o pasteles. Alternativamente, puede colocarlos en el refrigerador y durarán un par de semanas.

Gordolobo

Conocido científicamente como Verbascum Thapsus. Si alguna vez has visto gordolobo, ¡estoy seguro de que dijiste algo sobre su hoja! ¡Son muy interesantes! Algunas personas también lo llaman "papel higiénico de vaquero", sin embargo, no lo recomendaría como sustituto del papel higiénico cuando estás en la naturaleza porque tienen pelos muy pequeños que pueden irritar tu piel. Sin embargo, ¿sabías que los gordolobos también tienen mucho valor nutricional?

Cómo cosecharlo. Puedes cosecharlas a lo largo de esta temporada, especialmente si las dejas en estado seco en Estados Unidos.

Cómo almacenarlo. Puedes secarlo y molerlo. Algunas personas lo ponen con tabaco y luego lo fuman.

Bérbero

Muchas personas verán un parecido entre los agracejos y las rosas silvestres porque se parecen. Sin embargo, los agracejos tienen una forma ovalada y las frutas tienden a ser más rojas que las rosas silvestres. Si vive en el lado este de los Estados Unidos, verá fácilmente esta fruta en invierno.

Consejo importante: los agracejos son realmente buenos para la salud. Tienen un elemento llamado berberina, que te hace sentir mejor nada más consumirlo (Imenshahidi, 2019.).

Tenga en cuenta: no coma las semillas, ya que podrían causar indigestión.

Cómo cosecharlo. Puedes cosecharlos a lo largo de esta temporada.

Cómo almacenarlo. Puedes hacer gelatina, galletas o pasteles. Alternativamente, puede colocarlos en el refrigerador y durarán un par de semanas.

Nueces de nogal

Tienen un sabor muy similar a las nueces, ¡aunque son una forma salvaje de las antiguas nueces! Si está buscando agregar más calorías buenas a su dieta, especialmente si va a buscar comida, considere cosechar algunas de estas nueces.

Tenga en cuenta: hay algunos tipos de nueces de nogal que pueden resultar muy amargas de consumir. No son venenosos; sin embargo, después de un bocado, es posible que desee guardarlo.

Cómo cosecharlo. Puedes cosecharlos a lo largo de esta temporada.

Cómo almacenarlo. Puedes hacer gelatina, galletas o pasteles. Alternativamente, puede colocarlos en el armario y durarán un par de semanas.

Alexanders

Conocida científicamente como Smyrnium olusatrum, esta planta es completamente comestible. Su sabor es muy similar al perejil, por lo que puedes agregarlos a ensaladas, sopas, carnes, guisos ¡o cualquier otra cosa que estés cocinando!

Cómo cosecharlo. Puedes cosecharlos a lo largo de esta temporada.

Cómo almacenarlo. Debe dejarlos secar naturalmente y guardarlos en una bolsa de papel o frascos con tapas herméticas en lugares frescos, secos y oscuros. Debe poner el nombre de la planta en el contenedor, así como la fecha en que la recogió. Nunca use bolsas de plástico ya que es muy probable que crezca moho.

Tenga en cuenta que las plantas mantienen intactas sus propiedades durante el primer año, por lo que es importante poner la fecha en el recipiente.

Arándanos silvestres

Si vive en la parte noreste de los Estados Unidos, es probable que encuentre arándanos silvestres.

Cómo cosecharlo. Puede cosecharlos durante esta temporada, ya que pueden tolerar muy bien las duras condiciones climáticas.

Cómo almacenarlo. Puedes hacer gelatina, galletas o pasteles. Alternativamente, puede colocarlos en el refrigerador y durarán un par de semanas.

Totora

¡Son flores silvestres que tienen una forma muy interesante! Los encontrará en la mayoría de los humedales, generalmente (pero no siempre es el caso) durante el final del invierno, la primavera y el comienzo del verano. Te darás cuenta de que las espadañas están maduras porque su flor se vuelve amarilla.

Consejo importante: las totora tienen dos picos, uno macho y otro hembra. Por lo general, el macho está arriba, mientras que la hembra está abajo.

Tenga en cuenta: cuando la flor de totora se vuelve marrón oscuro, ya no es comestible.

Cómo cosecharlo. Debes cosecharlas durante todo el verano, aunque, si vives en una zona muy cálida, es posible que aún puedas encontrar algunas espadañas durante el invierno. Deberá colocar los dedos sobre la hinchazón en la parte superior de la planta, justo en el tallo central. Si está blanda, es probable que estén listas para ser cosechadas. Si no es así, déjelos por un par de días y vuelva con ellos. Si los toca y el polen se dispersa, puede recolectarlos.

Cómo almacenarlo. Puede secarlos completamente y colocarlos en bolsas o recipientes pequeños, o puede hacer una bolsita de té y colocarlos allí.

Capítulo 7

Búsqueda de Hierbas, Especias y Flores

La búsqueda de alimento consiste en buscar, observar, identificar, cosechar y almacenar plantas silvestres comestibles. No solo es una actividad saludable, sino que también es una actividad que te brindará mucho placer, especialmente una vez que comiences a cocinar con todas las hierbas, flores y especias que has recolectado durante todo el año.

Las plantas aromáticas (o hierbas) se pueden usar en la cocina para agregar sabor, aroma y color a las comidas y, en algunos casos, para hacerlas más atractivas.

Pero también puedes preparar una infusión para beber después de la comida, o puedes deleitar tu paladar durante el día. Un té de menta o de manzanilla, o de limón, o bálsamo de limón, hay hierbas silvestres de todo tipo para todos los gustos.

Cómo almacenar todas las especias, flores y hierbas.

• Debe dejarlos secar naturalmente y guardarlos en una bolsa de papel o frascos con tapas herméticas en lugares frescos, secos y oscuros.

- Debe poner el nombre de la planta en el contenedor, así como la fecha en que la recogió.

- Nunca use bolsas de plástico ya que es muy probable que crezca moho.

- Tenga en cuenta que las plantas mantienen intactas sus propiedades durante el primer año, por lo que es importante poner la fecha en el contenedor.

- Alternativamente, puede mezclarlos con aceite y colocarlo en unas bandejas de cubitos de hielo y luego ponerlos en el congelador. Siempre que te apetezca usarlo, solo debes sacarlo y dejar que se cocine junto con el resto de la comida.

Tipos de hierbas, flores y especias que puede recolectar durante todo el año

Estas son algunas de las hierbas, especias y flores más comunes que puede buscar.

Berro peludo

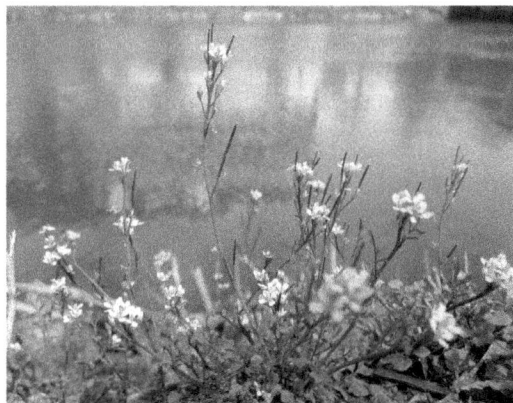

También conocido como Cardamine hirsute. Esta hierba anual tiene un sabor fuerte; aunque algunos jardineros los ven como una mala hierba porque se propaga muy rápidamente.

Consejo importante: Deberá observar la naturaleza muy de cerca para encontrar las hierbas de berro amargo peludo, ya que se esconderán dentro de una roseta compacta y permanecerán cerca del suelo.

Cómo cosecharlo. Aunque es una hierba anual, puede cosechar la mayor parte durante esta temporada.

Cómo almacenarlo. Puedes hacer pesto con él y guardarlo en tu refrigerador o congelador.

Gaulteria

Esta planta es similar a los arándanos, aunque por lo general se encuentran en menos lugares en comparación con la planta mencionada anteriormente. Tienen rizomas horizontales que podrían ser muy grandes, especialmente si nadie ha tomado esa planta antes, y se ha dejado crecer en el desierto.

Consejo importante: cuando vayas a buscar esta planta, asegúrate de ver los puntitos negros que tienen resina. Suelen encontrarse debajo de las hojas; de esta manera, tendrás el 100% de haber recolectado la hierba correcta.

Cómo cosecharlo. Deberías cosecharlos durante todo el verano, aunque, personalmente, creo que saben mejor hacia el final de esta temporada.

Milenrama

Conocido científicamente como Achillea millefolium. ¡Se pueden encontrar en todas partes! Es una planta silvestre que ayuda a los humanos a regular su presión arterial más baja; A menudo se utiliza como hierba para curar heridas, lo que significa que es muy eficaz para detener la coagulación de la sangre.

Consejo importante: también puedes consumir las hojas en ensaladas o sopas. También hice lasaña de milenrama, ¡y estuvo realmente buena!

Cómo cosecharlo. Debes cosecharlos durante la primavera.

Bálsamo de limón

Conocida científicamente como Melissa officinalis. Pertenecen a la familia de plantas Lamiaceae. Es una hierba fácil de reconocer; puedes forrajearlo si necesitas un aliado antiviral y digestivo, ya que tiene muchas buenas propiedades que reforzarán tu sistema inmunológico.

Cómo cosecharlo. En algunas áreas más cálidas de los Estados Unidos, es posible que pueda cosechar bálsamo de limón durante todo el año. Si, por otro lado, vive en un área fría, es probable que encuentre esta hierba durante la primavera.

Bayas de saúco

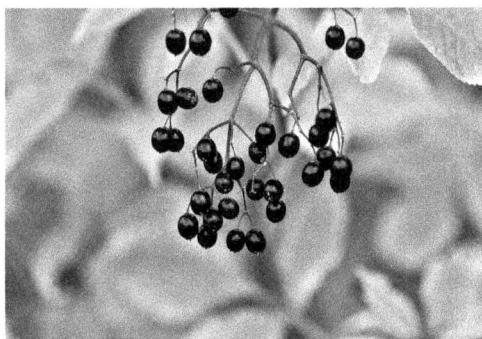

Están relacionados con la familia de plantas Adoxaceae; las bayas de saúco son un arbusto o árbol perenne pequeño que se puede encontrar en muchas áreas de los Estados Unidos.

Cuando la primavera está a punto de terminar, las bayas de saúco producirán pequeñas flores blancas, y solo después de que aparezcan, podrás ver las bayas.

Consejo importante: si consume bayas de saúco frescas, pronto se dará cuenta de que su sabor es muy fuerte. Podrías secarlos fácilmente para suavizar el sabor.

Cómo cosecharlo. Debes cosecharlos durante todo el verano, aunque creo que saben mejor al comienzo de la temporada. Deberá frotar los tallos con los dedos (después de que aparezcan las flores) y luego sacar las bayas de la planta.

Rosa salvaje

También conocido como Rosa spp. De la familia de plantas de las rosáceas. Estas rosas silvestres son algunas de las plantas más antiguas de la tierra, habiendo existido durante muchos miles de años.

Consejo importante: toda la planta es comestible.

Cómo cosecharlo. Puede encontrar rosas silvestres en todas partes de los Estados Unidos. Por lo general, se encuentran al final de la primavera hasta el otoño.

Bálsamo de abeja

Conocido científicamente como Monarda spp. Esta hierba proviene de la familia de las plantas Lamiaceae, ¡así que son primos lejanos de las mentas! A menudo se las considera malas hierbas invasoras porque crecerán y se expandirán por todo el suelo.

Cómo cosecharlo. Debes cosecharlos cuando hayan florecido; esto significa que la hierba está lista para ser consumida.

Tréboles rojos

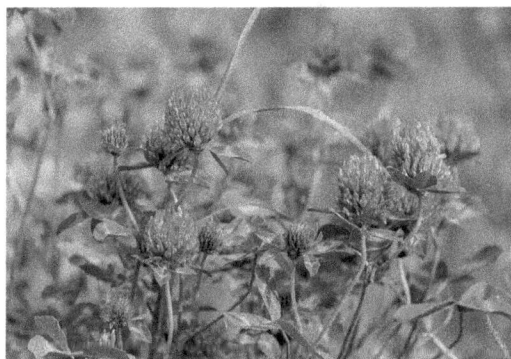

¿Sabías que los tréboles provienen de la familia de los guisantes? Son muchos tipos diferentes de tréboles, pero este, en particular, lo encontrarás durante todo el verano.

Consejo importante: puedes comerlos crudos o agregarlos a tus ensaladas u otros platos.

Cómo cosecharlo. Debe cosecharlas durante todo el verano, aunque debe asegurarse de que las cabezas de las flores estén completamente abiertas y antes de que se pongan marrones.

Romero

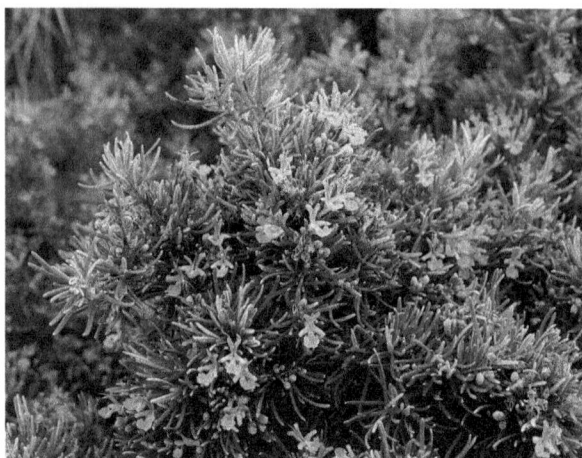

Conocido científicamente como Rosmarinus officinalis. ¡Esta hierba es muy popular en nuestras cocinas! Pero, ¿sabías que esta es una de las hierbas más fáciles que puedes encontrar cuando vas a buscar comida? ¡Especialmente si vives en un estado cálido! Y también es una gran medicina para las personas (Nieto, 2018).

Consejo importante: esta hierba es tan versátil que puedes cocinar carne con ella, pero también puedes usarla para hacer una infusión.

Cómo cosecharlo. Elija siempre las plantas más grandes, porque a veces las pequeñas son demasiado débiles para ser cosechadas todavía. Podrás empezar a ver esta hierba a principios de la primavera.

Sabio

Conocido científicamente como Salvia officinalis. Una vez más, ¡esta es otra hierba que encontrarás fácilmente en todas partes! ¡Especialmente si vives en un estado cálido!

Consejo importante: esta hierba es tan versátil que puedes usarla para cocinar guisos, pero también puedes usarla para hacer una infusión.

Cómo cosecharlo. Elija siempre las plantas más grandes, porque a veces las pequeñas son demasiado débiles para ser cosechadas todavía. Podrás empezar a ver esta hierba a principios del verano.

Menta

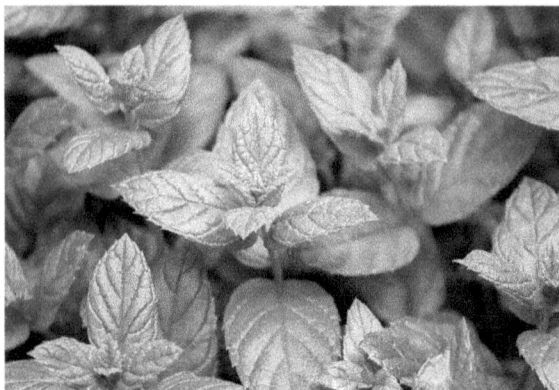

Conocido científicamente como Mentha x piperita. Esta hierba es uno de los muchos tipos de hierbas que pertenecen a la familia de la menta. Provienen del tipo de plantas Lamiaceae. Se considera una maleza invasora ya que se propagará rápidamente. Es una hierba que puedes identificar fácilmente gracias a su fuerte fragancia.

Consejo importante: la menta tiene muchos valores medicinales relevantes. Puede causar dolor de garganta, pero también puede ayudar con el sistema digestivo.

Cómo cosecharlo. Elija siempre las plantas más grandes, porque a veces las pequeñas son demasiado débiles para ser cosechadas todavía. Podrás empezar a ver esta hierba a principios del verano.

Flores adicionales que deberías estar recolectando
- **Consuelda: a** menudo considerada una maleza, estas flores violetas son muy populares entre los recolectores debido a su delicioso sabor.

- **Cilantro silvestre:** si está pensando en agregar un nuevo sabor y aroma a su comida, ¿por qué no busca cilantro? Hay una forma salvaje de esta hierba que, en mi opinión, ¡sabe incluso mejor que el cilantro normal!

Con el tiempo, aprenderá qué flores debe buscar y dónde podrá encontrarlas. También te darás cuenta de lo maravilloso que es buscar un nuevo estilo de vida, ¡especialmente si consideras el aspecto ecológico detrás del uso de flores para hacer tés o para comer!

No solo ahorrará dinero al no comprar tés empaquetados en la tienda, sino que también podrá resolver muchos problemas de salud al encontrar en la naturaleza las cosas que necesita para ayudarlo a mantener su salud o arreglar algo que está mal.

Sé que puede parecer desalentador al principio, principalmente porque la búsqueda de comida a veces no tiene mucho espacio para permitir que ocurran errores, ¡pero intente perseverar! Puedo asegurarle que los experimentos que haga con las plantas silvestres comestibles que forrajes traerán nuevos descubrimientos y revelarán nueva información sobre su salud. Y como también aprenderá más sobre la naturaleza, también aumentará su conciencia de cómo se alimenta y cómo vive su vida. ¡Pero lo más importante que debe recordar es divertirse descubriendo lo que sus actividades de búsqueda de alimento pueden proporcionarle!

Capítulo 8

Identificación de Plantas Silvestres Venenosas

Cualquier recolector experimentado estará de acuerdo en una cosa: cuando todos comenzamos este viaje, nos dejamos llevar fácilmente cada vez que salíamos a recolectar nuestra comida. Es como si estuviéramos en una búsqueda constante de comida y, a veces, cometimos errores tontos (como comer la raíz incluso si no son comestibles), pero otras veces podríamos habernos herido gravemente a nosotros mismos oa otros si no fuimos lo suficientemente cuidadosos.

Ir a buscar comida significa que debe ser responsable porque identificará muchas plantas silvestres venenosas que no son comestibles. De hecho, la mayoría de las plantas (un asombroso 93% o más) no son comestibles. Entonces, si lo piensas, cada vez que vayas a buscar comida, es muy probable que veas más plantas no comestibles que plantas comestibles.

Además, si usted es el recolector experimentado y va con un recolector nuevo, definitivamente debe transmitirle este conocimiento, ya que podría olvidarse fácilmente cuando seamos nuevos en este juego. ¡Nos gustaría ver cómo sabe todo en nuestra cazuela, o nos encantaría probar nuevos bálsamos en nuestra piel!

De hecho, siempre recomendaría a las personas que trabajen en parejas o en grupos, y cada grupo debe traer una persona bien versada que sepa mucho sobre comestibles silvestres… ¡cuanto más, mejor!

De lo contrario, siempre estamos en riesgo, especialmente si estamos confundidos y cosechamos una planta de aspecto similar a las comestibles, ¡y resulta que no es comestible en absoluto!

Este capítulo le ayudará a identificar correctamente las plantas silvestres venenosas no comestibles que debe evitar a toda costa:

Trate de evitar estas plantas

Si ves estas plantas y te preguntas si puedes o no comerlas, te sugiero que eches un segundo vistazo (¡y lo pienses!).

- Si las plantas liberan algunas legumbres, pero no puede identificar la planta, no las consuma.

- Si las plantas tienen una savia blanca, intente evitarlas, ya que podría ser tóxica.

- Si las plantas son muy puntiagudas o afiladas, entonces no las consuma (¡o tendría esas espinas en la lengua!). Aunque algunas plantas se pueden comer si las cocinas bien.

- Si ves que una planta se está muriendo, ¡ni siquiera la toques! Necesitamos respetar los procesos de la naturaleza.

Señales de advertencia de que una planta es venenosa

Hay señales para ayudarlo a identificar si debe evitar o no ciertas plantas. Si tiene dudas y ve uno de estos signos, ¡NO se arriesgue! Manténgase alejado de plantas que tengan las siguientes características:

- Espinas o espinas

- Sabe amargo

- Sabor a jabón o savia lechosa / descolorida

- Patrón de planta o crecimiento de tres hojas (a menos que sean tréboles)

- Semillas o frijoles dentro de las vainas

- Cualquier cosa que parezca eneldo, perejil o zanahorias, ¡ya que pueden ser muy venenosas!

- Huele a almendras

Cuando vaya a buscar alimento, es importante evitar las características anteriores, ya que podrían significar que las plantas que está mirando son venenosas, ¡y a veces incluso extremadamente venenosas!

Lea este libro nuevamente cuantas veces es necesario. Aún así, si aprende a identificar de manera segura las plantas silvestres comestibles explicadas anteriormente y no tiene en cuenta estas similitudes venenosas, ¡entonces su viaje de búsqueda de alimentos debería ser muy exitoso!

Solo recuerde, esta es una inversión que está haciendo porque este conocimiento podría literalmente salvarle la vida si alguna vez se encuentra en una situación difícil de supervivencia.

¿¡Que evitar!? ¿¡Por qué evitarlos !?

Debe asegurarse de que lo que está a punto de consumir o ponerse (en su cuerpo como loción o bálsamo) sea comestible o pueda usarse tópicamente. De lo contrario, puede tener una reacción alérgica, intoxicación alimentaria o incluso problemas más graves a largo plazo.

No estoy tratando de asustarlos y evitar que vayan a buscar comida; de hecho, estoy intentando hacer lo contrario. Pero quiero que sea completamente honesto y claro cuando esté a punto de identificar una nueva planta, ¡ya que podrían cambiar su futuro en un segundo!

E incluso si está completamente seguro de la planta que está frente a usted, primero debe probar un pequeño bocado. Cuando esté seguro de que es seguro, puede forrajearlo por completo y llevarlo a casa y preparar todos los platos que le gusten.

No solo debe poder identificar la planta con un 100% de precisión, sino que también debe poder identificar el hecho de que es una planta silvestre comestible con un 100% de precisión.

Plantas venenosas que desea evitar

Siempre que esté buscando comida, debe asegurarse de estar completamente preparado para identificar las plantas adecuadas que puede consumir. Si desea cosechar sus alimentos con éxito, también debe dar importancia a su propia seguridad y protección. Por lo tanto, la identificación de plantas silvestres no comestibles es obligatoria siempre que esté a punto de comenzar a buscar alimento. No puede cometer ningún error, aunque puedan ocurrir en algún momento.

Humo de tierra

Esta hermosa planta se conoce científicamente como Fumaria officinalis. Esta planta se encuentra en toda América del Norte. Es un miembro de la familia de las amapolas, y aunque es medicinal, también puede ser venenoso si lo consumes.

Lirio de los valles

Conocida científicamente como Convallaria majalis, ¡realmente debes tener cuidado con esta planta ya que es extremadamente venenosa! De hecho, la peor parte es que muchas personas piensan que esta planta se parece a las cebollas silvestres, el ajo silvestre o los puerros silvestres o ramsons. Y a pesar de que tienen ciertas similitudes, el único consejo que puedo darte que funciona en cualquier momento es este: si crees que " cebolla silvestre o ajo silvestre " son exactamente las mismas plantas y no son lirio de los valles, entonces necesitan oler muy fuerte.

De hecho, ¡deberían oler a ajo y cebolla! Si la planta que está a punto de forrajear se parece al ajo y la cebolla, pero no huele a ellos, entonces es muy probable que vea un lirio de los valles.

Árbol del destino

Conocido científicamente como Clerodendrum trichotomum. Si alguna vez ves una de estas plantas, entonces no solo tienes mucha suerte, sino que te puedo asegurar que te sorprenderá su belleza.

Esta planta tiene una forma y colores únicos. Tiene bayas de color azul brillante rodeadas por una estructura rosada y roja conocida como cáliz. Nunca había visto algo como esto antes, y he estado buscando comida durante bastante tiempo.

Sin embargo, por mucho que me gustaría llevarlo a casa, sé que las semillas e incluso algunas partes de la planta son muy venenosas si las ingieres. E incluso manipularlos puede causar erupciones o reacciones cutáneas graves. ¡Así que no lo toques!

Crotalaria

Conocido científicamente como Crotalaria spectabilis. ¡Esta plataforma tiene flores amarillas vibrantes que se ven tan inocentes que casi quieres cosecharlas! Sin embargo, ¡no te dejes engañar! Son completamente tóxicos para los humanos y los animales por igual y, lo que es más, ¡todas las plantas son venenosas! Podrías encontrarlos fácilmente en la parte sureste de los Estados Unidos.

Enredadera de arena

También conocido como Cynanchum laeve. Esta es una planta muy venenosa que podría confundirse fácilmente con la enredadera de algodoncillo. Sin embargo, la savia que libera la vid de miel podría dañar permanentemente los ojos y las membranas mucosas. Es aconsejable ni siquiera tocar esta planta, no hace falta decirlo, para no consumirla tampoco, ¡ya que podría impedir que tu corazón bombee sangre! ¡Imagínese todo el poder que tiene esta planta!

Puede encontrarlo fácilmente en todo el este de los Estados Unidos, ya que es nativo de esta área.

Hierba de morera

También conocida como Fatoua villosa. Se la conoce coloquialmente como hierba de cangrejo peludo. Es una planta muy invasiva que tiende a crecer en la región de Mississippi. Puede causar picazón si toca las hojas o los tallos.

Amapola mexicana

También conocido como Argemone Mexicana. Esta hermosa planta podría tener una flor amarilla o blanca. Es fácil de reconocer por las hojas espinosas que tiene. Se puede encontrar en todas partes de los Estados Unidos, pero es más popular en la parte este del país.

Algunas personas lo usarán en la medicina herbal porque tiene propiedades medicinales. Sin embargo, es muy venenoso si los ingieres.

Velo de novia tahitiano

También conocido científicamente como Gibasis geniculata. Es muy similar a la planta spiderwort; por lo tanto, los recolectores los confundirán a menudo. Sin embargo, la araña es comestible, mientras que el velo de novia de Tahití es muy venenoso para los gatos, los perros y los humanos.

Privet ceroso

También conocido como Glossy privet o científicamente conocido como Ligustrum lucidum. Aunque este árbol es originario de China, se puede encontrar fácilmente en muchos lugares de los EE. UU. Como Texas, Arizona y Maryland. Tiene muchos grandes aspectos medicinales; sin embargo, ¡sus diminutos frutos son tóxicos!

Difundir Lupin

Científicamente conocido como Lupinus diffusus, se le conoce coloquialmente como lupino Oak Ridge. Es originaria de climas secos en todo Estados Unidos, principalmente en la parte sureste. Sus semillas son muy venenosas, aunque a la gente le gusta conservarla como planta ornamental porque tiene hermosas flores de color púrpura.

Ricino

También conocido como Ricinus communis. Este tipo de planta tiende a crecer en climas tropicales y cálidos, y es de donde proviene el aceite de ricino, que generalmente es seguro de consumir. Aunque, esta planta también libera algunas semillas que son mortales si las comes crudas. Yo tampoco los he probado nunca cocidos, ¡pero tampoco lo haría porque contienen ricina!

Hierba de cesta Wavyleaf

Conocido científicamente como Oplismenus hirtellus ssp. Undulatifolius. ¡Intenta decirlo en voz alta! Esta planta no es originaria de Estados Unidos; sin embargo, ahora se encuentra fácilmente en la parte sur del país.

La hierba canasta de Wavyleaf es muy venenosa para los humanos.

Heracleum

Conocido científicamente como Heracleum mantegazzianum. Como sugiere su nombre, ¡esta planta es enorme! Puede crecer hasta 15 pies de altura y no solo es tóxico, sino que es una de las plantas más peligrosas y tóxicas de la naturaleza.

El perejil gigante libera una savia que hace que cualquier piel se hinche e inmediatamente traerá ampollas a la superficie. También puede causar cicatrices permanentes, incluso si solo lo toca ligeramente.

También podría causar ceguera temporal o permanente, ¡así que trate de evitar tocar esta planta a toda costa! Desafortunadamente, a veces los recolectores han tocado esta planta, así que si este es el caso, lave bien el área afectada y tómela y manténgala fuera de la luz solar durante un par de días, si no más. ¡Y ve a ver a tu médico de inmediato!

El Heracleum se puede encontrar en la parte noreste de los Estados Unidos. Tiende a crecer en Maine hasta Virginia, por lo que, como puede ver, se propagan con bastante facilidad.

Muérdago

Conocido científicamente como Phoradendron serotinum. No mucha gente creerá que esta planta es tóxica porque sus bayas blancas se ven comúnmente en muchos hogares durante la época navideña. Sin embargo, es una planta parásita de hoja perenne que forma una enredadera que, si se come, podría afectarte negativamente de inmediato.

Si se consume muérdago, podría experimentar diarrea, vómitos, náuseas e incluso convulsiones. Por lo tanto, asegúrese de que se mantenga alejado de los niños y los animales pequeños.

Packera

Conocido científicamente como Senecio glabellus. Es originaria de América del Norte y Central. Tiene semillas amarillas y una flor amarilla, y es tan similar a la mostaza silvestre que la gente tiende a confundirlas. Sin embargo, podría identificar fácilmente el packera porque no tiene hojas de papel de lija.

Sabio escarlata

También conocida como Salvia cocinnea. Es originaria de Texas y llega hasta el hemisferio sur. Tiene un aroma muy fuerte, similar a la salvia. No coma esta planta, ya que podría causar graves daños a sus intestinos. ¡Se ve hermosa en cualquier jardín pero no la consume!

Ortiga de caballo

También conocido por su nombre científico bajo el género Solanum. Se puede encontrar fácilmente en todo Estados Unidos. Esta planta liberará una fruta muy tóxica, especialmente cuando esté verde, así que ¡no la consumas!

Planta de las cuatro en punto

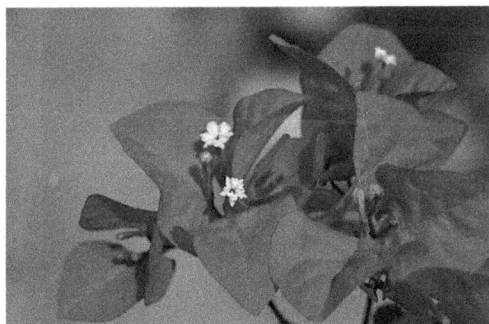

Este es un caso de "estas flores se ven tan delicadas, no pueden ser dañinas, así que voy a tomar algunas y comerlas", y en realidad,

¡deberías estar huyendo de ellas! Matarán todas las plagas que se les acerquen, y su flor es incluso venenosa para los animales ... ¡y para los humanos! Por lo tanto, asegúrese de que no haya niños ni mascotas cerca.

Recuerde siempre estas declaraciones

- No coma una planta si no está 1000% seguro de que se considere segura. Podría enfrentar serios problemas si come una planta venenosa.

- Incluso si piensa que una planta es (o no) venenosa, intente hacer una referencia cruzada tantas veces como sea posible; muchas plantas son comestibles, muchas no son comestibles y se parecen mucho entre sí. ¡Este no es el momento de cometer errores!

- Si vas con otra persona y sabe más que tú, siempre debes consultar con ella sobre las plantas que estás a punto de forrajear.

- Es necesario almacenar las plantas correctamente después de forrajearlas, de lo contrario, podrían dañarse en poco tiempo o incluso podrían tener moho.

Capítulo 9

Grandes Consejos para Seguir Siempre que Esté Buscando Plantas Silvestres Comestibles

A pesar de que están apareciendo más recolectores en todo el mundo, se puede decir que buscar su propia comida todavía es visto como un misterio por muchos. Además, aunque las plantas silvestres comestibles cambian en todo el mundo, el principio básico detrás de la búsqueda de alimento es el mismo: ¡estás buscando alimentos nutritivos que sean gratuitos, orgánicos y saludables!

Este método sostenible no solo tiene sentido, sino que también te hará preguntarte, ¿por qué no lo seguimos haciendo todos? ¿Por qué no se ha convertido en una técnica convencional para todos los jardineros, agricultores y personas en general en todo el mundo en lugar de ser una actividad ilegal en muchas áreas?

La verdad es que la búsqueda de plantas silvestres comestibles ha ganado impulso últimamente porque más personas se dan cuenta de que están experimentando una gran mejora de salud una vez que deciden deshacerse de los alimentos procesados y comienzan a seguir una dieta más sostenible y ecológica.

Esto no significa necesariamente que las personas deban tener una dieta vegetariana, ya que muchas de estas plantas silvestres tendrán un sabor increíble cuando las combines con un poco de carne. Pero, cada vez que las personas van a buscar comida, lo harán continuamente porque ven los beneficios de primera mano.

Ahora sabemos que cuanto más saludable es una persona, más vigorosas y saludables serán las áreas circundantes y los ecosistemas, porque estamos en contacto con nuestras raíces, con aquellas plantas que están cerca de nosotros. ¡Estamos empezando a reconocer qué tipos de plantas silvestres comestibles son buenas para nosotros!

Aquí hay algunos buenos consejos que debe seguir cada vez que busque plantas silvestres comestibles:

El medio ambiente es nuestra máxima prioridad

No solo debemos tomar en cuenta el medio ambiente en el que nos encontramos, sino que también debemos ser conscientes de ello porque ahí es donde crecen las plantas. Si el medio ambiente (que comprende el suelo, el aire, el agua u otras plantas) está dañado o contaminado, entonces podríamos dejar de buscar alimento allí o podríamos intentar mejorar ese lugar. Todo dependerá de su conocimiento, experiencia, voluntad para hacerlo y compromiso.

Si ve una planta y está rodeada de agua contaminada proveniente de una carretera (o cualquier otra área cercana), entonces esa agua podría tener gasolina o cualquier otro agente contaminante de la carretera. Como resultado, la planta que estaba viendo ya no es segura para ser comestible.

El entorno también nos dará muchas pistas sobre las plantas que se pueden encontrar allí. Por ejemplo, el entorno en el que se encuentra la planta podría ayudarlo a identificar las necesidades de la planta.

Si ve una planta con hojas inclinadas y tristes, y se da cuenta de que está recibiendo demasiado sol, entonces ahora sabe que esta planta en particular prosperará mejor si se coloca en un área sombreada. Puede moverlo a una mejor ubicación o dejarlo allí; de cualquier manera, no deberías forrajear esa planta en particular.

Idealmente, el lugar donde va a buscar alimento debe ser un ambiente libre de químicos y contaminación; Sé que identificar los contaminantes puede ser realmente complicado; sin embargo, muchas señales visibles le permitirán saber si ese lugar no es saludable. Debe observar estas señales de advertencia:

- Si el agua está sucia o si huele extraño, es probable que esté contaminada.

- Si ve que todas las plantas no son saludables o parecen a punto de morir, entonces probablemente haya algo en el aire.

- Si hay algún animal muerto cerca, entonces definitivamente algo está afectando este ambiente.

- Si no crecen nuevas plantas, el medio ambiente está contaminado.

¿Qué pasa si no puede identificar la planta?

Si no puede identificar la planta (porque realmente no sabe dónde más buscar información, o porque cree que es una planta y otra persona piensa que es diferente), y se encuentra en una situación difícil en la que necesita comer la planta para sobrevivir, entonces sólo podría sugerirle que haga una prueba cutánea.

De esta manera, no comerá la planta de inmediato, pero sabrá si su cuerpo está reaccionando negativamente hacia la planta. Si siente que su lengua está en llamas o si se adormece por completo, ¡no coma la planta!

Si tiene dudas, no consuma esas plantas; Las dudas suelen ser una señal de advertencia que nos envían nuestros instintos. Por lo tanto, confíe en sus instintos y no coma la planta. Es mejor pasar hambre que envenenarse comiendo una planta silvestre no comestible. Obviamente, esta no es una situación ideal para estar, pero si realmente dudas si esa planta es comestible o no, y no hay forma de averiguarlo, entonces te animo a que dejes la planta.

Consejos especiales para nuevos recolectores

- Empiece lentamente. Sé que es demasiado aprender a la vez, así que ¿por qué no intentas aprender lentamente? Hay una gran cantidad de plantas comestibles y no comestibles. Y hay un mayor número de plantas venenosas y peligrosas. Elija una o dos plantas para aprender y seguir adelante. Por ejemplo:

intente aprender de tres a cinco plantas cada mes. Cada vez que vayas a buscar comida, trata de buscarlos. Siempre que se sienta lo suficientemente seguro con ellos, ¡aprenda un par adicional!

- A veces nos ponemos ansiosos porque según nuestro conocimiento debería haber un tipo de planta en primavera… ¡pero en realidad, no la hemos visto para nada! Esta es la madre naturaleza que nos dice que el cambio climático es real y que están ocurriendo cosas que están cambiando todos los ecosistemas que se pueden encontrar en la tierra. Puede comprender esto y tratar de ser más sostenible, y solo use lo que tenga frente a usted.

- ¡Siempre estamos aprendiendo! De hecho, como recolectores, nunca dejamos de aprender. Incluso puede ser un granjero, pero una vez que ingrese al mundo de la búsqueda de alimentos, aprenderá muchas cosas nuevas. ¡Lea libros, descargue algunas aplicaciones, intente hablar con otros recolectores más experimentados! Debe hacer todo lo que pueda para que pueda adquirir más conocimientos sobre este tema.

- Como recolectores de alimentos, también estamos entrenando constantemente nuestros ojos para ver la naturaleza más allá de lo que nos muestra. A veces miramos detrás de grandes rocas; otras veces, vamos a lugares de difícil acceso porque sabemos que hay una gran fuente de proteína en esa planta o porque hemos visto que hay muchas plantas de una especie invasora, y estamos tratando de ayudar a controlarla.

- Póngase cómodo al buscar comida. Esto no solo significa que debe usar ropa y zapatos cómodos, sino que también significa que el equipo que lleva cuando busca alimento debe ser lo suficientemente cómodo como para permitir que sus plantas respiren. En otras palabras, invierta en sacos transpirables que se encarguen de sus plantas, ¡y no use bolsas de plástico que probablemente las maten!

- Revise todas las plantas en busca de bichos o insectos. Sé que son una gran fuente de proteínas, ¡pero estoy seguro de que no querrás comerlas todo el tiempo! A pesar de que está buscando plantas silvestres comestibles en ambientes saludables (o al menos lo está intentando), aún necesitará lavar sus plantas forrajeadas antes de consumirlas. ¡Una mariquita (o tierra) en una ensalada no suena demasiado atractiva!

- No se confíe demasiado. Esto es para todos, sin importar si eres un recolector nuevo o viejo. A veces comenzamos a salir y buscamos nuestra comida, ¡y creemos que estamos en la cima del mundo porque obtenemos alimentos altamente nutritivos gratis! Lo entiendo; ¡es muy impresionante! Sin embargo, todavía debemos ser cautelosos. No podemos tener demasiada confianza porque debemos tener cuidado con lo que comemos. Aunque ya hayamos comido la misma planta mil veces, nunca sabremos cómo va a reaccionar nuestro cuerpo. Y no me malinterpretes; ¡Esto también podría suceder con las frutas y verduras compradas en la tienda! Un día tu cuerpo puede despertar y decir: "¡Ya no estoy en esto!"

- Nunca, nunca, ni en un millón de años, debe dejar un rastro en cualquier lugar al que vaya. En otras palabras, nadie debería saber que ha estado buscando comida en ese lugar. No porque pueda ser una actividad ilegal, sino porque estás respetando tanto a la madre tierra que no estás dejando basura, no estás dañando ninguna planta o ecosistema. No está tomando nada que pueda ser raro o incluso protegido.

- ¡Ve tras los no nativos! Esto significa, plantas no nativas, por supuesto. Si lo piensa bien, si va a un área y está llena de plantas no nativas, es muy probable que compitan con las plantas nativas para obtener los nutrientes necesarios para la supervivencia. Esto también podría significar que las plantas nativas están luchando por alimentarse y proporcionar sus nutrientes a quienes las comen o que dependen de ellas para sobrevivir. Si va a buscar comida y solo toma especies de plantas no nativas, entonces está combatiendo la intrusión, ¡y posiblemente podría estar salvando otro medio ambiente y ecosistema!

- Tenga miedo de los pesticidas, herbicidas y muchos otros "ayudantes" artificiales. No querrá comer algo que haya sido rociado con químicos dañinos que probablemente afectarán su cuerpo, su mente y, en última instancia, su alma. Esto puede parecer drástico para algunos, pero si está buscando comida, entonces también es consciente de cómo las frutas y verduras están siendo contaminadas por muchos químicos. Esta es una práctica establecida en la agricultura moderna. Ir a buscar comida significará que debes romper con este ciclo y ser lo más orgánico posible.

- ¡Que te diviertas! Si vas a buscar comida y no te estás divirtiendo, ¿entonces cuál es el punto? ¡Ir a buscar comida debería ser igual a buscar comida por diversión también! De hecho, tengo una creencia: si va a buscar comida en el estado mental incorrecto y está cansado o gruñón, entonces es probable que no pueda encontrar todas las plantas que esperaba o deseaba. Por otro lado, si vas a buscar comida y estás feliz porque estás a punto de hacer algo que te encanta, ¡buenas noticias! La naturaleza también se presentará de tantas maneras que no creerá cuánto pudo alimentarse.

- Asegúrese de observar la naturaleza cuidadosamente y anote estas observaciones, podría ahorrarle mucho tiempo en el futuro, especialmente si su memoria aún no es tan buena. Siempre llevo un bloc de notas y un bolígrafo, especialmente cuando voy a buscar comida a lugares nuevos. No quiero olvidar nada, así que sé que cada vez que escribo cosas, aunque sea una sola palabra, será de gran ayuda más adelante.

- Si estás iniciando tu huerto orgánico, ¿sabías que las plantas aromáticas y medicinales contribuyen a incrementar la biodiversidad que puede tener tu huerto?

También te ayudarán a combatir las plagas que afectan los cultivos y harán que tu esfuerzo en el huerto parezca un sistema natural en equilibrio donde conviven en armonía vegetales, flores, hierbas aromáticas y malezas silvestres.

Recordar es clave siempre que vaya a buscar plantas silvestres comestibles

Antes de continuar aprendiendo sobre la búsqueda de alimento y qué tipos de plantas silvestres comestibles puede consumir, pensemos primero en este escenario:

Imagina que es tu cumpleaños y tus padres van a organizar una fiesta de cumpleaños en tu nombre en su casa. Todos los miembros de tu familia y amigos están invitados, ¡así que sabes que será una gran fiesta!

Te diriges hacia la casa de tus padres, y todos te dicen sorpresa, y estás muy contento de estar allí. Luego, cuando estás a punto de comenzar a saludar a todas las personas que asistieron a tu fiesta, te das cuenta de que de repente olvidaste el nombre de todos. De hecho, incluso olvidaste tu nombre.

No puedes creer esto; es demasiado extraño para ti. Entonces, comienzas a sentirte extraño e incómodo, y comienzas a cuestionar a todos para que puedan darte pistas sobre quiénes son. Reconoces sus caras, ¡pero olvidaste todos los nombres! ¡Hasta que te des cuenta de que esto es solo un sueño y aún faltan seis meses para tu cumpleaños!

Espera, ¿por qué te digo esto ahora mismo? Si lo piensas, sucede algo similar cuando planeas salir a buscar comida en la naturaleza. Puede reconocer algunas de las plantas (o ninguna de las plantas), pero (a veces) realmente no sabe nada sobre ellas, aparte de su apariencia física.

Esta es la razón por la que siempre les digo esta analogía a los nuevos recolectores porque esta es una regla general. Aprenda los nombres de las plantas silvestres comestibles y sus familiares; de lo contrario, su experiencia de búsqueda de alimentos puede verse afectada por los errores que comete cuando cree que una determinada planta es algo y, en realidad, es una planta completamente diferente.

Sería genial y muy útil si aprendieras los nombres de las hierbas, plantas, frutas, verduras e incluso hongos o árboles que se encuentran en tu área, especialmente si estás pensando en consumirlas.

Por supuesto, esto llevará un tiempo, pero es una gran inversión que puede hacer si está considerando seriamente buscar plantas silvestres comestibles. Podrías aprender fácilmente de cinco a diez plantas cada vez que vayas a buscar comida, y esto podría salvarte la vida en el futuro, ¡lo creas o no!

Consejos especiales para recolectores viejos

- ¿Ha pensado alguna vez en llevar a una persona a buscar comida? ¿Has pensado alguna vez en convertirte en el mentor de otra persona? Esto podría ser beneficioso para usted de muchas maneras porque transmitirá sus conocimientos a alguien. Compartirás un buen momento en la naturaleza con otra persona, y también tendrás un respaldo siempre que dudes si una planta silvestre es comestible o no.

- ¿Ha pensado alguna vez en tener un jardín? Pero, en particular, ¿un jardín con un área donde solo dejas crecer las plantas silvestres comestibles? Donde no le tienes miedo a las malas hierbas ... de hecho, ¿¡donde realmente le das la bienvenida a las malas hierbas para que puedas consumirlas !?

- ¿Ha pensado alguna vez en buscar comida para obtener ganancias? Sé que esto puede no parecer ideal para algunos, pero piénselo. Si tiene su propio espacio y jardín y tiene muchas plantas silvestres, ¿por qué no las cosecha y se gana la vida con esas plantas? Por ejemplo, un buen amigo mío hace una variada gama de salsas pesto con plantas silvestres comestibles. Ella se gana la vida con algo que no mucha gente piensa en cosechar, sin embargo, ¡muchas de esas mismas personas realmente comprarán sus salsas pesto! Si tiene muchos plátanos, ajos silvestres y muchos otros tipos de plantas silvestres, también puede hacer esto fácilmente. Obviamente, no estoy sugiriendo que hagas esto si no tienes espacio y vas a buscar comida en un área pública, ya que tendrás que pensar en términos de sostenibilidad. Pero esta es una gran oportunidad para tener un trabajo secundario si tiene su propio jardín o área para buscar alimento.

- Si ya es un recolector y le gustaría comenzar su propio jardín (o incluso si le gustaría mejorar las condiciones del suelo de su jardín existente), ¿sabía que puede ayudarlo cosechando algunas plantas silvestres comestibles?

Cada partícula del suelo está viva; hay muchos millones (¡si no miles de millones!) de organismos y microorganismos que trabajan continuamente para producir los nutrientes que alimentarán a las plantas.

A la hora de enriquecer el suelo de tu jardín, probablemente te sorprenderá saber que, contrariamente a la creencia popular, no necesitas un fertilizante químico ni orgánico. Si elige sabiamente algunas plantas silvestres comestibles, la naturaleza también será inteligente para responder al estímulo de cultivar algo que, en última instancia, podría enriquecer el suelo.

Las plantas proporcionarán los nutrientes esenciales NPK, que significa nitrógeno, fósforo y potasio, respectivamente. También proporcionarán al suelo muchas vitaminas y minerales necesarios para la vida del suelo.

Tener un buen suelo también significa que sus plantas crecerán significativamente y sus plantas estarán más sanas y el resultado será un producto bueno, sabroso y de alta calidad. Esto significa que si tiene un jardín, también podría beneficiarse de hacer un poco de trabajo para proteger y enriquecer su suelo y, a su vez, eventualmente también recibirá plantas silvestres comestibles en su jardín.

Capítulo 10

El Aspecto Medicinal de sus Plantas Silvestres Comestibles Forrajeadas

Cuando estás a punto de usar plantas medicinales, es muy importante conocer cada planta, qué parte se usa, cómo se prepara y cuánto debes usar.

Las plantas medicinales se utilizan generalmente en infusiones, ya sea por su sabor o para cuidar o porque es mejor para nuestra salud. Un té de menta o de manzanilla, o de limón o toronjil, ¡hay hierbas silvestres de todo tipo para todos los gustos!

Por ejemplo, los tés se pueden preparar de dos formas diferentes:

- **Infusión** : se coloca una cucharada de la hierba en la taza y se agrega el agua hirviendo. Tapar, dejar reposar diez minutos y beber. En general, las hojas y flores de las plantas medicinales suelen prepararse de esta forma.

- **Cocción** : hay que hervir el agua y agregar la hierba, dejándola hervir durante tres minutos. Así es como se preparan los tés a partir de raíces, hongos y otras partes duras de las plantas recolectadas.

Obviamente, además de los tés, también hay muchas otras formas de preparar hierbas medicinales de acuerdo con las diferentes tradiciones que existen alrededor del mundo, pero también, de acuerdo al uso que quieras darle a la planta que acabas de recolectar: puedes usarlas en cataplasmas, compresas, inhalaciones, ungüentos, o simplemente unas pocas hojas en tu café o té.

¿Cómo cosechar, secar y conservar de forma sostenible hierbas y plantas medicinales?

La cosecha, secado y conservación de plantas medicinales son aspectos muy importantes a considerar, especialmente si estás recolectando plantas que no tienes durante todo el año. Aunque la mayoría de las plantas se pueden usar frescas o secas, ¡aún necesitará saber cómo secarlas y almacenarlas en consecuencia!

Cosecha de plantas medicinales

Para una colección abundante y eficaz de plantas aromáticas y medicinales en estado silvestre, debes tener en cuenta lo siguiente:

- La parte de la flor que vas a utilizar. Es posible que solo tenga que usar la flor, la fruta, las hojas o la raíz de una planta.

- Pero también debes tener en cuenta cuándo la recogida es más oportuna, es decir, en qué momento debes hacerlo:

Si está recolectando hojas, hágalo antes de que las flores estén completamente abiertas.

Si está recolectando flores: hágalo antes de que estén completamente abiertas.

Si vas a recolectar raíces: hazlo antes de que termine su período de crecimiento.

Si vas a recolectar frutos: hazlo antes de que lleguen al punto de madurez.

El proceso de secado de las plantas medicinales:

El secado es un paso muy importante para poder utilizar la planta durante todo el año. Para hacer esto de manera efectiva, debe tener en cuenta lo siguiente:

- Si vas a secar flores u hojas, debes secarlas a la sombra.

- Si está secando raíces u hojas gruesas, debe secarlas al sol.

- Si puede, átelos con una cuerda o colóquelos sobre una malla metálica en lugares ventilados y secos.

- Muévalos constantemente para que se seque uniformemente.

- Cuídalos del polvo o los insectos.

- Lave bien las raíces.

Hay que tener en cuenta que la planta debe conservar un porcentaje mínimo de su humedad, y debe permanecer verde ya que el color amarillo de la hoja hace que la planta haya perdido todas sus propiedades.

Información básica sobre plantas, hierbas y flores medicinales

Totora

La totora tiene muchos beneficios para la salud: actúan como filtros de toxinas, pueden reducir el sangrado, te ofrecerán propiedades antisépticas.

Gordolobo

El gordolobo tiene muchos beneficios para la salud: si tiene algún problema respiratorio, siempre puede preparar té con gordolobo. Te sentirás mejor en poco tiempo.

Ortigas

Las ortigas tienen muchos beneficios para la salud: se pueden usar como descongestionantes, son buenas para las enfermedades de la próstata y también son diuréticas. Algunas personas beben té de ortigas si están tratando de desintoxicarse.

Romero

Sus hojas se utilizan para hacer té. Se prepara en infusión para afecciones digestivas y hepáticas, y como tónico general para el cuerpo. Si lo aplica externamente (como ungüento), también es un buen cicatrizante y antiséptico (evita que ocurran infecciones).

Bálsamo de limón

Se utilizan sus hojas; se puede preparar una exquisita infusión digestiva y un sedante suave.

Orégano

Se utilizan sus hojas. Es una hierba muy beneficiosa para los trastornos digestivos, actuando como antiespasmódico (relaja la musculatura intestinal aliviando los dolores) y carminativo (ayuda a eliminar los gases). En los trastornos respiratorios actúa como expectorante (ayuda a eliminar la mucosidad) y es antiséptico y antiinflamatorio (Sakkas, 2017).

Tomillo

Se utilizan sus hojas. Es fundamentalmente antiséptico, muy útil para tratar afecciones respiratorias. En trastornos digestivos, es antiespasmódico (Salehi, 2018).

Cilantro

Los frutos se utilizan en forma de cataplasma para aliviar los dolores reumáticos. Puedes hacer infusiones o masticarlo ya que favorecen la secreción de jugos gástricos y ayudan a la digestión (Laribi, 2015).

Manzanilla

Puedes encontrar estas flores en el desierto. Estas pequeñas y maravillosas flores tienen innumerables propiedades: son excelentes antiinflamatorios para la boca, garganta, ojos y piel. Es digestivo y antiespasmódico; es sedante y ayuda a curar. Puedes hacer té y te ayudará a sentirte mejor (Khalesi, 2019).

Palabra de consejo

Estas plantas silvestres comestibles y la información que he proporcionado no sustituyen a ningún medicamento o consejo que pueda recibir de un médico certificado. Por favor, consulte siempre a su médico o nutricionista de confianza si está a punto de realizar cambios significativos en su estilo de vida.

Capítulo 11

Cómo Cocinar Alimentos Silvestres

¡¿Qué emocionante es estar casi listo para comerse sus plantas silvestres ?! Recuerdo la primera vez que comí diente de león y otros tipos de ensalada de verduras silvestres. ¡No podía creer que estaba tomando un almuerzo nutritivo gratis! No pagué un centavo porque buscaba toda mi comida ese día, ¡y ahora estaba enganchado a buscar comida para siempre!

Sin embargo, a pesar de que las plantas silvestres comestibles son comestibles, deberá asegurarse de que estén cuidadosamente preparadas para poder comerlas sin problemas. Claro, algunos de ellos no requerirán que los cocines, pero la mayoría de las veces tendrás que hacer una preparación especial (y no difícil) para que puedas aprovechar el sabor de la planta.

Por lo tanto, necesitará saber qué plantas son comestibles antes de consumirlas, pero también necesitará saber cómo consumirlas. De lo contrario, es posible que tenga una experiencia no tan positiva que incluso podría disuadirlo de sus objetivos de convertirse en un recolector.

Ya sea que esté preocupado por la calidad de los alimentos del supermercado, o si está notando cuánto gasta en el supermercado cada semana, o si su salud se está deteriorando lenta (o rápidamente), entonces definitivamente debería considerar comer las plantas forrajeadas.

¡Las plantas silvestres comestibles recolectadas le presentarán una nueva variedad de sabores! Tus papilas gustativas realmente apreciarán este viaje de exploración que estás emprendiendo. ¡Continúa leyendo si buscas inspiración en la cocina!

Comience con bocados pequeños

Se puede argumentar que la mayoría de las plantas silvestres comestibles son seguras para la mayoría de las personas. Sin embargo, todos somos diferentes y todos tenemos diversas necesidades biológicas que dependen de nuestro cuerpo y nuestro estilo de vida.

Es por eso que debemos tener en cuenta que las plantas también son diferentes cuando están en el desierto, y no estamos (hablando en general) acostumbrados a comerlas en absoluto.

Entonces, primero necesitaremos fortalecer nuestro sistema inmunológico y la respuesta de nuestro cuerpo a las plantas que estamos a punto de consumir porque nunca antes ha probado esas plantas, y ¿cómo sabrá cómo le afectará?

Si es la primera vez que comes una planta silvestre específica, asegúrate de probar solo un poco. No querrás comerlo todo, por si acaso eres alérgico o si tienes una reacción extraña.

No te expongas tanto

¡Has dado el primer gran paso y te has esforzado por comenzar a buscar tu propia comida! Eso por sí solo es bastante impresionante. Es por eso que no debería exponerse tanto y comer grandes cantidades de la nueva planta que acaba de encontrar.

También te recomendaría que primero pruebes una planta cada día. Entonces, hoy probarás los dientes de león y verás cómo responde tu cuerpo; luego, en dos días, puede probar el ajo silvestre y esperar a ver si tiene alguna reacción.

Este es un paso de precaución, porque si terminas siendo alérgico o intolerante a una planta, ¿cómo sabrás cuál fue la que activó esa reacción si comiste cuatro tipos diferentes de plantas silvestres comestibles en un día?

Además, también debes comer la misma planta durante un par de días seguidos. A veces, nuestros cuerpos necesitan más sustancia para comprender que necesitan deshacerse de ella; por lo tanto, su cuerpo no le responderá negativamente cuando tenga la planta el primer día, pero responderá negativamente el tercer día porque la comió nuevamente.

Alternativamente, también puede frotar la planta contra su piel, labios y lengua y ver cómo se siente. Si no tiene ningún problema, puede intentar comer un poco de la planta. Si, por otro lado, comienza a sentirse raro o tiene una reacción inmediata, ¡no lo consuma más y guárdelo lejos de usted!

No comas demasiado

La mayoría de las veces, podría ocurrir otra cosa: comenzamos a comer plantas silvestres pensando que no nos harán daño porque no hemos tenido una reacción negativa contra ellas. ¡Y luego, de repente, vemos una erupción en nuestra piel! Nos damos cuenta de que lo único diferente que comimos fue esa planta silvestre comestible.

Cuando comías una pequeña cantidad de la planta, las cosas iban muy bien. Pero, cuando decidió aumentar su ingesta, fue entonces cuando comenzaron a aparecer los problemas. Esto se debe a que algunas plantas pueden ser venenosas si consume grandes cantidades de ellas. Por ejemplo, ¡las espinacas y las acelgas son dos de ellas! No se encuentran en el desierto, pero definitivamente debes vigilar cuánto consumes esas plantas.

Ahora es el momento de comer

Si todo va bien y su cuerpo no reacciona contra la planta elegida, ¡excelentes noticias! Ahora puede comenzar a buscar alimento en esa planta siempre que sea posible. Si está buscando comida, recuerde seguir los siguientes pasos:

- Deberá enjuagar o lavar bien todas las plantas. Asegúrate de eliminar toda la suciedad que pueda tener.

- Investigue un poco sobre la planta que acaba de recolectar. Algunas de las plantas silvestres comestibles requerirán que las hierva primero antes de consumirlas.

- ¡No tenga miedo de comerlos como están! Estamos tan acostumbrados a agregar sal, pimienta o cualquier otro condimento a nuestros alimentos, que hemos olvidado cómo es su verdadero sabor. Entonces, le animo a que deje de usar condimentos las primeras veces que coma esas plantas; de esta manera, podrá degustar todos los nuevos sabores por completo.

- ¡El cielo es el limite! ¿Quieres ir a buscar comida para poder preparar salsas deliciosas y saludables? ¡Ve a por ello! ¿O le gustaría preparar los mismos platos tradicionales con nuevos sabores, hierbas y plantas? ¡Hazlo ahora!

¿Qué es una persona sana?

Los seres humanos deben comer para sentirse bien. Todos necesitamos algunos nutrientes para estar saludables. Cuando no comemos adecuadamente, esto se puede notar en nuestro cuerpo, específicamente en nuestra cara.

Una persona sana es aquella que tiene un buen espíritu que quiere trabajar y divertirse, que quiere hacer cosas y nuevas actividades. Él o ella se ejercita y vive su vida con alegría.

Una persona sana es aquella que puede tener algún dolor en el cuerpo, pero en lugar de preocuparse, lo cuida, se ve bien, goza de buena salud y está ansioso por compartir con otras personas.

Las personas sanas comen bien. Esto no significa que coman mucho o que coman poco, pero sí significa que son conscientes de los alimentos que dejan entrar en su cuerpo.

Recetas sencillas que puede hacer con las plantas silvestres comestibles

Pesto de ajo silvestre

¡Oh, pesto! ¿Quién no ama su olor? ¡El pesto es una de esas salsas que puedes poner fácilmente en todo! Puede agregar pesto a sus sopas, carnes, ensaladas, pastas y, por qué no, incluso sándwiches, especialmente si le apetece algo diferente.

Si logra cosechar algunas nueces silvestres, también puede usarlas en su pesto. Si no es así, intente usar lo que tenga a mano:

Ingredientes:
- 20 hojas de ajo silvestre de buen tamaño serán suficientes para un recipiente pequeño.

- 30g de albahaca.

- 20 nueces o cualquier otro fruto seco que puedas encontrar.

- Aceite de oliva (añadir tanto como desee).

- 10g de queso parmesano.

- Zumo de limón, sal y pimienta.

Ponga todos los ingredientes juntos dentro de su procesador de alimentos o licuadora, ¡y listo! A veces, su pesto puede ser demasiado espeso; simplemente puede poner un poco más de aceite o un poco de agua.

Pan de Queso con Ajo Silvestre

¡El pan de ajo con queso es famoso en todo el mundo! Pero, ¿por qué no tuerce esta receta y agrega un poco de ajo silvestre? Hacer la masa de pan y picar unos ajetes. Mezclar todo con el queso y la masa. Métele en el horno durante casi una hora (o hasta que esté dorado).

Nueces silvestres

Puedes hacer mantequilla con todas las variedades de frutos secos silvestres que buscas. Necesitará un procesador de alimentos potente; de lo contrario, su licuadora puede sufrir al intentar convertir las nueces en mantequilla.

La mejor parte de hacer tu propia mantequilla de nueces es que puedes controlar la cantidad de sal o azúcar que pones (si corresponde), y también puedes elegir la combinación de nueces que te gustaría usar. He hecho mantequilla de nueces con nueces negras y maní molido, ¡y fue una de las combinaciones más deliciosas que he hecho! ¡También son una buena fuente de proteínas y grasas buenas!

Ciruelas Silvestres

Como Bullace. Puedes hacer mermelada o gelatina con este tipo de ciruela silvestre. Si vas a preparar mermelada, asegúrate de hacerlo con azúcar morena, ya que le dará un sabor extra especial.

Romero

Se puede utilizar para condimentar y condimentar asados, asados, pollos y corderos al horno, guisos y para preparar pescados.

Bálsamo de limón

Se utiliza en ensaladas y para preparar infusiones o zumos. Tiene un sabor similar al limón.

Orégano

Es un condimento aromático para salsas, conservas, pizzas, verduras cocidas, ensaladas, guisos, etc. Si estás buscando técnicas de lacto-fermentación, entonces debes agregar esta hierba a tus preparaciones, hará que todo sepa mejor.

Albóndigas de espinacas silvestres

Ingredientes:

- espinaca silvestre

- sal y pimienta

- orégano y perejil

- ajo y cebolla silvestre

- 3 o 4 huevos

- vinagre o limón

Hervir las espinacas silvestres durante un par de minutos. Cuando veas que están cocidos, sácalos y pícalos bien. Agregue sal, pimienta, orégano, perejil, ajo y cebolla silvestre y huevos. Poco a poco, agrega el limón y mezcla todo bien. Hacer las bolas para que se conviertan en albóndigas y pasen por pan rallado o harina.

Puedes cocinarlos al horno o fritos.

Tortilla de plátano

Ingredientes:

- 1/2 kg de plátano macho

- 6 huevos

- 3 cucharadas de aceite

- 4 patatas cortadas en rodajas

- sal y pimienta

Cocine las patatas al vapor o hervidas. Batir los huevos y agregar la sal y la pimienta. Remoje el plátano en un poco de vinagre con agua y luego séquelo. Ahora calienta la sartén con aceite y coloca toda la preparación junto con el plátano macho. Cuando esté dorado por un lado, dale la vuelta y cocínalo por el otro lado.

Empanadas o Empanadas de Vegetales Silvestres

Ingredientes:

-Todas las verduras silvestres que encuentres y quieras.

347

-Cebolla silvestre, perejil, pimiento y orégano.

-Sal y pimienta.

-Queso rallado.

-2 huevos.

- 1 cucharada de harina.

Pon a hervir todas las verduras silvestres que hayas elegido. Escurrir bien y picar finamente. Cortar la cebolla y agregar el perejil, el pimiento y el orégano. Luego sazone con sal y pimienta.

Puedes ponerle unas cucharadas de queso rallado, ¡así sabrá aún mejor!

Luego agregue uno o dos huevos a la mezcla y una cucharada de harina para unir toda la mezcla.

Prepara la masa de las empanadas por separado con tu harina favorita. Pon la mezcla en la masa y cocina.

Gnocchi de verduras silvestres

Ingredientes:

-Todas las verduras silvestres que tengas a mano y que quieras utilizar.

-Sal, pimienta y nuez moscada.

-Ajo y perejil.

-Queso rallado.

-Harina

-3 huevos

Cocine todas las verduras silvestres que tenga y déjelas hervir. Cuando esté listo hay que dejarlo escurrir, y luego lo cortarás bien. A las verduras picadas se le agrega la sal, la pimienta, el ajo y el perejil picado, junto con la nuez moscada, el queso, los tres huevos y la harina.

Mezclar todo y formar los ñoquis. Cocinarlos en agua con sal y un poco de aceite.

Mantequilla de castañas

Si vive en una zona donde abundan las castañas, ¡tiene mucha suerte! Tendrás que cosechar y cocinar las nueces antes de consumirlas, ya que podrían ser muy tóxicas si las comes crudas, principalmente por la cantidad de ácido tánico que contienen.

Primero, quita la piel de tus castañas. Puedes hervirlos o asarlos. Prefiero asarlos porque es más rápido. Cuando estén muy calientes, tendrás que sacarlas del horno y empezar a pelarlas, así podrás quitarles la piel peluda.

¡Entonces verá la nuez! Tendrás que ponerlos todos en el procesador de alimentos y esperar un par de minutos hasta que cada parte esté triturada, y ahora tienes tu mantequilla de nueces.

Pastel amargo de diente de león

Ingredientes para el relleno:

- 1 taza de diente de león bien escurrido

- 1 cebolla silvestre, en rodajas finas

-1 cucharada de pimentón

-1 taza de carne molida o soja molida

-Perejil, orégano y sal

-1 cucharada de aceite

- 2 huevos batidos

-Queso rallado

Pon a sofreír la cebolla con la carne o la soja. Cuando esté bien cocido hay que añadir el diente de león, el pimentón, el perejil y el orégano. Sazona todo y mezcla bien. Cuando esté cocido lo retiramos del fuego. Agrega unas cucharadas de queso rallado y los huevos y mezcla todo.

Luego tendrás que hacer la masa para la tarta agria con tu harina favorita. Coloca encima el relleno que acabas de cocinar y mételo al horno unos 30 minutos.

Conclusión

Si ha decidido leer este libro, probablemente signifique que no le importan mucho las normas sociales y que sabe cuánto valor nutricional puede obtener de las plantas, hierbas, flores y nueces forrajeadas (y en ocasiones ocultas).

Está tratando de sumergirse en el mundo de la búsqueda de alimentos porque puede estar tratando de complementar su dieta. O tal vez desee estar más saludable y en forma, porque le preocupa la naturaleza o porque está buscando un nuevo pasatiempo que esté en sintonía con las áreas circundantes donde vive ahora.

Cualesquiera que sean sus razones para buscar comida, ¡solo quiero agradecerles! Gracias por permitirse conocer más sobre este tema porque soy consciente de que a veces puede ser un tabú entre las personas. Gracias por investigar y por hacer de su salud su máxima prioridad. Pero, sobre todo, gracias por tomarse su tiempo para comprender y observar cómo funciona la naturaleza, porque necesitamos que más personas lo hagan, ¡ya que también es una forma de ayudar a la madre naturaleza a ser más saludable!

En este libro, pudo comprender las características que hacen que una planta sea comestible, no comestible y venenosa. También aprendió dónde buscar plantas silvestres comestibles, qué lugares debe evitar y cómo identificar las plantas correctamente según la temporada en la que se encuentre.

Si cree que está listo para ir a buscar comida, ¡buenas noticias! ¡Eso probablemente significa que lo eres! Asegúrese de buscar comida en áreas donde no haya rastros de seres humanos, donde los pesticidas u otros tipos de contaminantes no sean visibles (o inexistentes) y donde pueda ir fuera de los caminos habituales para encontrar abundantes plantas silvestres comestibles que pueda cosechar fácilmente .

Además, ir a buscar comida significa que se ha acostumbrado a ver cómo será el clima en los próximos días porque sabe que después de una lluvia intensa, hay más posibilidades de encontrar y descubrir nuevas plantas que podrían traer muchos más grandes beneficios. en tu estilo de vida.

Además, al buscar plantas silvestres comestibles, también participa en la preservación de lugares y especies de plantas, frutas, hierbas, nueces y flores. Sabes que aunque la naturaleza te está proporcionando una gran fuente de alimento, no estás (o no debes) cosecharlo todo. Te vuelves más sintonizado con el área de la que estás cosechando porque eres consciente de lo valioso que es ese producto porque ves sus efectos de primera mano.

Porque, sin duda, una vez que te conviertes en recolector y atraviesas una etapa de transición en la que todo tu estilo de vida también cambia, notarás cómo tu cuerpo, tu mente y tu alma reaccionan positivamente a esos cambios.

Como resultado de ir a buscar comida, su cuerpo cambia y experimenta más salud, comienza (o continúa) haciendo ejercicios, se conecta a la tierra y pasa tiempo en la naturaleza, y se conecta con lo que pone dentro de su cuerpo.

Te vuelves más saludable; su mente es clara como el cristal, sus pensamientos son más positivos de acuerdo con lo que está viviendo y experimentando, y está resucitando el conocimiento y la sabiduría antiguos que se perdieron hace mucho tiempo.

Tu alma cambia porque también estás creando conciencia sobre la importancia de buscar plantas silvestres comestibles y porque estás pasando por una fase de transición. Incluso si no sale activamente e invita a todos a que vengan a buscar comida con usted, la gente aún podrá notar que está haciendo algo diferente. Tu energía está siendo redirigida hacia un estado de ser más natural; ¡ya no permite que otros dicten lo que puede comprar y consumir y ahora está tomando la iniciativa y decidiendo por sí mismo!

Ciertamente, esta es una gran responsabilidad para todos los recolectores; pero estamos listos y comprometidos con estos cambios que estamos probando y teniendo, porque esto no es una " tendencia " o algo que hacemos para la " oportunidad fotográfica ". De hecho, como recolectores de alimentos, estamos buscando un estilo de vida más saludable que nos haga sentir empoderados; un estilo de vida que también puede contribuir a nuestra búsqueda personal de la salud, y donde nuestras necesidades nutricionales se satisfacen sin dañar nuestro entorno.

Probablemente todos teníamos ideas preconcebidas sobre la búsqueda de comida. Pensamientos como "¿y si me meto en problemas?" O "¿y si lo hago mal?" Probablemente se nos han pasado por la cabeza cada vez que estábamos a punto de ir a buscar comida por primera vez. Además, vivimos en sociedades en las que los padres a menudo les dicen a sus hijos que no toquen ni coman ninguna planta silvestre porque todas son venenosas. Incluso si no lo son, lo dirán porque no conocen nada mejor.

Y esto podría ser un concepto erróneo peligroso, especialmente si permitimos que gobierne nuestra forma de pensar y dejamos que nos impida ir a buscar comida. La verdad es que cuando buscamos comida, no estamos haciendo algo completamente nuevo, simplemente estamos volviendo a cómo solían vivir nuestros antepasados porque la búsqueda de comida es parte de su vida diaria.

Cuando buscamos comida, nos volvemos autosostenibles, porque podemos buscar y cosechar nuestra propia comida. Y sé que esta mentalidad de volver a la naturaleza y encontrar opciones de alimentos más saludables está dando un gran retorno porque todos estamos abriendo los ojos a esas plantas nutritivas que están frente a nosotros.

Ir a buscar plantas silvestres comestibles definitivamente se está volviendo más popular a medida que pasan los días. ¡Estoy tan emocionado por ti y por este viaje que estás a punto de comenzar! Pronto te darás cuenta de que todo lo que comías antes no es nada comparado con lo que puedes encontrar si vas a buscar comida de vez en cuando.

Aprender a forrajear con éxito puede cambiar tu vida por completo. Tendrás nuevas habilidades, expandirás tus conocimientos, observarás más, también entenderás cómo funciona la naturaleza y recolectarás no solo comida sino también medicinas, ¡gratis!

Y, ¿puedo mencionar lo mejor de buscar plantas silvestres comestibles? ¡Esas plantas están llenas de nutrientes, antioxidantes, minerales e incluso agua! Puede cubrir todas las necesidades básicas para sobrevivir si consume plantas silvestres comestibles. Ahora, ¿te imaginas lo mejor que podría mejorar tu salud si buscas comida y también mantienes tu estilo de vida?

Siempre recordaré la primera vez que decidí ir a buscar comida. Aunque no estaba usando la ropa más cómoda, decidí que era hora de poner mis manos en el suelo. Antes de ese momento, solía pensar, "buscar comida es inútil porque no puedes encontrar nada para comer a menos que lo compres en un mercado de agricultores o en un supermercado". Oh, que ingenua fui Poco sabía sobre la naturaleza y sobre los procesos naturales que ocurren, y podemos aprovecharlos.

Después de esa primera vez, pronto me obsesioné con ir a buscar comida porque estaba ansioso por aprender todo lo que pudiera para poder satisfacer mi alma. ¡Y ahora, con suerte, también estarás inspirado para ir a buscar comida!

Como has podido comprobar, ir a buscar plantas silvestres comestibles no solo es una actividad divertida para ir e invitar a otros, sino que también te acercará a la naturaleza, a quienes te rodean, te hará entender cómo funciona la naturaleza. y le dará una idea clara de lo poco que realmente necesitamos para llevar un estilo de vida saludable y exitoso.

Ir a buscar comida no significa que simplemente vas a cosechar algo de comida y eso es todo. Significa que te preocupas por el medio ambiente porque quieres disminuir tu huella de carbono (y lo logras comprando menos en el supermercado y encontrando tu comida en la naturaleza).

Pero también lo haces una vez que comienzas a apreciar aún más lo que puedes encontrar al aire libre porque te estás alimentando a ti mismo y a tus seres queridos de una manera muy sostenible, que está en sintonía con la naturaleza y sus ciclos. De hecho, también estará ayudando a la naturaleza cada vez que busque y coseche una especie invasora en ese ecosistema en particular porque se asegurará de que otras plantas nativas puedan prosperar en esa área sin tener que luchar o luchar contra las plantas extrañas.

Realmente espero que vayas a buscar plantas silvestres comestibles; ¡Definitivamente no te arrepentirás! ¡Que tus cestas se llenen para siempre de plantas silvestres comestibles recolectadas!

References

1. Roberts P, Hunt C, Arroyo-Kalin M, Evans D, Boivin N. La profunda prehistoria humana de los bosques tropicales globales y su relevancia para la conservación moderna. Plantas Nat. 2017; 3: 17093. Publicado el 3 de agosto de 2017 doi: 10.1038 / nplants.2017.93

2. Gat A. (2015). Demostrando la guerra comunal entre cazadores-recolectores: el error cuasi-rousseuano. Antropología evolutiva, 24 (3), 111-126. https://doi.org/10.1002/evan.21446

3. Cordain, L., Miller, JB, Eaton, SB, Mann, N., Holt, SH y Speth, JD (2000). Cocientes de subsistencia vegetal-animal y estimaciones de energía de macronutrientes en las dietas de cazadores-recolectores en todo el mundo. La revista estadounidense de nutrición clínica, 71 (3), 682–692. https://doi.org/10.1093/ajcn/71.3.682

4. Stadterman, J., Belthoff, K., Han, Y., Kadesh, AD, Yoncheva, Y. y Roy, AK (2020). Una investigación preliminar de los efectos de una dieta occidental sobre el volumen del hipocampo en los niños. Fronteras en pediatría, 8, 58. https://doi.org/10.3389/fped.2020.00058

5. Guarrera, PM y Savo, V. (2016). Plantas alimenticias silvestres utilizadas en mezclas vegetales tradicionales en Italia. Revista de etnofarmacología, 185, 202-234. https://doi.org/10.1016/j.jep.2016.02.050

6. Pinela, J., Carvalho, AM y Ferreira, I. (2017). Plantas silvestres comestibles: características nutricionales y toxicológicas, estrategias de recuperación e importancia para la sociedad actual. Toxicología alimentaria y química: una revista internacional publicada para la Asociación Británica de Investigación Biológica Industrial, 110, 165-188. https://doi.org/10.1016/j.fct.2017.10.020

7. Cornara, L., Smeriglio, A., Frigerio, J., Labra, M., Di Gristina, E., Denaro, M., Mora, E. y Trombetta, D. (2018). El problema de la identificación errónea entre plantas silvestres comestibles y venenosas: informes del área mediterránea. Toxicología alimentaria y química: una revista internacional publicada para la Asociación Británica de Investigación Biológica Industrial, 119, 112–121. https://doi.org/10.1016/j.fct.2018.04.066

8. Ídem.

9. Ídem.

10. Bacchetta, L., Visioli, F., Cappelli, G., Caruso, E., Martin, G., Nemeth, E., Bacchetta, G., Bedini, G., Wezel, A., van Asseldonk, T., van Raamsdonk, L., Mariani, F. y en nombre del Consorcio Eatwild (2016). Un manifiesto para la valorización de las plantas comestibles silvestres . Revista de etnofarmacología, 191, 180–187. https://doi.org/10.1016/j.jep.2016.05.061

11. Aleksandar, P., Dragana, M. Ć., Nebojša, J., Biljana, N., Nataša, S., Branka, V. y Jelena, KV (2019). Las cebollas silvestres comestibles, Allium flavum y Allium carinatum, previenen con éxito los efectos adversos del fármaco quimioterápico doxorrubicina. Biomedicine & pharmacotherapy = Biomedecine & pharmacotherapie, 109, 2482–2491. https://doi.org/10.1016/j.biopha.2018.11.106

12. Pavlović, DR, Veljković, M., Stojanović, NM, Gočmanac-Ignjatović, M., Mihailov-Krstev, T., Branković, S., Sokolović, D., Marčetić, M., Radulović, N., y Radenković, M. (2017). Influencia de diferentes extractos de ajo silvestre (Allium ursinum) sobre el sistema gastrointestinal: propiedades espasmolíticas, antimicrobianas y antioxidantes. Revista de farmacia y farmacología, 69 (9), 1208-1218. https://doi.org/10.1111/jphp.12746

13. Wirngo, FE, Lambert, MN y Jeppesen, PB (2016). Los efectos fisiológicos del diente de león (Taraxacum officinale) en la diabetes tipo 2. La revisión de estudios sobre diabetes: RDS, 13 (2-3), 113-131. https://doi.org/10.1900/RDS.2016.13.113

14. Mikulic-Petkovsek, M., Samoticha, J., Eler, K., Stampar, F. y Veberic, R. (2015). Bebidas tradicionales de flor de saúco: una rica fuente de compuestos fenólicos con alta actividad antioxidante. Revista de química agrícola y alimentaria, 63 (5), 1477-1487. https://doi.org/10.1021/jf506005b

15. Esposito, S., Bianco, A., Russo, R., Di Maro, A., Isernia, C. y Pedone, PV (2019). Perspectivas terapéuticas de moléculas de extractos de Urtica dioica para el tratamiento del cáncer. Moléculas (Basilea, Suiza), 24 (15), 2753. https://doi.org/10.3390/molecules24152753

16. Sarfraz, RM, Khan, H., Maheen, S., Afzal, S., Akram, MR, Mahmood, A., Afzal, K., Abrar, MA, Akram, MA, Andaleeb, M., Haider, I., Abbas, K. y Yasmeeni, T. (2017). Plantago ovata: una revisión integral sobre el cultivo, aspectos bioquímicos, farmacéuticos y farmacológicos. Acta poloniae pharmaceutica, 74 (3), 739–746.

17. Knez Hrnčič, M., Španinger, E., Košir, IJ, Knez, Ž. Y Bren, U. (2019). Compuestos de lúpulo: técnicas de extracción, análisis químicos, efectos antioxidantes, antimicrobianos y anticancerígenos. Nutrientes, 11 (2), 257. https://doi.org/10.3390/nu11020257

18. Fouré, M., Dugardin, C., Foligné, B., Hance, P., Cadalen, T., Delcourt, A., Taminiau, B., Daube, G., Ravallec, R., Cudennec, B ., Hilbert, JL y Lucau-Danila, A. (2018). Raíces de achicoria para prebióticos y regulación del apetito: un estudio piloto en ratones. Revista de química agrícola y alimentaria, 66 (25), 6439–6449. https://doi.org/10.1021/acs.jafc.8b01055

19. Imenshahidi, M. y Hosseinzadeh, H. (2019). Berberina y agracejo (Berberis vulgaris): una revisión clínica. Investigación en fitoterapia: PTR, 33 (3), 504–523. https://doi.org/10.1002/ptr.6252

20. Nieto, G., Ros, G. y Castillo, J. (2018). Propiedades antioxidantes y antimicrobianas del romero (Rosmarinus officinalis, L.): una revisión. Medicines (Basilea, Suiza), 5 (3), 98. https://doi.org/10.3390/medicines5030098

21. Sakkas, H. y Papadopoulou, C. (2017). Actividad antimicrobiana de los aceites esenciales de albahaca, orégano y tomillo. Revista de microbiología y biotecnología, 27 (3), 429–438. https://doi.org/10.4014/jmb.1608.08024

22. Salehi, B., Mishra, AP, Shukla, I., Sharifi-Rad, M., Contreras, M., Segura-Carretero, A., Fathi, H., Nasrabadi, NN, Kobarfard, F., & Sharifi-Rad, J. (2018). Timol, tomillo y otras fuentes vegetales: salud y usos potenciales. Investigación en fitoterapia: PTR, 32 (9), 1688-1706. https://doi.org/10.1002/ptr.6109

23. Laribi, B., Kouki, K., M'Hamdi, M. y Bettaieb, T. (2015). Cilantro (Coriandrum sativum L.) y sus componentes bioactivos. Fitoterapia, 103, 9-26. https://doi.org/10.1016/j.fitote.2015.03.012

24. Khalesi, ZB, Beiranvand, SP y Bokaie, M. (2019). Eficacia de la manzanilla en el tratamiento del síndrome premenstrual: una revisión sistemática. Revista de farmacopuntura, 22 (4), 204-209. https://doi.org/10.3831/KPI.2019.22.028

25. Bvenura, C. y Sivakumar, D. (2017). El papel de las frutas y verduras silvestres en el suministro de una dieta equilibrada y saludable. Food research international (Ottawa, Ontario), 99 (Pt 1), 15-30. https://doi.org/10.1016/j.foodres.2017.06.046

26. Renna, M., Cocozza, C., Gonnella, M., Abdelrahman, H. y Santamaria, P. (2015). Caracterización elemental de plantas silvestres comestibles del campo y áreas urbanas. Química de los alimentos, 177, 29–36. https://doi.org/10.1016/j.foodchem.2014.12.069

27. Mithril, C. y Dragsted, LO (2012). Evaluación de la seguridad
de algunas plantas silvestres en la Nueva Dieta Nórdica.
Toxicología alimentaria y química: una revista
internacional publicada para la Asociación Británica de
Investigación Biológica Industrial, 50 (12), 4461–4467.
https://doi.org/10.1016/j.fct.2012.09.0

GUÍA PARA BUSCAR ALIMENTOS

Preparación de alimentos sabrosos a partir de partes específicas de plantas silvestres comestibles

MONA GREENY

Introducción

S i está leyendo este libro, probablemente quiera hacer un cambio saludable en sus hábitos alimenticios. Buscar plantas silvestres y comer de esta manera es definitivamente el camino a seguir. Vivirás de una manera más sostenible y también beneficiará tu salud. Otra ventaja, entre otras, es que es fácil para su billetera. Tienes que aprender a inspeccionar tu entorno e identificar plantas comestibles.

Hay una gran cantidad de alimentos silvestres que crecen a nuestro alrededor, e incluso puedes cultivar csas plantas tú mismo. De esta manera, siempre tendrá un suministro de alimentos frescos y saludables para usted. Mucha gente tiene la noción equivocada de que comer silvestre es peligroso y debe evitarse. De hecho, es todo lo contrario. Solo tienes que equiparte con los conocimientos para poder identificar las plantas que debes y no debes comer.

Si puede hacerlo, buscar comida es mucho más saludable que consumir alimentos procesados y comer como lo hace la generación moderna. Este libro contiene información sobre muchas plantas silvestres comestibles que crecen a lo largo de las diferentes estaciones. También tiene muchas recetas que te ayudarán a preparar comidas sabrosas con la comida que buscas. ¡Así que empieza a leer y usa esta guía para comer mejor!

Capítulo 1

Los Beneficios de Buscar
y Comer Plantas Comestibles Silvestres

La escasez de alimentos es algo que solo prevalece en unos pocos lugares, y la mayoría de nosotros tenemos fácil acceso a la obtención de alimentos. El número de personas que en realidad están buscando su propia comida es bastante menor, y las plantas comestibles silvestres solo se consumen durante la hambruna mundial u otra escasez drástica de alimentos. La mayoría de los comestibles silvestres solo se utilizan con fines medicinales, como infusiones de hierbas y suplementos.

Las plantas silvestres han sido ignoradas durante años e incluso vilipendiadas en ciertos casos, y la gente ha optado por cultivar granos domesticados para obtener un mejor rendimiento y vida útil, al tiempo que se compromete en lo que respecta al valor nutricional. Las plantas silvestres comestibles no solo son más nutritivas y ricas en vitaminas y minerales, sino que también tienen diferentes compuestos químicos que pueden ayudar a aliviar muchas dolencias y trastornos.

Comida fresca

Las frutas y verduras tienden a perder sus nutrientes y su sabor a medida que comienzan a envejecer. Cuando busca plantas silvestres comestibles que están disponibles localmente a su alrededor, puede estar seguro de que lo que obtiene es 100% fresco. Al buscar su propia comida, solo obtiene las plantas que están en su punto máximo de madurez. Es difícil saber si los productos que compra en su supermercado local son frescos o no, y lo que normalmente obtiene son verduras que se han visto obligadas a madurar mediante el uso de sustancias químicas y hormonas. Sabemos que la mayor parte de la comida que obtenemos proviene de lugares lejanos y, por lo tanto, debe tener al menos uno o dos días. El proceso de encerado, refrigeración, irradiación y conservación es lo que le da a la comida la apariencia de estar fresca y no mostrar ningún signo de deterioro como lo harían normalmente las frutas y verduras.

Alimentos no transgénicos con hibridación cero

Para la mayoría de las grandes corporaciones que están asociadas con la producción de alimentos, la vendibilidad tiene más importancia que la frescura real de los ingredientes o su valor nutricional. La mayoría de los productos que se venden en las tiendas de comestibles son el resultado de la hibridación. La hibridación se realiza específicamente para hacer que las plantas y los cultivos sean más resistentes y resistentes al deterioro.

La hibridación se realiza para facilitar el transporte y el almacenamiento. La mayoría de las verduras y frutas se cosechan incluso antes de que estén listas para minimizar las magulladuras y el deterioro mientras se transportan de las granjas a las tiendas.

Los comestibles silvestres, por otro lado, crecen en condiciones naturales; estas plantas se desarrollan naturalmente y maduran para ser fuertes, saludables y nutritivas. Las plantas que crecen en la naturaleza obedecen las reglas de la naturaleza, y solo las más aptas sobreviven para madurar y desarrollar frutos.

Las plantas enfermas o defectuosas se eliminan automáticamente del ecosistema por la acción de diferentes fuerzas naturales como el viento, el agua, las plagas y las enfermedades. Las plantas que busca y consume son las más aptas del lote, y no tiene que preocuparse por comer alimentos inferiores que hayan sido modificados genéticamente e hibridados para que sean comercialmente viables. Los productos alimenticios híbridos son también los que suelen acabar en comida rápida como pizzas y hamburguesas, por lo que diez de cada diez médicos te dirán que comer comida rápida es contraproducente para tu salud.

Propiedades medicinales

La gente ha estado usando hierbas y plantas con fines medicinales durante miles de años. Por ejemplo, las hojas de la planta de toronjil se pueden triturar y usar para tratar el insomnio y el herpes labial. La hierba de San Juan es otra de esas plantas que es popular por sus propiedades medicinales. Recolectar plantas medicinales de la naturaleza y agregarlas a su patio trasero o jardín de su casa es algo que definitivamente debe considerar. Si bien estas plantas nunca pueden reemplazar la atención médica profesional, es bueno tener algo que pueda ayudarlo en caso de una emergencia en lugar de quedarse varado indefenso.

Las plantas medicinales no necesariamente tienen que ser hierbas amargas poco apetecibles todo el tiempo; Las moras son una fruta deliciosa, pero ¿sabías que las hojas de la planta de moras son muy útiles para tratar la diarrea? Si estás buscando algo que te ayude a mejorar tu piel, puedes ir a buscar lavanda o aloe vera. Tritura unas hojas de lavanda y mézclalas con un poco de aceite de oliva. El aceite con infusión de lavanda que obtiene es excelente para tratar erupciones y otros problemas de la piel.

Sin productos químicos tóxicos

Las verduras y frutas silvestres comestibles crecen en lugares donde las condiciones ambientales las favorecen más. Estas son las plantas que están en la cima de su salud. Continuarán prosperando y proliferando sin la intervención de ninguna actividad agrícola, como el uso de productos químicos y fertilizantes. Estos productos químicos están hechos de compuestos tóxicos y, aunque pueden aumentar el rendimiento o hacer que las plantas sean resistentes a ciertas plagas y enfermedades, no son necesariamente buenas para el consumo humano.

La naturaleza tiene sus propios mecanismos para fertilizar las plantas de forma natural sin crear toxicidad química en forma de basura vegetal en descomposición, excrementos de animales, excrementos de lombrices de tierra y otras fuentes naturales. Los alimentos que se cultivan mediante métodos agrícolas convencionales son producto de diferentes pesticidas, fertilizantes, insecticidas y otros productos químicos nocivos.

Todos estos productos químicos se utilizan indiscriminadamente para aumentar la capacidad de venta y las ganancias sin tener en cuenta los efectos sobre la salud de ninguna manera. Las plantas silvestres comestibles, por otro lado, están completamente desprovistas de productos químicos tóxicos como fertilizantes, insecticidas y pesticidas. Aunque la mayoría de las personas no están en condiciones de estar al tanto de estas cosas y hacer los cambios necesarios, si usted lo sabe, definitivamente debe tomar una decisión proactiva para evitar los alimentos que se han cultivado con productos químicos.

Aunque hay formas en las que incluso la fauna silvestre puede contaminarse con productos químicos, es incomparable si se observa la cantidad de productos químicos que se pueden detectar en los productos que se venden comercialmente. Muchos productos alimenticios que se exhiben en los estantes de las tiendas de comestibles también están cubiertos con una cera destinada a reducir el deterioro y el deterioro. Lo que la mayoría de nosotros no sabe es que esta llamada cera de grado alimenticio en realidad se extrae de las excretas de un insecto llamado Laccifer lacca.

Los comestibles silvestres, por otro lado, no se han recubierto con ningún tipo de cera tóxica o compuestos poco apetecibles para hacerlos más vendibles. Cualquier residuo que encuentre en la superficie de las verduras comestibles silvestres suele ser inofensivo y puede eliminarse fácilmente lavándolo con un poco de agua.

Pureza

En los últimos meses, hemos aprendido a ser cada vez más cautelosos con las enfermedades y los virus como resultado directo de la pandemia de coronavirus. Muchas de estas enfermedades también se transmiten por los alimentos y pueden causar enfermedades graves, algo que nadie quiere. Aunque las bacterias como E. coli y Salmonella se encuentran más comúnmente en la carne poco cocida o en los alimentos rancios, también pueden transmitirse a través de la superficie de diferentes vegetales y plantas. Estas enfermedades pueden terminar fácilmente en su plato. Varias personas diferentes han manipulado alimentos vendidos comercialmente y pueden entrar en contacto con varios microorganismos no deseados que son socialmente transmisibles.

Teniendo en cuenta todas estas responsabilidades y la reciente pandemia que hemos visto desarrollarse frente a sus ojos, confiar en fuentes de alimentos naturales de las que puede estar absolutamente seguro parece ser algo sensato. Si considera todas las manos que tocan la comida que termina en su plato, parece confiar solo en usted mismo y buscar algunas bayas o nueces de vez en cuando.

Consideraciones morales y espirituales

Aprender sobre las plantas que te rodean y cosecharlas como alimento es una experiencia increíblemente gratificante. Te acerca a la naturaleza y también te da un mayor sentido de aprecio por cada comida que tomas. Aunque es imposible aislarse por completo del lado comercial del siglo XXI, todavía es posible reducir el impacto negativo que tiene en el mundo volviéndose natural. La única manera de ser completamente autosuficientes y depender completamente de la flora silvestre como alimento es aprender todo lo que hay que aprender sobre las plantas que crecen a nuestro alrededor.

Ahorrar dinero

Dependiendo del tamaño de su familia y de su ubicación, adquirir productos de alta calidad puede resultar estresante para su bolsillo. La mayoría de los productos que se venden a un precio razonable suelen ser de calidad inferior, y conseguir frutas y verduras orgánicas saludables puede resultar difícil, especialmente si vive en grandes ciudades y metrópolis. Si bien es posible que tenga que gastar unos dólares en gasolina mientras busca comida, no tendrá que pagar un solo centavo por todas las plantas saludables que traerá a casa. Esto puede ahorrarle mucho dinero a largo plazo y también le da la oportunidad de caminar al aire libre y estirar las piernas.

Capítulo 2

Reglas Simples de Búsqueda de Alimento y Equipo Necesario

Antes de aventurarse en el bosque para buscar plantas comestibles, debe tener en cuenta algunos de los conceptos básicos de la búsqueda de alimentos. Estos consejos no solo le facilitarán la búsqueda de alimento; le ayudará a preservar los recursos de la naturaleza sin agotarlos por completo.

Sé responsable

La responsabilidad más importante que tiene cuando se aventura en la naturaleza para encontrar plantas comestibles es garantizar la salud y la sostenibilidad a largo plazo de la fauna. El impacto que tiene en el ecosistema local lo sienten otros organismos que también dependen de las plantas como fuente de alimento.

Cuando entra en una relación de búsqueda de alimento con el ecosistema, también está asumiendo la responsabilidad de cuidar ese ecosistema. Esta relación puede ser extremadamente beneficiosa o perjudicial, dependiendo de cómo navegue por el proceso. Si se hace correctamente, puede construir una relación espiritual profunda con la naturaleza y las plantas que lo rodean. Puede destruir fácilmente el equilibrio del ecosistema y hacer que colapse si es ignorante e irrespetuoso.

Se pueden recolectar muchas plantas comestibles sin tener en cuenta el impacto que podría tener en el ecosistema, pero algunas plantas morirán si se ingieren en exceso. Depende de usted estar consciente de estos factores y buscar plantas en consecuencia sin causar interrupciones o daños a las comunidades nativas de flora y fauna.

No tome más de lo que necesita

Esto puede considerarse un corolario de la primera regla. Incluso si está recolectando una planta que puede ser recolectada indiscriminadamente, aún tendrá algún impacto en el medio ambiente en forma de desperdicio de recursos. Solo está desperdiciando su energía y tiempo matando las plantas que ni siquiera necesita en primer lugar. Estos recursos naturales pueden emplearse mejor de otras formas.

Sé que esto puede parecer muy obvio y mundano, pero es fácil inclinarse hacia la glotonería y exagerar cuando estás en la naturaleza y te encuentras con un árbol cargado de nueces o bayas. Nada es más deprimente que ver cómo se pudren sus reservas de alimentos dentro del refrigerador. Esto suele pasarle a la mayoría de los principiantes; La sobreexplotación es una tendencia natural, y todos somos culpables de hacerlo en un momento u otro. Cuanto más rápido aprenda, más eficiente se volverá en la búsqueda de alimento.

Trate de infligir el menor daño posible

Otro corolario de la primera regla: mientras busca plantas silvestres y las cosecha, asegúrese de ser lo más cuidadoso y preciso posible cuando esté recolectando las hojas o los brotes. Tenga cuidado y evite infligir daños innecesarios a los tallos o las ramas de la planta. Estas lesiones pueden infectarse con enfermedades y virus, potencialmente matando la planta.

Mientras excava en busca de diferentes rizomas, raíces y tubérculos, excave lenta y cuidadosamente para no perturbar los sistemas de raíces de las plantas vecinas. Si no tiene cuidado, puede terminar matando la mayoría de las plantas en los alrededores mientras busca un puñado de puerros o papas silvestres. Aunque puede ser comparativamente más torpe durante las etapas iniciales de la búsqueda de alimento, ser más cuidadoso es algo que aprenderá con el tiempo, planta por planta.

Algunas plantas se pueden cosechar y no se pueden dañar en el proceso, mientras que otras plantas enfrentarán una disminución constante durante un período de años hasta que sea demasiado tarde para revertir el daño. La atención al detalle es un factor importante cuando se trata de buscar comestibles silvestres.

Coseche solo lo que pueda identificar

Si tiene dudas o dudas sobre algunas plantas, es mejor dejarlas en paz. Muchas plantas tienen muchas semejanzas y estos "doppelganger" pueden ser extremadamente tóxicos y causar reacciones graves. En última instancia, depende exclusivamente de usted determinar si realmente ha encontrado lo que está buscando o si acaba de encontrar sus imitaciones. Debería poder identificar positivamente la planta que está buscando sin una sombra de duda. ¿Qué significa "identificación positiva"? Aquí hay un ejemplo para aclararle las cosas.

Cuando identifica negativamente una planta, probablemente se estará diciendo a sí mismo: "Si no es X o Y, entonces tiene que ser Z, ¿verdad?" pero esa es una forma extremadamente peligrosa de operar. La identificación positiva solo es posible cuando se tiene un conocimiento profundo de la planta, así como sus hábitos de crecimiento y sus variaciones estacionales. Debe estar familiarizado con todo lo que hay que saber sobre la planta que está buscando, como el tamaño de las hojas, las flores y semillas, la longitud de los tallos y el tipo de formaciones de raíces.

Estos pequeños indicadores cambiarán a medida que la planta crezca, y debería poder usarlos para identificar positivamente las plantas que está buscando. Esto no es fácil y requerirá mucho estudio y práctica de su parte. La botánica es un campo diverso y puede tomar un tiempo antes de que empiece a familiarizarse con él.

Sepa qué es comestible y qué debe hacer para preparar la comida

Buscar plantas y vivir de ellas no significa arrancar un diente de león del costado de la carretera y comérselo cuando tenga hambre. No, eso es lo que hacen las vacas y las cabras. Los seres humanos tienen un sistema digestivo completamente diferente que no está diseñado para procesar la mayoría de las plantas crudas. La búsqueda de alimento no significa simplemente recolectar diferentes tipos de plantas silvestres; También debe considerar la edad de la planta y las estaciones para poder determinar qué funciona y qué no.

Si simplemente arranca las hojas de un diente de león que está completamente maduro y crece bajo la luz solar directa, lo más probable es que sea desagradable al paladar. Sin embargo, hacer lo mismo con una planta que no está completamente madura a principios de la primavera y que no ha desarrollado tallos en flor tendrá un resultado completamente diferente y, de hecho, es posible que termine gustando el sabor de los dientes de león.

Saber qué cosechar y cuándo cosechar, es una de las facetas más importantes del forrajeo. Hay algunas plantas que comienzan a deteriorarse y marchitarse a las pocas horas de cosecharlas, por lo que sería mejor consumirlas en el lugar. Otras plantas no serán comestibles hasta que hayan sido tratadas o lixiviadas (por ejemplo, bayas aromáticas). Hay plantas que tienen tanto una parte deliciosa como una venenosa, o ciertas etapas de desarrollo donde la planta es comestible y ciertas etapas donde no lo es. El simple hecho de poder identificar una planta no es suficiente; también debe saber cómo trabajar con él correctamente.

Solo forraje en lugares seguros y legales

Mientras busca alimento en entornos urbanos y suburbanos, asegúrese de que el área en la que ha decidido buscar alimento no se trate regularmente con productos químicos como hierbas y pesticidas. Parece un poco injusto que tengamos que tener cuidado con la ingestión de sustancias químicas venenosas de nuestros alimentos, pero eso es lo que ha llegado al mundo.

Lo mejor que podemos hacer es aceptar la realidad y minimizar el impacto que tenemos en nuestro entorno a escala personal. Incluso en sitios que parecen seguros y libres de químicos tóxicos, asegúrese de pedir permiso a las autoridades responsables antes de pisar los campos y comenzar a buscar alimento. Es posible que le brinden información útil y respuestas definitivas para preguntas específicas que pueda tener relacionadas con las plantas que se encuentran en las cercanías.

Conéctate con la naturaleza

El objetivo de la búsqueda de alimentos es desarrollar una conexión más profunda y espiritual con la naturaleza. El objetivo principal de la búsqueda de alimentos no es tomar todo lo que pueda de la naturaleza, sino tratar las bondades de la naturaleza como regalos y usarlas con moderación y respeto. De esto se trata el forrajeo. Cuando vives de las plantas que crecen a tu alrededor, se puede considerar una especie de comunión con la naturaleza. La distinción entre el "individuo" y el "entorno" comienza a desdibujarse, y esto forja una fuerte conexión entre la persona y la madre naturaleza.

Equipo necesario para la búsqueda de alimentos

Guías de campo

Cuando busca plantas, la mejor manera de aprender todo sobre una planta es utilizando una guía de campo o un manual. Hay diferentes tipos de guías de campo que utilizan imágenes, líneas y otras ayudas visuales para hacer las cosas más comprensibles. Muchas guías de campo mostrarán las plantas en su estado original sin daños ni aberraciones, mientras que, en realidad, a la mayoría de las plantas les faltan hojas o pétalos u otras partes, ya sea debido a daños o debido a un crecimiento y desarrollo incompletos.

Cuando te encuentres con una planta que se parezca a la que estás buscando, verifícala usando dos o tres guías de campo diferentes. Asegúrese de que las descripciones coincidan con todas las fuentes, especialmente si es un principiante y no ha tenido mucha experiencia con la búsqueda de alimento.

Pala compacta

Muchos comestibles vegetales se presentan en forma de tubérculos, raíces y rizomas, y es posible que deba excavar un poco antes de poder alcanzarlos bajo tierra. Excavar se vuelve mucho más fácil si tiene una pala compacta o una paleta. Según su tamaño, el tamaño de su pala también variará.

Si está buscando un tipo específico de planta que produce comestibles bajo el suelo, una pala más grande lo ayudará a trabajar más rápido. Su pala debe ser adecuada para el tipo de suelo que se encuentra en el sitio de su cosecha prevista. Las palas pequeñas de polímero funcionan al ritmo de suelos finos y blandos, pero cuando te adentras en suelos rocosos, es mejor utilizar una que esté hecha de acero.

Cuchillo de podar

Un cuchillo de podar es un cuchillo en forma de gancho que es eficaz para cortar enredaderas, tallos y zarcillos. Aunque una hoja de filo recto como el machete también hace el trabajo, la forma de gancho de la cuchilla de podar hace que sea mucho más fácil cortar más enredaderas y tallos con un solo corte.

Las cuchillas de podar están diseñadas específicamente para navegar a través de vegetación espesa, y la forma de gancho facilita hacer cortes. Tener un cuchillo dedicado para cortar la vegetación significa que su cuchillo de supervivencia permanecerá ileso. Si no puede conseguir un cuchillo de podar, un machete funcionará igual de bien. Las cuchillas de podar son livianas y llevarlas no aumentará el peso de su equipo. Si es posible, busque cuchillos de podar con empuñaduras antideslizantes para evitar resbalones y accidentes.

Tijeras de podar

Algunas plantas se pueden cosechar fácilmente usando cuchillas de podar, mientras que otras requieren un tipo diferente de herramienta para cortar tallos y ramas más duros. Aquí es cuando una tijera de podar resulta útil; Las tijeras de podar le ayudan a conservar la energía que normalmente se gasta cortando un tallo duro o un tallo que simplemente no cede. Busque tijeras de podar que no sean tan pesadas para que no terminen pesando. Las tijeras de podar son especialmente efectivas al hacer cortes en espacios pequeños y confinados. Son excelentes para buscar alimento y no requieren mucha energía para funcionar.

Guantes

Dado que las plantas no son depredadoras, no son capaces de morderte o cortarte. Sin embargo, tienen mecanismos de defensa que causan estragos en la piel, provocando dolorosas erupciones y heridas. Solo se necesita un segundo para descubrir cuánto duele cuando sus manos rozan una planta de ortiga. Las espinas son otro peligro importante al buscar bayas y frutas. Llevar guantes es algo importante que recordar al aventurarse en el bosque a buscar comida. Protéjalos con guantes de goma gruesos o guantes de cuero.

Precaución

Si bien las plantas silvestres comestibles son excelentes, algunas pueden ser mortales. Algunas de las plantas silvestres que se encuentran comúnmente que debe evitar comer son:

- Trompeta de ángel. No se debe consumir ninguna planta de la familia de las solanáceas porque son tóxicas cuando se ingieren. Pueden causar migrañas, diarrea e incluso parálisis parcial.

- Gloria de la mañana. Esta hermosa flor contiene LSA, que es un alucinógeno potente similar al LSD.

- Roble venenoso. El roble venenoso te dará un sarpullido tan pronto como lo toques, pero si lo consumes, te causa problemas gastrointestinales.

- Hierba carmín. La hierba carmín solo se puede consumir si se cocina correctamente. Si lo consume crudo, puede provocar vómitos, convulsiones e incluso parálisis respiratoria.

- Semilla de luna. Estas coloridas bayas son comunes en los estados del norte. Si come demasiados, puede causar parálisis.

Algunas otras plantas que debe evitar incluyen el tejo inglés, la adelfa, la planta de ricino, la cicuta de agua y los ojos de muñeca.

Capítulo 3

Plantas Silvestres Comestibles en Verano

Para cuando llega el verano, la mayoría de los comestibles de hoja que estaban tiernos durante la primavera ya se han endurecido y se han vuelto casi incomestibles. Sin embargo, muchas plantas de inicio tardío todavía son comestibles durante el verano, como las mentas que se encuentran en los campos y cerca de cuerpos de agua, o la verdolaga que se encuentra en pastizales desatendidos.

Aunque las fresas solo están disponibles durante la primavera, todavía puede encontrar otras frutas deliciosas durante el verano, como frambuesas, moras, ciruelas de playa, moras y bayas de servicio. El verano es la mejor temporada si busca plantas comestibles para hacer mermeladas, alimentos secos, jugos, pasteles y jaleas.

A medida que los días se acortan durante finales de agosto y septiembre, se vuelve cada vez más difícil encontrar plantas y frutas jugosas. Sin embargo, este período de tiempo antes de que llegue el otoño todavía produce muchas frutas y nueces para mantener ocupado a un recolector como usted durante el verano. Incluso puede buscar racimos de semillas maduras que estén en las mismas plantas y verduras que buscaba durante la primavera, por ejemplo: cuartos de cordero, muelle, plátanos y amaranto.

Puede trillar estas semillas o aventarlas y molerlas para hacer complementos de harina y productos alimenticios nutritivos y sabrosos. Por otro lado, el verano también podría ser un momento para tener más cuidado al buscar comida; esto es generalmente cuando florecen las molestas zarzas, las ortigas y la hiedra venenosa.

Hierba de junco / Phragmites (Phragmites communis)

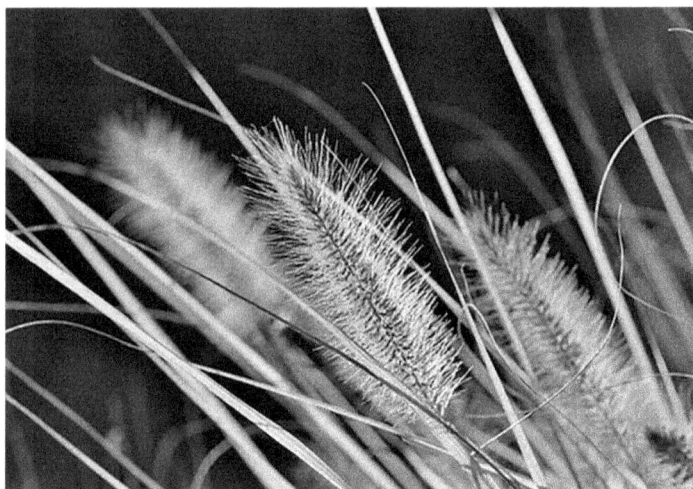

Habitat

La hierba de junco o Phragmite se encuentra generalmente en áreas con mucha humedad, como márgenes de arroyos, orillas de lagos, estanques, manantiales y marismas o pequeñas zanjas. El carrizo común ocupa una amplia variedad de hábitats, como humedales de mareas y no mareas, filtraciones y áreas ribereñas y lacustres. Por lo general, no se encuentran en lugares que se encuentran a 7000 pies sobre el nivel del mar. El carrizo ocupa pequeños parches formando rodales monotípicos.

Las especies nativas de carrizo forman rodales más pequeños en comparación con algunas de las especies invasoras que forman densos rodales monotípicos. El pasto junco es una especie de planta muy dominante y se encuentra ampliamente en los Estados Unidos y Canadá. Debido a su gran hábitat y amplia distribución, el carrizo crece junto con una amplia variedad de otras especies de plantas que crecen en humedales y áreas ribereñas.

Dado que la hierba de caña es resistente al agua salobre, también puede crecer en hábitats alcalinos. Busque pasto de junco en franjas abiertas de tierra que se hayan inundado de agua. Dado que en las regiones templadas de los hemisferios norte y sur se encuentran diferentes variedades de juncos, casi se pueden encontrar en todas partes del mundo excepto en los polos.

Identificación

La hierba de junco es una especie de planta alta y perenne con rizomas largos y extendidos o tallos subterráneos. Estos rizomas a menudo forman grupos densos conocidos como rodales monotípicos. Los tallos de la planta se mantienen erguidos y crecen hasta 13 pies de altura, con hojas planas y largas. La hierba de caña también produce flores en racimos grandes y densos en forma de pluma. Los frutos tienen la forma de semillas diminutas y rojizas que la mayoría de las personas suelen pasar por alto.

Cosecha

Para recolectar pasto de caña, comience a cosechar los nuevos brotes y hojas a principios del verano para que no maduren y se vuelvan duros y no comestibles. También puedes recolectar la savia endurecida que sale de los tallos heridos después de cortar el. También puede recolectar las semillas a fines del verano u otoño, aunque la mayoría de las veces no se producen semillas. Puede dejar las raíces o los rizomas para la próxima temporada de crecimiento, o puede desenterrarlos y cosecharlos también, ya que estas partes de la planta también son comestibles. La mejor parte de la hierba de caña es que puedes cavar en busca de raíces y tallos subterráneos durante todo el año.

Preparación

Todas las partes de la planta son comestibles, crudas o cocidas. Aunque puede consumir la planta en casi todas las estaciones, los veranos son el mejor momento para buscar plantas tiernas que no estén demasiado maduras. Las plantas más viejas tienden a endurecerse y es posible que tengas que hervirlas antes de poder comerlas. También puedes hacer harina con los tallos cosechándolos antes de que florezcan.

Los tallos se dejan secar al aire libre y luego se muelen para hacer harina. Los tallos subterráneos también se pueden recolectar, aunque es posible que deba hervirlos, ya que a menudo son duros. Las semillas se pueden comer crudas o hervidas, según lo prefiera, pero rara vez se encuentran. Los tallos producen una savia parecida al maná, que también es comestible.

Arroz salvaje (Zizania aquatica)

Habitat

El arroz salvaje es una especie de hierba alta que crece en zonas
húmedas de las regiones templadas y tropicales. Se pueden
encontrar creciendo cerca de marismas, lagos, arroyos y estanques
salobres. Al igual que el carrizo, el arroz salvaje también es
resistente a las aguas salobres, por lo que incluso puede encontrarlo
cerca de las regiones costeras y estuarios.

Identificación

El arroz silvestre es una hierba alta y perenne que crece hasta una
altura media de 1,5 metros, pero en las condiciones ideales puede
alcanzar los 5 metros de altura. Los verdaderos granos de arroz
crecen en la parte superior de la planta en cabezas sueltas y se
vuelven marrones o negros cuando están completamente maduros.
Las hojas de vidrio son largas y planas, y las flores crecen en
racimos grandes, en forma de pluma, que son densos. Las flores son
violáceas durante las primeras etapas, pero se vuelven blancas
cuando están completamente maduras.

Cosecha

La parte de la planta por la que la buscan los recolectores son los
granos de arroz. Por lo general, maduran a fines del verano o
principios del otoño, y puedes identificar si están completamente
maduros o no por su color. El momento es crucial cuando se trata de
cosechar arroz; las semillas que han madurado generalmente se caen
de la planta. La mejor manera de cosechar el arroz es usando un bote

de poco calado o una canoa; Doble con cuidado los tallos de hierba de arroz sobre el bote y golpee suavemente la hierba contra el bote para recoger el grano de arroz. Es posible que deba realizar algunas cosechas para recolectar la mayor cantidad de grano que pueda.

Una vez cosechado el grano, déjelo secar y séquelo durante 3 horas a 175 grados C. Puede trillar la cáscara de los granos machacándolos o frotándolos. Quite la cáscara restante de los granos vertiendo de un recipiente a otro con una brisa natural o generada por un ventilador. Lave los granos para eliminar el sabor ahumado.

Preparación

El arroz salvaje es más resistente que el arroz normal y absorbe agua a un ritmo mucho más lento. El arroz salvaje puede tardar entre 45 minutos y una hora en cocinarse por completo y perder su textura crujiente. Dado que el tiempo de cocción varía de una variedad a otra, y estar atado a la estufa durante todo el proceso es algo que nadie quiere, asegúrese de usar grandes cantidades de agua mientras cocina arroz salvaje. Dado que puede ser difícil cocinar varios lotes de arroz salvaje debido a su largo tiempo de cocción, tiene sentido cocinar un lote grande a la vez y congelar lo que queda para después. Puedes maridar arroz salvaje con champiñones salteados, hierbas frescas como perejil y tomillo, frutos secos como pistachos y almendras o frutos secos como cerezas y albaricoques.

Pickerelweed (Pontederia cordata)

Habitat

Pickerelweed es una variedad de jacinto de agua que crece en ambientes acuáticos. Se puede encontrar en piscinas poco profundas, a orillas de lagos y estanques, así como en arroyos de movimiento lento y bahías de agua dulce. La planta es resistente a la luz solar, a las malas condiciones del suelo y puede resistir inundaciones de hasta 20 pulgadas. Las espigas altas de flores de color azul lavanda crecen durante el verano y principios del otoño, y las plantas atraen a muchos polinizadores cuando están en plena floración. La planta también se puede cultivar en casa utilizando jardines acuáticos o macetas grandes con flores que se pueden inundar con un poco de agua.

Identificación

Pickerelweed es una hierba perenne y puede crecer hasta 1 m de altura. La planta desarrolla tallos cortos y gruesos que permanecen sumergidos bajo el agua durante la mayor parte de su ciclo de vida. Las hojas son largas y anchas y generalmente tienen forma de flecha al final. Los tallos florales de la planta crecen más altos que las hojas y tienen atractivas flores azules que están densamente agrupadas en una espiga central. Los frutos son cápsulas en forma de huevo que quedan encerradas dentro de los pétalos de la flor.

Cosecha

Los tallos de las hojas de lucioperca se cosechan a principios del verano antes de que las hojas se desplieguen y maduren por completo. Las frutas maduran a principios de otoño y puedes quitarlas de las espigas con un cuchillo. Por lo general, la planta no es lo suficientemente grande para ser cosechada durante la primavera y no crece durante el invierno, por lo que el verano y principios del otoño son el mejor momento para cosechar la planta.

Preparación

Las semillas de Pickerelweed se pueden tostar y consumir, pero también puedes comerlas crudas o cocinarlas si así lo prefieres. Las semillas se pueden recolectar cuando estén lo suficientemente maduras como para que se caigan de la planta por sí solas. También se pueden moler hasta convertirlas en polvo para hacer harina, o también puede agregar algunas semillas de lucioperca a su receta de pan. Las hojas también se pueden comer, pero es posible que tengas que hervir las hojas más viejas, ya que resultan más duras. Los tallos tiernos se pueden cocinar y comer como verduras, o también se pueden encurtir y comerlos más tarde.

Bandera dulce (Acorus calamus)

Habitat

Sweet flag es una hierba perenne muy aromática. Crece cerca de zanjas, lagos, pantanos, bordes de estanques y arroyos. Crece junto con otras plantas como banderas de agua, banderas azules y espadañas. Las variedades de cálamo florecen a principios de junio y disminuyen a finales de septiembre. La bandera dulce se encuentra más comúnmente en áreas que tienen suelo arenoso o arcilloso.

Identificación

Cuando no está completamente madura, la planta de bandera dulce se parece mucho al iris amarillo (Iris pseudacorus). El identificador más distintivo de la bandera dulce es su agradable olor a limón. Es una planta perenne que florece durante el verano con tallos o rizomas subterráneos grandes y robustos. Las hojas se concentran en la base del tallo y forman una vaina flexible pero similar a una espada. La planta suele crecer hasta una altura de 1,5 metros y se vuelve de color amarillo verdoso cuando está completamente madura. Los tallos subterráneos son de color rojo y las flores son pequeñas y numerosas, con espigas afiladas llamadas espádice. Los frutos son pequeños y discretos y nacen en la espiga floral. Otras variedades de iris, como la bandera amarilla o la bandera azul, son extremadamente tóxicas y pueden causar trastornos digestivos graves, así que asegúrese de recoger sus plantas con cuidado.

Cosecha

La planta de bandera dulce prefiere crecer en ambientes acuáticos con condiciones muy húmedas como acequias y charcas poco profundas. Esto significa que la cosecha de la planta puede volverse un poco complicada y engorrosa. Es posible que deba cavar al menos un pie debajo de la planta para llegar a los tallos o rizomas subterráneos.

El mejor momento para cosechar el tallo es durante el verano cuando están tiernos y miden menos de 1 pie de altura. En esta etapa, los tallos subterráneos son comparativamente pequeños; agarrar firmemente el tallo y tirar hará que toda la planta salga fácilmente. El tallo vertical generalmente tiende a romperse en el rizoma, así que asegúrese de cosechar los tallos antes de buscar los rizomas y las raíces. Use una paleta para extraer los tallos y raíces subterráneos de plantas completamente maduras.

Preparación

La parte interior de los tiernos tallos tiernos tiene un toque picante, y puedes usarlos para crear bocadillos picantes o usarlos en ensaladas. Las partes subterráneas rojas de los rizomas se pueden usar para hacer dulces, ya que son dulces y tiernos. Retire las raíces y luego lave y pele. Cortar rodajas de 1 cm de largo y cocinarlas en dos o tres cambios de agua hirviendo hasta que desaparezca el olor acre. Agregue 1 taza de agua limpia junto con 2 tazas de azúcar o almíbar y déjela hervir a fuego lento durante 20 minutos. Una vez que los tallos subterráneos se hayan ablandado, escurra el agua y séquelos y enrolle los tallos en azúcar en polvo.

Higos (Opuntia humifusa)

Habitat

Los higos se encuentran comúnmente en claros rocosos abiertos o praderas arenosas. Son nativos de la India, el noreste de las Grandes Llanuras de América del Norte, el sur de Canadá, el sur y el centro de Europa, Mauricio, Argentina, China, Australia y Tasmania. También se le llama lengua del diablo, tuna oriental, tuna lisa y pera rastrera. Las flores son polinizadas por varios insectos, reptiles, mamíferos y aves que consumen los frutos de las plantas. Las semillas tienen preferencia por crecer en áreas abiertas y mueren si otras plantas invaden su hábitat, por lo que se encuentra principalmente en regiones áridas.

Identificación

La planta del higo es una hierba perenne con un sistema de raíces fibrosas que está diseñada para funcionar eficazmente en condiciones secas. Las raíces a menudo se encuentran esparcidas por el suelo, a menudo formando pequeños grupos. La planta tiene segmentos grandes y carnosos que son casi circulares y crecen hasta 8 pulgadas de altura. Los tallos son de color verde pálido o oscuro y están salpicados de pequeñas protuberancias marrones que contienen púas o espinas, similares a los cactus. Las flores florecen durante los meses de junio y julio y se pueden ver crecer en la punta de los tallos; las flores son vistosas, con pétalos amarillos y centros rojos. Los higos tienen forma de maza y de 3 a 6 centímetros de largo; son de color rojo o morado y se vuelven carnosos con semillas circulares a medida que madura la fruta.

Cosecha

Al cosechar higos, recuerde usar guantes gruesos de goma / cuero, ya que están cubiertos de espinas y púas. Corta las partes más jóvenes de los tallos a principios del verano o finales de la primavera. Los frutos suelen madurar a principios de otoño o finales de verano, por lo que es posible que deba esperar hasta agosto o septiembre para cosechar los higos.

Preparación

Quite las espinas y las púas quemando la planta con una llama abierta o un soplete. Pelar los tallos y cortarlos en rodajas. Puede sustituir los tallos por lentejas y frijoles. Aunque los tallos son algo pegajosos, aún son comestibles. Puedes freírlos junto con algunas cebollas o secar la pulpa y usarlos más tarde. Puedes consumir los higos crudos; recuerde tener cuidado al pelar la fruta, ya que también suele estar cubierta de púas y espinas. Enfríe las frutas antes de consumirlas o sumérjalas en agua hirviendo durante unos minutos antes de pelarlas. También puede tostar las semillas y molerlas para hacer una sopa espesante o harina. Si está varado en la naturaleza, simplemente puede lavar la planta y pelarla y masticar los segmentos de hojas para obtener algunos nutrientes.

Otras plantas comestibles silvestres

Plátano

Esta planta era originaria de Europa, pero ahora crece de forma silvestre en los EE. UU. Tiene valor medicinal y se puede cosechar a principios de la primavera. La planta se usó para tratar cortes, picaduras de insectos, erupciones e incluso mordeduras de serpientes, ya que tiene propiedades antibacterianas. Puedes usar las hojas para hacer té. Las hojas tiernas también se pueden agregar a las ensaladas, ya que aún no son duras como las hojas más viejas.

Bayas de saúco

Esta fruta tiene un alto valor en cuanto a propiedades medicinales. Se pueden comer crudos, pero es mejor cocinarlos ya que previene problemas estomacales. Esta planta es fácil de forrajear en diferentes regiones. Puede usar la fruta para preparar infusión de miel, jarabe de saúco o tintura de saúco. También se puede agregar al té.

Maní

Apios Americana es una vid común con frijoles y tubérculos comestibles. A fines del verano, verá flores que son similares a los guisantes y de color marrón rojizo. Los nativos americanos consumían maní como alimento básico. Lo ideal es que los tubérculos se cosechen solo después de que la planta haya crecido durante un par de años. Puede asar o hervir cacahuetes para su consumo.

Té de Nueva Jersey

Ceanothus americanus es un pequeño arbusto que crece bien a pleno sol en suelos ácidos y bien drenados. A principios del verano, las flores blancas atraerán a los polinizadores. La planta se puede buscar para preparar té.

Capítulo 4

Plantas Silvestres
Comestibles en Primavera

La primavera es la temporada principal cuando se trata de buscar plantas ricas en vitaminas y verduras de hoja verde. La primavera es esa rara época del año en la que ciertas flores comestibles florecen y la savia que fluye libremente de los árboles se puede extraer y recolectar para hacer jarabes y bases de té. La primavera es la temporada de abundancia en la que las plantas están floreciendo, proporcionándote raíces, bulbos y tallos subterráneos orgánicos que son ricos en nutrientes y carbohidratos. Además, hay algunas variedades de plantas que ya tienen bayas y semillas nutritivas para cuando llega la primavera.

El factor más importante a la hora de cosechar comestibles silvestres durante la primavera es planificarlo correctamente. Es posible que deba consultar algunos manuales con ilustraciones para poder identificar correctamente exactamente lo que está buscando. Incluso puede hacer que su horario coincida con la probable disponibilidad de plantas específicas. Sin embargo, si usted es el tipo de persona que prefiere seguir la corriente, puede adoptar un enfoque más informal y simplemente consultar algunos manuales cuando encuentre plantas que le parezcan interesantes. Es muy difícil ir a buscar comida y no encontrar algo comestible cuando te esperan las recompensas comestibles de la primavera.

Cebolla Silvestre (Allium cernuum)

Habitat

La cebolla asintiendo es una de las raras plantas que crecen solo durante la primavera. Se encuentra en algunos lugares que tienen suelo negro y fértil, como arenas, acantilados boscosos y praderas de suelo negro. La mayor parte del hábitat de la pradera en el que crece esta planta ya ha sido asumido por las prácticas de agricultura y urbanización, por lo que encontrar la planta puede ser un poco difícil. La cebolla asada / cebolla silvestre solo se encuentra en áreas naturales de alta calidad con buenas condiciones de suelo y clima; también se encuentran en áreas abiertas con mucho sol en las regiones templadas del mundo. También puede cultivarlos en su propio jardín si no están disponibles localmente.

Identificación

La cebolla que cabecea es una hierba perenne y crece hasta 25 pulgadas de altura. Los bulbos son subterráneos y generalmente de color rojizo o púrpura, y son más delgados y afilados en comparación con las cebollas tradicionales. Las hojas forman una base en el tallo de la planta y desprenden un olor a cebolla cuando se rompen. Las flores de la planta son de color blanco / rosado con cabezas redondeadas o planas, que forman pequeños racimos

cuando son jóvenes y se vuelven más largas y erectas a medida que
la planta madura.

Cosecha

Las hojas de la cebolla cabezona se pueden recolectar durante la
primavera y el otoño. Las copas jóvenes de la planta generalmente
se cosechan antes de que las flores de la planta comiencen a florecer.
Los bulbos generalmente se cosechan después del segundo año, una
vez que han crecido lo suficiente como para usarlos para cocinar.
Los bulbos del tallo de la flor son la única parte de la planta que se
puede cosechar durante el verano del primer año.

Preparación

Las cebollas que asienten con la cabeza o las cebollas silvestres se
pueden usar exactamente como lo haría con las cebollas compradas
en la tienda. Puedes saltearlos y agregarlos en diferentes platos, o
también puedes usarlos como condimento o ingrediente crudo
mientras haces wraps y ensaladas. También puedes hervirlos y
encurtirlos para usarlos más tarde. Los bulbos adicionales que
producen sus plantas se pueden secar y usar más tarde como
condimento en una variedad de platos diferentes.

Puerro salvaje / Rampas (Allium tricoccum)

Habitat

Las rampas o puerros silvestres son especies nativas de los bosques
caducifolios que tienen suelo fértil y mucha humedad. Se pueden
encontrar en bosques en diferentes partes de América del Norte,

Europa y Asia. El hábitat principal de estas plantas está dominado por árboles grandes como abedules, álamos, nogales, robles y tilos. Crecen en asociación con otras flores silvestres como trillium, bloodroot, Mayapple, ginseng y trucha lirio.

Los puerros silvestres crecen mejor en áreas que reciben humedad durante todo el año y en suelos que tienen una gran concentración de basura descompuesta. Pueden tolerar la sombra parcial o total, y también puede encontrar algunos parches de puerros silvestres que crecen en lugares con suelo semiseco. Dado que la germinación de la semilla de la planta puede tardar hasta un año y medio, es posible que deba buscar las plantas que tengan más de 6 o 7 años para que sea comestible.

Identificación

Los puerros silvestres forman pequeños arbustos y pueden crecer hasta 8 pulgadas antes de morir a principios del verano a medida que la copa de los árboles crece y corta el suministro de luz solar en el suelo. Las plantas forman un tallo floral suave y delgado que es de color marrón o rojo en la base. Esto es especialmente visible cuando las hojas han muerto y las flores están floreciendo a fines de la primavera. Las flores de color blanco verdoso florecen a finales de la primavera y principios del verano. El fruto de la planta es una pequeña semilla negra, dura y brillante que se desarrolla en el tallo floral.

Cosecha

Los puerros silvestres se cosechan mejor a principios de la primavera antes de que la planta haya madurado completamente. Puede recolectar las copas jóvenes antes de que comiencen a desplegarse y formar hojas más anchas. Los bulbos se pueden recolectar en cualquier lugar entre principios de primavera y finales de otoño. Se pueden cosechar diferentes partes de la planta de puerro silvestre durante todo el año, excepto la temporada de invierno, por lo que este es uno de los comestibles silvestres que definitivamente debe estar atento cada vez que se aventura a buscar comida.

Preparación

Tanto las hojas como los tallos de la planta son comestibles. Sin embargo, los puerros silvestres son increíblemente picantes y es posible que tengas que curarlos y usarlos con moderación mientras cocinas. En las primeras comunidades de cazadores-recolectores, los puerros silvestres se consumían como las primeras verduras de la temporada de primavera, y estas plantas encuentran su camino en una variedad de cocinas regionales. El sabor de la planta es una combinación de cebollas y ajo y puedes usarlos junto con muchos alimentos diferentes.

Espárragos trigueros (Asparagus officinalis)

Habitat

El espárrago silvestre es una planta bastante común que se encuentra en la parte noroeste de EE. UU., Canadá y Europa. La planta es una especie nativa de Europa y se introdujo en América del Norte como hortaliza cultivada. Se ha cultivado desde la antigüedad y es una verdura muy popular que se vende en la mayoría de los mercados, pero también se pueden encontrar en la naturaleza. Por lo general, crecen en lugares que tienen praderas de suelo negro, claros en áreas boscosas y prados cubiertos de hierba donde la luz solar está disponible en abundancia. Los espárragos silvestres son una especie invasora en la mayoría de los lugares donde se encuentran, y en realidad le hará un favor al ecosistema local al deshacerse de ellos.

Identificación

El espárrago es una planta herbácea que crece perennemente y florece durante la temporada de primavera. La base de la planta es un tallo que crece hacia arriba para formar un teret robusto y angular. Se desarrollan hojas alternas a cada lado del tallo, y generalmente son de color amarillo a violeta claro. A medida que madura el tallo primario, desarrolla tallos secundarios que son delgados y de menor tamaño. Las flores florecen solitarias o en pequeños racimos de 2-3 flores cerca de la axila de las hojas. Las flores suelen florecer en un período de 3-4 semanas, desde principios de primavera hasta mediados de verano.

Cosecha

El espárrago es una de las plantas que son las primeras en madurar y desarrollarse durante la temporada de primavera. Cuando se trata de espárragos, saber cuándo recogerlos marca la diferencia en términos de sabor y calidad. No puede usar las plantas que solo han estado creciendo durante uno o dos años, y siempre debe elegir las plantas más viejas mientras busca espárragos silvestres. Puede cosechar las plantas que midan más de 5 pulgadas y sean tan anchas como su dedo; estos son generalmente los mejores indicadores de las plantas que están listas para la cosecha. Corta los tallos o rómpelos en el punto más cercano a la raíz, ya que los tallos son la única parte comestible de la planta. El espárrago es una de esas plantas raras que crece y se multiplica cada año subsiguiente, pudiendo proporcionar materia alimentaria comestible hasta por 20 años en condiciones ideales.

Preparación

Los espárragos son una verdura versátil cuando se trata de palatabilidad, y puedes cocinarlos como quieras. Puede hervirlos, asarlos, saltearlos junto con un poco de mantequilla, asarlos o asarlos en una sartén de diferentes maneras para hacer una variedad de platos. La planta con flores fibrosas se cocina en unos minutos, y preparar una guarnición saludable que combine con cualquier cosa se vuelve fácil si se ha abastecido de espárragos. Puede cocinarlo en una estufa, o incluso puede hornearlo en un horno o asarlo al aire libre.

Hierba de cristal (Salicornia europaea)

Habitat

Glasswort o pickleweed es una hierba suculenta de la familia del amaranto. Crece cerca de marismas, playas y costas. Dado que estas plantas se han adaptado para crecer en ambientes ricos en sal, tienden a acumular sal en sus hojas y tallos. Se encuentra principalmente cerca de las costas de Australia y Nueva Zelanda, y la costa occidental de los EE. UU.

Identificación

Las plantas de glasswort son pequeñas y desarrollan tallos de color verde brillante que se vuelven morados o rojos durante el otoño. Las hojas se han reducido como una forma de adaptarse a las condiciones salinas y forman estructuras en forma de pequeñas escamas, haciendo que los tallos parezcan sin hojas. Las flores no son visibles hasta finales del verano, y son diminutas y erectas, extendiéndose para formar estructuras puntiagudas. Los frutos se forman en forma de pequeñas semillas que tienen forma de huevo.

Cosecha

Los tallos de glasswort son tiernos a mediados de primavera o principios de verano, por lo que es el mejor momento para recogerlos. Las puntas son la única parte comestible de la planta, así que asegúrese de recolectar muchas para satisfacer sus necesidades dietéticas.

Preparación

Debido a su sabor salado, existen pocas formas de cocinar esta planta. Las puntas son generalmente crujientes y saladas, lo que las hace ideales para preparar bocadillos y bocadillos. Pica las puntas y sírvelas crudas como ensalada junto con un poco de vinagre picante u otras verduras para ensalada. Para los encurtidos, use puntas crudas y tiernas que hayan sido limpiadas y peladas o usadas puntas viejas que hayan sido semi-hervidas ya que las puntas viejas tienden a ser bastante duras. Puede hacer encurtidos de especias, cebollas, ajo, hojas de laurel y otras especias. Simplemente puede hervir las puntas y servirlas junto con un poco de mantequilla si está buscando preparar un bocadillo sabroso rápidamente.

Ortigas (Urtica dioica)

Habitat

Las ortigas se encuentran en lugares que tienen los suelos más fértiles. Por lo general, crecen a lo largo de los márgenes de los bosques, a lo largo de las carreteras, terrenos baldíos, arroyos y senderos. Son una especie nativa de las regiones más frías del norte de Europa, Asia y los Estados Unidos de América. También se encuentran como especies invasoras en diferentes áreas de Canadá, Asia, América del Sur y África. La ortiga florece en las regiones templadas del mundo donde la luz del sol suele ser abundante. A estas plantas también les va bien en áreas que han sido sometidas a actividades humanas destructivas como dragado y excavación. La planta comienza a florecer a principios de la primavera hasta que comienza la helada durante la temporada de invierno.

Identificación

Los pelos punzantes cubren las ortigas a lo largo del tallo y las hojas. Estos pelos son tan nutritivos que desarrollan estos pelos como una forma de disuadir a los herbívoros de comerlos. Los pelos son más prominentes en los tallos y el envés de las hojas. Las hojas de la planta crecen en un patrón alterno en pares de dos a lo largo del tallo. Dado que las ortigas dependen del viento como principal polinizador, sus flores son opacas y sin olor para mantener alejados a los insectos y las aves. Las flores tienen pétalos diminutos que son casi inexistentes, y el pequeño tamaño de las flores actúa como un elemento disuasorio contra los insectos polinizadores. Las adaptaciones menos extravagantes significan que las otras partes de la planta son ricas en nutrientes.

Cosecha

Los guantes de goma gruesos y las mangas largas son una necesidad absoluta al recolectar ortiga. También debe usar los guantes mientras limpia y cocina la ortiga, ya que está cubierta de púas que pueden causar erupciones dolorosas. Las plantas comienzan a crecer desde principios de la primavera hasta finales del verano, pero el mejor momento para cosechar la ortiga es a principios de la primavera, cuando las hojas están más tiernas. Las hojas deben cosecharse antes de que las plantas comiencen a florecer. Una vez que las plantas comienzan a florecer, las hojas maduran y se vuelven amargas. Las plantas maduras también contienen cistolitos, que pueden irritar y afectar los riñones.

Preparación

Dado que las ortigas están cubiertas de púas que pueden causar erupciones dolorosas, hay algunas cosas que puede hacer para tratar este problema. Lave el área con agua y jabón para deshacerse de los pelos de ortiga. Asegúrese de usar guantes de goma mientras limpia las hojas y los tallos. Si le pican las púas, puede aplicar un poco de gel de aloe vera o bicarbonato de sodio para calmar las áreas afectadas. El método más común y eficaz para deshacerse de las ortigas es hervirlas durante unos minutos en un poco de agua y vinagre. Puede usar hojas y tallos de ortiga para hacer purés, o incluso puede secarlos y hacer té de ortiga con las hojas secas. Para hacer puré de ortiga, use 2 tazas de ortiga cocida y pulverice en una licuadora. Agrega un poco de sal, 2 cucharadas de mantequilla y un poco de pimienta para condimentar.

Otras plantas comestibles silvestres

Dientes de leon

Taraxacum officinale es una planta fácil de forrajear en primavera. Las flores, raíces y hojas son comestibles de esta planta. Las plantas que se parecen al diente de león también suelen ser medicinales o comestibles, por lo que no tiene que preocuparse demasiado por encontrar la especie exacta. Puede usar las flores para hacer esclavos del diente de león, mientras que las hojas son excelentes para el pesto de diente de león. Las raíces se pueden utilizar para hacer café con raíz de diente de león.

Lechuga de minero

Claytonia perfoliata se parece a la planta de pamplina, pero en realidad es diferente de ella. Este verde es ideal para ensaladas y crece principalmente de forma silvestre en los estados del oeste. Prefiere temperaturas frescas y puede crecer también en invierno.

Violetas salvajes

Viola sororia tiene hojas medicinales y comestibles. Estas plantas crecen a principios de la primavera y prefieren temperaturas más frescas. En áreas más cálidas, crecen durante el invierno. Puede usar las violetas forrajeadas para preparar vinagre con infusión de flores de violeta, bálsamo de hojas de violeta o jabones de violetas silvestres.

Trébol

Trifolium pratense es la planta de trébol rojo, mientras que Trifolium repens es el trébol blanco. Las flores se pueden utilizar para preparar productos horneados, ya que son comestibles y dulces. También se infunden en miel para darle más sabor. El trébol rojo se puede utilizar para hacer té, ya que tiene minerales y vitaminas que son beneficiosos para ti. El trébol se puede usar para preparar galletas o galletas y también agrega sabor al té helado.

Brotes de totora

Typha spp. es una planta que es bien conocida porque la mayoría de sus partes son útiles de una forma u otra. Los brotes de la planta crecen en primavera y tienen un gran sabor similar al pepino. Este brote joven se puede consumir crudo. El polen amarillo de las flores puede sustituir a la harina y actuar como sustituto.

Helechos Fiddlehead

Antes de que las hojas de helecho se desenreden, son cabezas de violín. Estos solo se pueden cosechar alrededor de las primeras semanas de primavera. Los violines más sabrosos son los del helecho avestruz. Esta variedad tiene un sabor similar al de los espárragos. Puede saltear las cabezas de violín con ajo y mantequilla para una comida deliciosa. La dama helecho, el helecho helecho y el helecho espada occidental son otras variedades comestibles de cabeza de violín. Consúmelas solo después de cocinarlas y no las comas crudas.

Ortiga muerta

La variedad más común es la ortiga muerta púrpura. Crece de forma silvestre en jardines o patios traseros. Puede usarlo para preparar pesto o agregarlo también a sus ensaladas.

Sauce

Los sauces son las plantas suaves y peludas que ves crecer silvestres en primavera. La mayoría de la gente no sabe que el sauce tiene valor medicinal. La corteza de sauce se puede utilizar para preparar té que ayuda a aliviar los dolores o molestias.

Milenrama

Achille millefolium es una planta de primavera que tiene hojas con volantes que son similares a las frondas. Si bien las hojas son comestibles, tienen un sabor amargo pero pueden usarse con fines medicinales.

Cuchillas. Galium aparine es una hierba de jardín molesta que parece adherirse a todo. Sin embargo, esta planta es comestible y bastante nutritiva. Escaldarlo para eliminar los pelos pegajosos antes de consumirlo.

Capítulo 5

Plantas Silvestres Comestibles en Otoño

~~~~~~~~~~~~~~~~

Si la primavera es el mejor momento para cosechar verduras y hortalizas, el otoño es la mejor época para cosechar frutos secos y frutas. Las frutas y nueces provienen principalmente de árboles y plantas más grandes que requieren una temporada de crecimiento completa antes de que las flores se conviertan en semillas maduras y frutos. Hickories, viburnums, uvas, robles, nueces y hayas son algunas de las fuentes de alimento más comunes durante el otoño.

El otoño es la época del año en la que se pueden cosechar grandes cantidades de alimentos y se pueden consumir o almacenar para su uso posterior. Robles, nueces, nogales y hayas son cultivos de mástil, lo que significa que la planta produce una gran cosecha seguida de dos o tres años de cosechas más pequeñas. Si está buscando nueces y frutas durante el otoño, puede encontrar una cosecha inesperadamente grande de bellotas seguida de una gran abundancia de nueces de nogal el año siguiente.

El otoño también es el mejor momento para tomar nota e incluso trazar un mapa de las diferentes poblaciones de plantas comestibles

413

nativas de los alrededores. Puede realizar un seguimiento de las diferentes poblaciones de plantas comestibles, especialmente las que son inmaduras y no han producido nada en los últimos años. Esto es crucial si desea preservar los árboles y arbustos durante un largo período de tiempo en lugar de agotar los recursos naturales y cosechar en exceso las plantas.

Patata de punta de flecha / pato (Sagittaria latifolia)

Habitat

La papa de punta de flecha o pato es nativa de los bosques tropicales de América Central y América del Sur. Crecen mejor en un ambiente acuático como estanques poco profundos, a lo largo del borde de pantanos y turberas y otras áreas acuosas. La punta de flecha desarrolla brotes o rizomas grandes y almidonados bajo el agua, que los convierten en una fuente principal de alimento para patos y nutrias, de ahí el nombre "papas de pato". Aunque son una especie nativa de las selvas tropicales de América del Sur, también se pueden encontrar en algunas de las regiones templadas de América del Norte y Europa.

Identificación

La punta de flecha es una hierba perenne que crece hasta 4 pies de altura. Desarrollan raíces fibrosas y tallos o tubérculos subterráneos que se asemejan a las papas. Todas las hojas crecen en la base del tallo; son anchos y tienen forma de flechas con lóbulos largos y puntiagudos en la base de la hoja. Dependiendo de las variedades, la forma de las hojas puede variar desde extremadamente estrechas hasta anchas, lisas o peludas. Los tallos florales crecen más altos que las hojas y las flores florecen a lo largo de la parte superior de la espiga. Las flores son blancas y constan de 3 pequeños pétalos. Las cabezas fructíferas tienen forma de globo y contienen muchas semillas aladas y planas.

Cosecha

Las plantas de punta de flecha se cosechan en el otoño cuando los tallos se han marchitado y muerto. Se cree que las mujeres nativas americanas cosecharon la planta simplemente caminando en piscinas de agua helada y cavando en el barro usando solo sus pies descalzos. Sin embargo, puede usar una paleta o un rastrillo para excavar en el barro y ubicar los tubérculos. No espere llegar a los tubérculos simplemente arrancando los tallos marchitos de la planta. Los tubérculos de la planta de punta de flecha crecen profundamente en el suelo y lejos de los tallos, por lo que es posible que tenga que ensuciarse las manos antes de poner las manos en uno de ellos.

Preparación

Los tubérculos son comestibles, pero es posible que deba cocinarlos porque no siempre son sabrosos cuando están crudos. Son mejores cuando se cocinan y se sirven como patatas. Puede hornearlos o hervirlos durante unos 30 minutos hasta que estén tiernos. Quite la piel y sírvalas con un poco de mantequilla o jugo de limón y extracto de zumaque de asta de ciervo. Para almacenar los tubérculos secos, hiérvelos hasta que estén tiernos y escurra el agua. Corta rodajas de media pulgada de grosor y sécalas bien al sol o en un horno caliente.

Uva helada (Vitis vulpina)

Habitat

Las uvas heladas crecen en los bosques de las tierras bajas, las orillas de los ríos y arroyos, los bordes de los estanques y lagos, las repisas de los acantilados y los barrancos y los bosques de las tierras altas. La planta también se puede encontrar creciendo cerca de carreteras y vías férreas. Esta especie de uva puede soportar las duras condiciones climáticas y el frío mejor que la mayoría de las especies de uva; sin embargo, su capacidad para soportar altas temperaturas y largas sequías es bastante pobre.

Identificación

La uva helada es una enredadera trepadora persistente, y sus zarcillos pueden crecer hasta 60 pies de largo. Las hojas crecen alternativamente en los tallos. Tienen forma de corazón o redondos con un seno en forma de U donde se encuentran la hoja y el tallo. La superficie superior de las hojas es de color verde oscuro y de textura suave.

La parte inferior de las hojas es pálida en comparación y desarrollan pelos cortos y rectos en las nervaduras de las hojas y también en las axilas de las nervaduras. Los tallos son lisos y de color verde grisáceo, pero se vuelven de color marrón rojizo y desarrollan finas crestas a lo largo de todo el tallo. La corteza de las vides es de color marrón grisáceo y tiene surcos a lo largo de la superficie de las vides. Los frutos son negros o brillantes y forman bayas en forma de globo con una capa cerosa blanca sobre ellos cuando están completamente maduros.

Cosecha

Las hojas se suelen recolectar durante la primavera ya que son jóvenes y tiernas en esta época del año. Los frutos se recolectan entre agosto y octubre, según la variedad y la región donde se encuentren. El método más común de recolección de uvas es hacerlo a mano. La recolección manual se realiza con cuchillos o tijeras. Una vez que haya terminado de cortar los racimos de uva, puede recogerlos en un recipiente; Dado que las uvas son frutas sensibles y pueden magullar fácilmente durante la cosecha, debe tener cuidado al cosechar la fruta.

Preparación

Aunque la fruta es la parte comestible principal de la planta, también puede utilizar las hojas y servirlas junto con otras verduras. Hierva las hojas hasta que estén tiernas y sírvalas junto con otras verduras. Aunque las especies de uva convencionales se pueden consumir crudas, las uvas heladas son mucho más ácidas y no se pueden consumir en grandes cantidades. Son los más adecuados para hacer jugos, pasteles, vinos, jaleas y conservas. Para hacer mermeladas y jaleas, usar frutas maduras e inmaduras juntas le dará los mejores resultados; Las uvas verdes contienen pectinas, que son necesarias para preparar mermeladas, jaleas y gelatinas.

Vid de patata silvestre (Ipomoea pandurata)

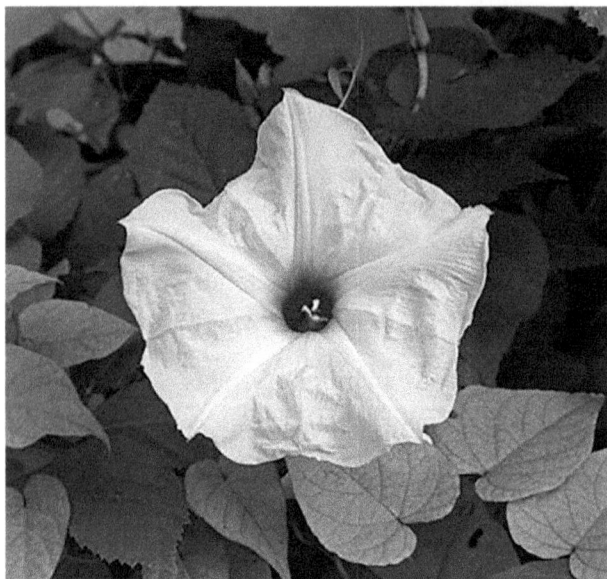

Habitat

La vid de patata silvestre es una variedad de enredadera perenne o trepadora. Se encuentra creciendo cerca de las orillas de arroyos y ríos, márgenes de estanques y lagos, bordes de caminos, campos de cultivo, campos en barbecho y a lo largo de bordes de caminos y vías férreas. Pertenece al mismo género de plantas que la batata y es más común en las regiones tropicales del mundo. Es más probable que los encuentre en áreas secas y abiertas que están parcialmente expuestas a la luz solar.

Identificación

La enredadera de papa silvestre es una enredadera perenne de entrenamiento o trepadora que puede crecer hasta 12 pies de largo. Tienen un tono violáceo a lo largo del tallo y se ramifican desde

418

raíces grandes y tuberosas que pueden pesar hasta 16 libras. Crecen verticalmente hacia abajo y crecen profundamente en el suelo con un aspecto ligeramente lechoso, similar al ñame. Las hojas son de corazón y de forma ancha con una punta puntiaguda. La planta florece con pétalos blancos y centros morados con una corola en forma de embudo, similar a la flor de la gloria de la mañana. Las plantas dan frutos con cápsulas de doble cámara.

Cosecha

Aunque las raíces grandes y carnosas de la vid son difíciles de alcanzar, son las partes comestibles principales de la planta. Los nativos americanos han estado utilizando las raíces silvestres de la papa como vegetal con almidón. Las raíces también tienen propiedades purgantes suaves si está buscando utilizar la planta por sus propiedades medicinales. El mejor momento para desenterrar la raíz de la vid es durante el otoño, justo antes de que lleguen las heladas del invierno. Los niveles de almidón de las raíces son mucho más bajos durante el verano, por lo que tiene más sentido cosechar las raíces durante el otoño. Se prefieren las raíces más jóvenes a las más viejas, ya que tienden a ser demasiado leñosas y tienen muy poco almidón para poder usarlas.

Preparación

Puedes hervir o hornear las raíces y consumirlas como patatas normales. Hervir las raíces en dos o tres cambios de agua diferentes ya que pueden quedar bastante amargas. Todas las raíces desarrollan una piel exterior dura que necesita ser pelada. Puede servirlo junto con un poco de mantequilla y condimentos de su elección. Incluso puedes cortar rodajas de raíz y secarlas para usarlas más tarde.

Agracejo común (Berberis vulgaris)

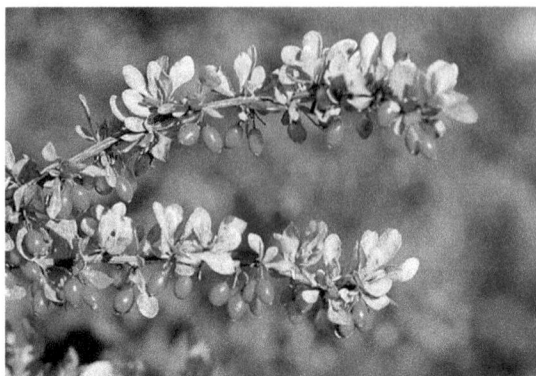

Habitat

Los agracejos son un grupo de arbustos que crecen en las regiones de temperatura del mundo. Se utilizan con mayor frecuencia como planta de paisajismo, pero también tienen las frutas y el follaje coloridos por los que son conocidos. Los arbustos de agracejo pueden resistir suelos ácidos y son capaces de sobrevivir en condiciones ambientales extremas.

Identificación

Los agracejos son arbustos que pueden crecer hasta 10 pies de altura con coronas redondeadas en la parte superior. Las ramas del arbusto están estriadas y son de color rojo amarillento, pero se vuelven grises a medida que la planta envejece. Las hojas crecen en configuraciones alternas; son simples, de hoja caduca y, a menudo, se apiñan alrededor de los brotes más cortos de la planta. Las hojas tienen crestas de dientes finamente afilados a lo largo de los márgenes; las hojas son más anchas en el medio y redondeadas en las puntas. La planta desarrolla pequeñas flores de color amarillo verdoso en racimos estrechos durante la primavera. Los frutos crecen en racimos caídos y las bayas son de color rojo anaranjado a escarlata.

Cosecha

Hay tres métodos principales para cosechar frutos de agracejo; método de corte de racimo, corte de ramas y fuerza de impacto. Los frutos se pueden cosechar tres veces: mediados de septiembre, finales de octubre y mediados de noviembre. El método más común para cosechar agracejo es el método de fuerza de impacto, en el que uno simplemente cubre el arbusto con una tela gruesa y golpea las ramas con un palo, haciendo que las bayas caigan. Otros métodos, como la recolección de racimos y el corte de ramas, consumen más tiempo y son más engorrosos, y las ramas espinosas del arbusto no le facilitan las cosas. Una vez cosechada la fruta, se puede secar a la sombra; secar las bayas bajo la luz solar directa puede contaminar su comida y reducir su calidad en términos de color y apariencia.

Preparación

Aunque los agracejos no son muy sabrosos directamente del arbusto, aún puede usarlos de varias maneras para una variedad de platos. Son una adición saludable y colorida a ensaladas, verduras y platos tradicionales como Zereshk Polow. Para hacer gelatina de agracejo, use 4 tazas de agracejo junto con 2 tazas de agua y 2 naranjas. Combine los ingredientes y hierva la mezcla. Después de que la mezcla se haya enfriado, viértalas en frascos de vidrio esterilizados y séllelos para evitar la contaminación y la aparición de humedad. La salsa de agracejo es un buen sustituto de la salsa de arándanos y también de la salsa de arándanos.

Roble Castaño (Quercus prinus)

Habitat

El roble castaño se encuentra creciendo junto con los sitios secos de las tierras altas, como las laderas superiores y las cumbres que tienen suelos poco profundos y baja capacidad de retención de humedad. El roble castaño crece a lo largo de las llanuras costeras de América del Norte, así como en las tierras altas de los Apalaches de la costa este. Los robles castaños crecen bien en lugares con suelo arcilloso o arenoso y lugares con mucha basura y detritos. Los castaños se encuentran principalmente en bosques de hoja caduca y en laderas y laderas bien drenados.

Identificación

El roble castaño es una planta monoica que desarrolla flores durante la primavera. Es un árbol de tamaño mediano, de tronco ancho y redondeado con copa abierta y corteza marrón rojiza con surcos profundos. Las hojas del árbol crecen en configuraciones alternas con formas simples y ranuras de dientes redondos irregulares y gruesos a lo largo del margen de la hoja. Los frutos del roble castaño se conocen como bellotas. Son frutos secos en forma de copa o cuenco con una base larga y uniforme.

Cosecha

Cuando las castañas comienzan a caerse del árbol al suelo, es el mejor momento para cosechar y recolectar bellotas. Las fresas espinosas o espinas que cubren la nuez se abren en esta etapa. Si las fresas se ven verdes, las nueces de su interior aún no estarán maduras; recoge las bellotas que están cubiertas con fresas marrones; puedes ir a buscar bellotas cada pocos días, ya que es casi imposible recolectar todo en un día. Tampoco esperes demasiado porque las bellotas tienden a madurar rápidamente y pierden sabor y calidad. Cuando las bellotas estén listas para la cosecha, extienda una lona o una lámina de plástico debajo del árbol. Esto facilita mucho la limpieza. Al limpiar las bellotas, recuerde usar guantes gruesos ya que las fresas son espinosas y pueden penetrar a través de algunos de los guantes más duros. Si no tiene guantes protectores gruesos, puede usar dos pares de guantes en su lugar.

Preparación

Las bellotas contienen muchos taninos de sabor amargo y, si no se tratan adecuadamente antes de cocinarlas, es posible que tenga una experiencia que preferiría no recordar. Colar las nueces después de terminar de lavar y hervir las nueces en una olla con agua. Deseche y reponga el agua cada pocos minutos hasta que el agua se aclare. Este proceso de eliminar los taninos de los frutos hirviéndolos o sumergiéndolos en agua se llama lixiviación. Puede tostar bellotas y mezclarlas con otras frutas secas como pasas para hacer una mezcla de frutos secos. También puedes utilizar castañas y bellotas en diferentes recetas de repostería, o incluso puedes molerlas para hacer una harina de maíz. La harina de bellota se puede usar para hacer muchos platos diferentes, como pasta, pasteles, pan, panqueques y más.

Espinos (Crataegus phaenopyrum)

Habitat

Los espinos son un gran grupo de árboles y arbustos que producen frutos comestibles. Se encuentran principalmente en América del Norte y algunos de los bosques caducifolios de Europa, Asia occidental y África del Norte. Crecen en matorrales densos y se encuentran en lugares que tienen mucha humedad y suelo de textura fina. Se encuentran en áreas boscosas y bosques y se usan comúnmente como planta de cobertura en áreas residenciales.

Identificación

El tronco del espino no es excepcionalmente grande y alcanza un diámetro medio de hasta 20 cm. La corteza es de color gris con crestas superficiales y longitudinales a lo largo de todo el tronco. En los árboles más jóvenes, la corteza tiene una textura más suave con un tono gris más claro. A medida que la planta madura, la corteza se vuelve más oscura y adquiere un tono marrón, desarrollando crestas y fisuras. El árbol también tiene ramas espinosas, típicamente de 1 a 3 cm de largo. La altura media del espino no supera los 6 metros de altura. Los frutos son redondeados o en forma de pera, similares a un arándano o un arándano. Dependiendo de las variedades, el color de la fruta varía de amarillo anaranjado a escarlata, rojo, amarillo, azul o negro.

Cosecha

Las hojas de la planta de espino se pueden cosechar a finales del verano o principios del otoño; esto es generalmente cuando las hojas son más tiernas y ricas en nutrientes. Más tarde, las hojas comienzan a cambiar de color y comienzan a perder su potencia. Las bayas maduran entre principios y finales de otoño, dependiendo de dónde se encuentre. Una vez que hayan madurado por completo, puedes quitarlas de las ramas y recoger las bayas en una canasta. La regla general, mientras busca frutas o bayas, es no tomar más de la mitad de lo que está disponible. Debe tener en cuenta que usted es parte de un ecosistema mucho más grande y de otros organismos como frutas y bayas; no sea codicioso y trate de no contrarrestar el equilibrio del ecosistema. Si toma todo descuidadamente y agota los recursos naturales, no pasará mucho tiempo antes de que las plantas se marchiten y no quede nada para usted ni para las generaciones futuras.

Preparación

Las hojas de la planta de espino se pueden utilizar en ensaladas o para hacer té de espino. Los pétalos de flores también se utilizan en ensaladas y también como guarnición. Las bayas de espino son mejores cuando se cosechan durante las heladas, ya que es cuando las bayas son más dulces. Puede utilizar las bayas para hacer jaleas, mermeladas y pasteles.

Otras plantas comestibles silvestres

Caquis

Esta planta se encuentra más comúnmente en la región sureste, pero también crece en algunas áreas del suroeste. La fruta tiene un sabor dulce cuando está maduro y muy suave. Si está crudo, el sabor es amargo y ácido. También puede buscar caquis para hacer galletas o pasteles.

Otoño de oliva

Las bayas de otoño no son en realidad aceitunas. Estos pequeños frutos rojos crecen en un arbusto y tienen un sabor agrio. Se encuentran comúnmente en los estados del este y del centro. Consuma la fruta solo una vez que esté completamente madura ya que las bayas crudas son astringentes. Puede usarlos para preparar gelatina, mermelada, galletas o salsa de tomate.

Rosa Mosqueta

Los escaramujos crecen en otoño e incluso pueden crecer durante el invierno en algunas áreas. Esta fruta tiene altas cantidades de vitamina C. Se puede usar para hacer jalea, jarabe o té. También se puede utilizar para hacer un bálsamo labial.

Bellotas

Las bellotas son un símbolo del otoño y se pueden encontrar abundantemente en esta temporada. Sin embargo, estos deben procesarse antes de poder consumirlos.

Topinambur

Estos tubérculos crecen comúnmente en los jardines, pero también se naturalizan con bastante facilidad y puede buscarlos en áreas alteradas. El tubérculo nudoso es más dulce y digerible una vez que han pasado algunos toques otoñales de escarcha.

Sasafrás

La raíz y la corteza se utilizan para preparar té. Esta planta es común en los estados orientales del país. Las hojas tienen forma de manopla, por lo que la planta es fácil de identificar.

Champiñones rebozuelos

Puede buscar estos deliciosos hongos después de algunas lluvias. Se pueden saltear o incluso utilizar para preparar helados si eres aventurero.

Setas de cardo

Estos crecen durante todo el año y se pueden encontrar en madera muerta o troncos caídos. Estos hongos son deliciosos y se pueden encontrar en otoño antes de que una fuerte helada los arruine.

Capítulo 6

Plantas Silvestres Comestibles en Invierno

Cuando se trata de buscar comestibles silvestres, los inviernos no son la temporada para hacerlo, especialmente en las regiones más frías del mundo. Las plantas comestibles se limitan a pequeñas bayas que persisten durante el invierno, la corteza de las ramas de los árboles y la corteza interior de algunos árboles.

Los comestibles más nutritivos que encontrarás durante esta temporada se esconden bajo el suelo en forma de tubérculos y raíces ricas en almidón. Sin embargo, en lugares que reciben nieve y heladas, puede ser difícil localizar e identificar las raíces y los tubérculos.

Las especies de plantas que veremos en las próximas páginas le proporcionarán información sobre las diferentes bayas y plantas que puede comer crudas, cocinar, hervir o conservar y comer durante los fríos meses de invierno. La mayoría de las plantas comestibles de invierno son muy difíciles de ubicar y es posible que deba dedicarse más para poder tenerlas en sus manos.

Zumaque de cuerno de ciervo (Rhus typhina)

Habitat

El zumaque cuerno de ciervo es una especie de planta que crece en regiones áridas con suelo seco y poca humedad. Se pueden encontrar en praderas o pastizales, sabanas, bosques y cerca de cercas. Se encuentra en América del Norte, África y Medio Oriente.

Identificación

El zumaque cuerno de ciervo crece entre julio y noviembre, dependiendo de la parte del mundo en la que se encuentre. Es un miembro de la familia Anacardiaceae y crecen hasta convertirse en árboles de tamaño mediano que crecen hasta 33 pies de altura. Hay casi 114 especies diferentes de zumaque que se pueden encontrar en todo el mundo, y 14 de ellas son nativas de los Estados Unidos.

Las ramas del árbol son robustas y están cubiertas de densas fibras peludas de color rojo. Las hojas son pinnadas compuestas y tienen una configuración alterna a lo largo del tallo. Las flores florecen en racimos o panículas en la punta de las ramas florecientes; cada racimo contiene cientos de pequeñas flores. Los racimos de flores pueden crecer hasta 20 centímetros de largo; las flores desarrollan pétalos de color verde amarillento. Los frutos del árbol de zumaque tienen una apariencia difusa de color rojo pardusco y una sola drupa como melocotones y fresas.

Cosecha

El zumaque cuerno de ciervo está listo para ser cosechado una vez que maduren las vainas; esto suele suceder durante la temporada de invierno a pesar de que toda la planta persiste durante todas las estaciones. Dependiendo de la variedad de la planta y la ubicación geográfica, las mazorcas pueden degradarse o decolorarse en diferentes momentos. Las vainas a menudo se infestan de gusanos e insectos, por lo que probablemente desee omitir la recolección de las vainas más antiguas que podrían tener insectos viviendo dentro de ellas. Incluso en temperaturas tan bajas como -20 grados C, el zumaque cuerno de ciervo sobrevive sin problemas, aunque la planta puede producir menos frutos en condiciones de frío extremo.

El único momento en que la recolección de zumaque cuerno de ciervo se vuelve casi imposible es durante la primavera; aquí es cuando las vainas viejas se han degradado y se vuelven inutilizables, mientras que las nuevas son demasiado verdes para ser cosechadas. A menudo encontrará los restos de las mazorcas del año anterior siendo recogidos por pájaros y criaturas más pequeñas. Generalmente, las aves no prefieren el zumaque cuerno de ciervo, pero la escasez de comida a principios de la primavera obligará a estas criaturas a actuar. Aunque las vainas se han secado e inutilizable durante el verano, los tallos y brotes aún son comestibles.

Preparación

El zumaque se asocia principalmente con la cocina árabe y los platos del Medio Oriente. Agrega un sabor agrio a los alimentos, similar a los limones y otras frutas cítricas que se usan para cocinar. Junto con el sabor agrio, el zumaque también agrega un tono rojo a sus platos. El zumaque se usa más prominentemente como especia en lugar de verdura. Se utiliza como especia seca que se frota sobre la carne para asarla o ahumarla. Se usa como guarnición en ensaladas, y también se puede usar para hacer que la comida luzca más atractiva, similar al pimentón. También puede agregarlo a bebidas y bebidas para darle un estallido de acidez.

Arándano alto (Viburnum trilobum)

Habitat

El arándano Highbush se puede encontrar en humedales y áreas pantanosas como pantanos, costas y el borde de bosques, a lo largo de las orillas de arroyos, bosques húmedos y matorrales. Sin embargo, también se puede cultivar en un jardín que tenga un suelo cargado de humedad y mucha luz solar.

Identificación

El arándano Highbush es un tipo de arbusto y puede crecer hasta una altura de 17 pies. Las ramas están erguidas y extendidas. Las ramitas del arbusto son de color marrón rojizo claro y se vuelven gris ceniza a medida que la planta envejece. Las plantas desarrollan frutos parecidos a bayas, que crecen en grupos de 10 o más.

Echando un vistazo más de cerca, verá que los racimos de flores blancas tienen una parte central que está hecha de flores amarillas más pequeñas. Las hojas del arándano Highbush son similares a una hoja de arce, pero tienen tres lóbulos distintos en lugar de cinco (de ahí el nombre trilobum). Las hojas pueden tener un margen suave o también puede tener un margen dentado dependiendo de la variedad de la planta. En muchos casos, el mismo arbusto puede presentar una variabilidad de floración diferente debido a la naturaleza hermafrodita de la planta.

Cosecha

Los frutos del arándano Highbush comienzan a madurar a fines del verano y, cuando llega el invierno, es hora de cosechar las bayas. Si es demasiado tarde para cosechar las bayas, pierden su dulzura y desarrollan un sabor amargo. Es fácil confundir la rosa de Guelder con un arbusto de arándano Highbush, así que asegúrese de identificar la planta correctamente antes de cosecharla. La mejor manera de asegurarse de que las bayas estén maduras es arrancando una y probándola.

Preparativos

Los arándanos Highbush se pueden utilizar para hacer una amplia variedad de dulces, jaleas, salsas y tartas. La pulpa de arándano Highbush se utiliza para hacer salsa de arándano, mermelada de arándano y puré de manzana con arándano. Mucha gente prefiere extraer el jugo de las bayas y luego proceder a utilizar la pulpa residual para hacer jaleas y mermeladas. También puede conservar sus arándanos y guardarlos en latas para su uso posterior.

Arce de azúcar (Acer Saccharum)

Habitat

El arce azucarero es un árbol monoico o dioico que se encuentra en los ricos bosques mésicos de las zonas templadas. Se pueden encontrar en bosques arenosos, colinas, acantilados boscosos, valles fluviales y las laderas más bajas de barrancos y cañones rocosos y en el borde de claros de piedra caliza. El arce de azúcar a menudo se cultiva artificialmente con fines de paisajismo en parques y jardines. El arce azucarero es también el dosel más dominante en los bosques mésicos de América del Norte. Es más prominente en lugares con suelo franco fértil o franco arcilloso. No es resistente a las inundaciones y es propenso a ser susceptible a la contaminación del aire y a los fuertes vientos.

Identificación

No todos los arces son arces azucareros. Algunos otros tipos incluyen el arce plateado y el arce rojo. Las características de estos árboles son muy similares, pero también tienen ciertas diferencias. Las hojas del arce plateado tienen cinco lóbulos que son distintivos, mientras que las hojas del arce rojo tienen lóbulos estrechos. Mientras busca el arce azucarero, preste mucha atención al color de las hojas.

Las hojas de arce de azúcar tienen un tono verde oscuro en el lado dorsal de la vida, mientras que el lado ventral tiene un tono verde más claro. Durante el otoño, estos árboles pierden su color verde y las hojas se vuelven de un hermoso color naranja antes de caer para el invierno. Otro indicador importante es el número de lóbulos en las hojas; las hojas de arce de azúcar se segmentan en cinco lóbulos diferentes. Los márgenes de las hojas del arce azucarero son lisos, mientras que la mayoría de las variedades no comestibles de arce tienen hojas dentadas. Aparte de las hojas, también se puede distinguir examinando su corteza. Los arces de azúcar tienen cortezas marrones y surcadas con ranuras verticales que corren a lo largo del tronco del árbol.

Cosecha

La savia del arce azucarero es el principal comestible que se obtiene de la planta. La savia del árbol se extrae del árbol mediante el proceso de "golpeteo". El golpeteo debe iniciarse por la noche a temperaturas bajo cero y cuando la temperatura está por encima de cero durante el día. Esta gran diferencia de temperaturas suele ser beneficiosa, ya que produce una acción similar a una bomba en el árbol donde la savia sube y baja.

Dado que los cambios de temperatura variarán cada año, no hay un momento específico en el que le resulte mejor comenzar a hacer tapping. Simplemente comience a hacer tapping si el pronóstico del tiempo le permite conocer este tipo de cambio de temperatura. El mejor momento para hacer tapping podría ser entre finales de enero y mediados de febrero, pero también podría ser alrededor de finales de abril en algunos lugares. Simplemente verifique el pronóstico del tiempo y mantenga su equipo de tapping listo para usar.

Preparación

El jarabe de arce es el producto alimenticio más importante que se obtiene de la savia del arce azucarero. El primer paso del proceso es hervir la savia. Hierve la savia al aire libre ya que puede dejar un residuo pegajoso en las paredes de tu cocina cuando lo haces en el interior. Use ollas grandes y abiertas para hervir la solución y agregue lentamente más savia a la mezcla a medida que el agua hierve y se evapora. Continuar hirviendo el líquido hasta que alcance una temperatura de 104 grados C. Filtrar el almíbar con un colador de lino o un filtro de leche para eliminar cualquier residuo y almacenar el líquido en frascos herméticos para evitar la contaminación. Después de haber extraído el jarabe de arce dulce de la savia, incluso puede hacer azúcar de arce hirviendo el jarabe y cristalizándolo.

Otras plantas comestibles silvestres

Bayas de enebro

Aunque en realidad no son bayas, se llaman así. Puede encontrar estos conos de pino carnosos en invierno y usarlos para agregar especias o sabor. El sabor y el aroma de estos conos son bastante distintivos. Las bayas de enebro también se utilizan para añadir sabor a la ginebra. Puede recolectar algunas de estas piñas y preparar té medicinal, ginebra infundida o un iniciador de levadura.

Savia del árbol

Se pueden aprovechar muchos árboles diferentes para obtener savia. Puede probar nogales negros, abedules o arces. En la mayoría de los lugares, se debe hacer tapping hacia el final del invierno, pero la ubicación exacta en la que vive determinará cuándo debe hacerlo. La savia de abedul se extrae con bastante frecuencia y se puede utilizar para hacer vino.

Semillas de muelle

Las malezas del muelle se alimentan en verano y primavera de verduras. Un tallo grande crece a fines del verano, que luego se cubre con muchas semillas alrededor del otoño. El tallo se seca en invierno y las semillas se pueden usar para hacer galletas saladas rizadas. Sin embargo, recolectar estas semillas puede ser un poco complicado.

Gayuba

Kinnikinnick es una planta silvestre común en los estados occidentales. Tiene un alto valor medicinal y se parece a la manzanita. Las hojas y bayas de esta planta son comestibles, pero las bayas no son muy sabrosas.

Berro

Esta planta prospera en agua fría y puede crecer durante toda la temporada de invierno. Puede usar este verde para agregar un sabor picante a ensaladas o cualquier otro plato que desee.

Bardana

Esta raíz de la planta de cardo es comestible y sabe muy bien. Es fácil desenterrar estos cardos comestibles cuando el suelo no está completamente congelado.

Achicoria

Esta planta crece en muchos lugares durante el invierno. Puede cosechar la raíz y actúa como un gran sustituto del café.

En los siguientes capítulos, aprenderá algunas recetas sencillas elaboradas con plantas comestibles.

Capítulo 7

Recetas de mermelada, jalea, conservas y almíbar de plantas silvestres comestibles

Gelatina de Chamerion

Rinde: Aproximadamente 12 onzas

Ingredientes:

Para el té de chamerion:

- 4 tazas de flores de chamerion bien compactas, enjuagadas inicialmente

- 1 ¾ - 2 tazas de agua o según sea necesario

- Para gelatina de chamerion:

- 2 tazas de azúcar de caña orgánica

- 1 onza de pectina en polvo

- 1 ½ taza de té de chamerion

- ¼ de taza de jugo de limón

Instrucciones:

1. Para hacer té de chamerion: Coloque las flores de chamerion en una cacerola.

2. Hervir el agua y verter sobre ella. Las flores deben cubrirse con agua.

3. Cubra y deje reposar durante 15 a 20 minutos para que los sabores se infundan.

4. Colar el té. Apriete las flores si lo desea. Desecha las flores.

5. Mida 1 ½ tazas de té y viértalas en una cacerola.

6. Coloque la cacerola a fuego medio y deje hervir. Incorpora la pectina. Cuando esté completamente disuelto, agregue jugo de limón y azúcar. Revuelva hasta que el azúcar se disuelva por completo.

7. Bajar el fuego y dejar cocer durante unos 8 - 10 minutos.

8. Mientras tanto, prepare un baño de agua para enlatar la gelatina.

9. Coloque un platillo en el congelador (mientras la mezcla hierve a fuego lento, durante 8 a 10 minutos) para probar si la gelatina está lista.

10. Saque el platillo del congelador y vierta una cucharadita de la mezcla de gelatina sobre él.

11. En un par de minutos, toque la gelatina y vea si tiene la consistencia que desea. Asegúrate de no cocinarlo demasiado, ya que también se espesará en los frascos, durante un período de 12 a 24 horas.

12. Si lo desea más espeso, continúe hirviendo a fuego lento durante un minuto más o menos.

13. Vierta la gelatina en frascos Mason esterilizados.

14. Coloque los frascos en el baño de agua durante 10 minutos (siga las instrucciones del fabricante sobre el procedimiento).

15. Colóquelo en su encimera y deje que se asiente. Almacenar en un lugar fresco y oscuro.

Gelatina de encaje de la reina Ana

Ingredientes:

- 1 ¾ tazas + 1 cucharada de azúcar de caña orgánica
- ½ paquete de pectina en polvo
- 2 tazas de agua
- 1 taza de flores frescas de encaje de la reina Ana
- 2 cucharadas de jugo de limón

Instrucciones:

1. Para hacer té de flores de encaje de la reina Ana: Coloque las flores de encaje de la reina Ana en una cacerola.

2. Hervir el agua y verter sobre ella. Las flores deben cubrirse con agua.

3. Cubra y deje reposar durante 30 minutos para que los sabores se infundan.

4. Colar el té. Apriete las flores si lo desea. Desecha las flores.

5. Vierta el té nuevamente en la cacerola.

6. Coloque la cacerola a fuego medio y deje hervir. Incorpora la pectina. Cuando esté completamente disuelto, agregue jugo de limón y azúcar.

7. Revuelva con frecuencia hasta que el azúcar se disuelva por completo. Cuando comience a hervir, déjelo hervir durante aproximadamente un minuto. Apaga el fuego.

8. Mientras tanto, prepare un baño de agua para enlatar la gelatina.

9. Vierta la gelatina en frascos Mason esterilizados. Apriete las tapas.

10. Coloque los frascos en el baño de agua durante 5 minutos (siga las instrucciones del fabricante sobre el procedimiento).

11. Colóquelo en su mostrador y deje que se asiente. Almacenar en un lugar fresco y oscuro.

Gelatina de flor de trébol

Rinde: Aproximadamente 12 onzas

Ingredientes:

- 2 tazas de flores de trébol, enjuagadas

- 2 tazas de azúcar

- ½ paquete de pectina líquida

- 2 tazas de agua hirviendo

- 2 cucharadas de jugo de limón

Instrucciones:

1. Coloque las flores de trébol en un tazón. Vierta 2 tazas de agua hirviendo sobre él. Cubra y deje reposar por 45 minutos. Revuelva cada 15 minutos.

2. Cuele la mezcla en una cacerola. Deberías conseguir una taza del líquido. Coloque la cacerola a fuego medio.

3. Agregue el jugo de limón y el azúcar. Levanta la llama a medio-alto. Sigue revolviendo y deja que hierva.

4. Agregue la pectina y continúe hirviendo durante un par de minutos. Apaga el fuego.

5. Mientras tanto, prepare un baño de agua para enlatar la gelatina.

6. Coloque un platillo en el congelador (mientras la mezcla hierve a fuego lento, durante 8 a 10 minutos) para probar si la gelatina está lista.

7. Saque el platillo del congelador y vierta una cucharadita de la mezcla de gelatina sobre él.

8. En un par de minutos, toque la gelatina y vea si tiene la consistencia que desea. Asegúrese de no cocinarlo demasiado, ya que también se va a asentar en los frascos, durante un período de 12 a 24 horas.

9. Si lo desea más espeso, continúe hirviendo a fuego lento durante un minuto más o menos.

10. Vierta la gelatina en frascos Mason esterilizados.

11. Coloque los frascos en el baño de agua durante 10 minutos (siga las instrucciones del fabricante sobre el procedimiento).

12. Colóquelo en la encimera y déjelo reposar durante aproximadamente 24 horas. Almacenar en un lugar fresco y oscuro.

Gelatina de flor de kudzu

Rinde: 24 onzas

Ingredientes:

- 2 tazas de flores de kudzu, enjuagadas inicialmente

- ½ cucharada de jugo de limón

- 2 ½ tazas de azúcar

- 2 tazas de agua

- ½ paquete (de un paquete de 1 ¾ onza) de pectina de fruta en polvo

Instrucciones:

1. Coloque las flores de kudzu en una cacerola.

2. Hervir el agua y verter sobre ella. Las flores deben cubrirse con agua.

3. Cúbralo y colóquelo en el refrigerador de 7 a 8 horas.

4. Colar el té. Apriete las flores si lo desea. Desecha las flores.

5. Mida 1 ½ tazas de té de kudzu y viértalo en una cacerola.

6. Coloque la cacerola a fuego medio y deje hervir. Incorpora la pectina. El color del líquido es gris. Cuando esté completamente disuelto, agregue jugo de limón y azúcar.

7. Déjelo hervir un minuto. Sigue revolviendo todo el tiempo. Apaga el fuego.

8. Mientras tanto, prepare un baño de agua para enlatar la gelatina.

9. Vierta la gelatina en frascos Mason esterilizados.

10. Coloque los frascos en el baño de agua durante 5 minutos (siga las instrucciones del fabricante sobre el procedimiento).

11. Colóquelo en su mostrador y deje que se asiente. Etiquete los frascos con el nombre y la fecha.

12. Almacene en un lugar fresco y oscuro.

Raíces de onagra en escabeche

Rinde: alrededor de 28 a 30 onzas

Ingredientes:

- 2 tazas de raíces de onagra picadas
- Romero, picado, según sea necesario
- 5-6 dientes de ajo, picados
- 1 - 2 cucharadas de miel o al gusto (opcional)

Instrucciones:

1. Coloque las raíces de onagra, el romero y el ajo en un frasco de vidrio.

2. Agregue miel si lo desea y revuelva bien.

3. Cierre la tapa y déjela a un lado durante 2 a 3 semanas.

4. Sirve estas raíces como condimento o para marinar pollo, ternera, etc. Puedes agregarlo a guarniciones de verduras. Preferiblemente agréguelo después de cocinar las guarniciones.

Mermelada de saúco

Rinde: alrededor de 15 onzas

Ingredientes:

- 7 onzas de azúcar

- 8.8 onzas de bayas de saúco, deseche los tallos

- ½ cucharada de jugo de limón

Instrucciones:

1. Agregue las bayas de saúco en una sartén de fondo grueso. Tritúrelos ligeramente con un machacador de patatas.

2. Coloque la sartén a fuego medio.

3. Agregue el jugo de limón y el azúcar. Bajar el fuego y dejar cocer durante unos 8-10 minutos. Revuelva con frecuencia. Deseche la escoria, si la hubiera. Apaga el fuego.

4. Coloque un platillo en el congelador (mientras la mezcla hierve a fuego lento, durante 8 a 10 minutos) para probar si la mermelada está lista.

5. Saque el platillo del congelador y coloque una cucharadita de mermelada sobre él. Coloque el platillo en el refrigerador durante 5 a 6 minutos.

6. Cuando saque el platillo, si ve una película encima de la mermelada, ya está lista para cocinar por unos minutos más. Asegúrate de no cocinarlo demasiado, ya que también se espesará en los frascos, durante un período de 12 a 24 horas.

7. Vierta la mermelada en frascos Mason esterilizados. Sella los frascos. Pegue etiquetas con nombre y fecha.

8. Colóquelo en su encimera y deje que se asiente. Almacene en un lugar fresco y oscuro hasta su uso. Puede durar un año. Después de abrir el frasco, coloque el frasco abierto en el refrigerador.

Jarabe de flor de saúco

Rinde: 1 cuarto

Ingredientes:

- 10 - 15 umbelas de flor de saúco, enjuagadas, cortadas en floretes pequeños, desechar los tallos (intente utilizar las umbelas de color crema)

- ½ cuarto de agua

- Jugo de 2 limones

- Ralladura de 2 limones rallados

- 18 onzas de azúcar

Instrucciones:

1. Combine las flores de saúco, el jugo de limón y la ralladura de limón en un recipiente no metálico.

2. Agregue agua y azúcar en una olla y coloque la olla a fuego medio. Revuelva con frecuencia hasta que el azúcar se disuelva. Cuando la solución hierva, apague el fuego.

3. Vierta la solución sobre las flores. Mezclar bien y cubrir con una tapa. Deje reposar en la encimera durante 3 a 5 días.

4. Cubra un colador con una gasa. Vierta el almíbar en el colador colocado sobre un bol.

5. Vierta en frascos o botellas esterilizadas. Ponlo en el frigorífico. Puede durar un mes.

6. Para que dure más, vierta el almíbar colado en una cacerola. Coloque la cacerola a fuego medio y deje hervir. Apague el fuego y vierta en frascos de conservas esterilizados.

7. Mientras tanto, prepare un baño de agua.

8. Coloque los frascos en el baño de agua durante 10 minutos (siga las instrucciones del fabricante sobre el procedimiento). Etiquete los frascos con el nombre y la fecha.

9. Almacenar a temperatura ambiente. Una vez que abra un frasco, colóquelo en el refrigerador.

10. Para servir: Sirva con agua carbonatada, agua mineral con gas, vino blanco o vodka. También puedes servirlo con helado y yogur.

Jarabe de Forsythia

Rinde: alrededor de 40 onzas

Ingredientes:

- 6 tazas de azúcar de caña

- 6 tazas de agua filtrada

- 6 tazas de flores de forsitia ligeramente empaquetadas, enjuagadas

Instrucciones:

1. Coloque el azúcar en una cacerola grande. Vierta agua y coloque la cacerola a fuego alto.

2. Revuelva constantemente hasta que el azúcar se disuelva.

3. Cuando empiece a hervir, deje que hierva durante un par de minutos. Apaga el fuego.

4. Agregue flores de forsitia al almíbar y revuelva bien. Cubra con una tapa. Dejar reposar de 8 a 9 horas.

5. Coloque una capa doble de estopilla húmeda en un colador de malla de alambre fino. Cuele el almíbar en una jarra con pico.

6. Vierta en botellas o frascos esterilizados. Apriete la tapa. Etiquete los frascos con el nombre y la fecha.

7. Refrigere hasta su uso. Puede durar 3 meses.

Cordial de hierba de piña

Rinde: 24 onzas

Ingredientes:

- 3 tazas de vodka

- 6 cucharadas de miel ligera de flor de trébol similar a la miel

- 1 ½ tazas de flores y hojas frescas de piña, divididas

Instrucciones:

- Agregue 1 ¼ de taza de flores y hojas de piña en un frasco grande de vidrio esterilizado.

- Agregue vodka y cierre la tapa del frasco.

- Agregue ¼ de taza de piña y hojas en un frasco pequeño de vidrio esterilizado. Agrega miel sobre las malas hierbas. Cubra y coloque ambos frascos en un área soleada durante aproximadamente 8 horas.

- Coloque un colador de malla de alambre fino sobre una jarra con pico. Cuele la miel en la jarra.

- Cuela la mezcla de piña y marihuana en el frasco (en el que se cuela la miel).

- Revuelva hasta que esté bien combinado. Vierta en botellas de vidrio. Sellar las botellas con corcho y refrigerar hasta su uso. No olvide etiquetar el frasco con el nombre y la fecha.

Cordial Reina de los Prados

Rinde: alrededor de 40 onzas

Ingredientes:

- ½ manojo grande de reina de los prados, deseche los tallos, use solo flores (alrededor de 25 cabezas)

- 8.8 onzas de azúcar, divididas

- Jugo de limón

Instrucciones:

1. Agregue la mitad del azúcar y el agua en una cacerola. Coloque la cacerola a fuego medio y deje hervir.

2. Agregue flores en la cacerola. Baja el fuego. Cuando se trata de hervir a fuego lento, revuelva bien y apague el fuego. Cubra y deje reposar durante 8 a 9 horas.

3. Cuele la mezcla en una cacerola. Agrega el azúcar restante y coloca la cacerola a fuego medio.

4. Cuando empiece a hervir, déjelo hervir a fuego lento durante 5 minutos. Apaga el fuego.

5. Deje enfriar durante unos 10 a 15 minutos. Vierta en botellas esterilizadas.

6. Selle las botellas con corcho o tapones. Déjalo enfriar completamente. No olvide etiquetar el frasco con el nombre y la fecha.

7. Manténgalo refrigerado. Puede durar de 5 a 6 semanas.

Vinagre de bálsamo de abeja

Rinde: 12 onzas

Ingredientes:

- 1 ½ taza de vinagre balsámico blanco
- 2 tazas de bálsamo de abeja finamente picado o hojas y flores de Monarda

Instrucciones:

1. Coloque el bálsamo de abeja en un frasco de vidrio de boca ancha. Vierta vinagre encima.

2. Ajuste la tapa y colóquela en un lugar seco durante 3 semanas. Agite el frasco una vez al día.

3. Colar en una botella de vidrio oscuro. Selle la botella con un corcho. Asegúrese de mantenerlo alejado de la luz. No olvide etiquetar el frasco con el nombre y la fecha.

Capítulo 8

Recetas de Bebidas
Comestibles de Plantas Silvestres

Batido de plátano Kudzu

Rinde: 2 - 3 porciones

Ingredientes:

- 2 plátanos, en rodajas, congelados

- 2 cucharadas de cacao

- ½ cucharadita de canela molida

- 1 taza de leche o más si es necesario

- 1/8 de cucharadita de nuez moscada rallada o molida o al gusto

- 1 cucharada de mantequilla de maní

- 4 hojas de kudzu

Instrucciones:

1. Agregue plátanos, cacao, canela, leche, nuez moscada, mantequilla de maní y hojas de kudzu en una licuadora y mezcle hasta que quede suave.

2. Vierta en 2-3 vasos y sirva.

Batido de flor de trébol rojo

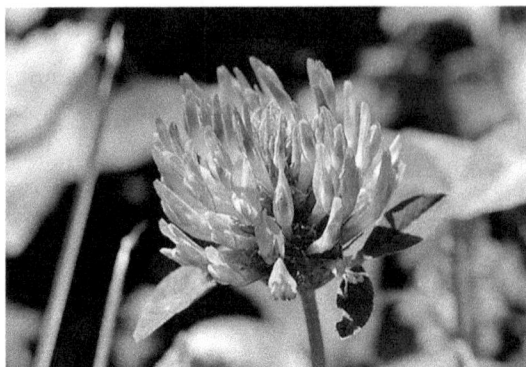

Rinde: 2 porciones

Ingredientes:

- ¼ de taza de trébol rojo

- 1 plátano muy maduro, picado

- 2 - 3 kiwis, pelados y picados

- ½ taza de col rizada o espinaca fresca

- ½ taza de fresas picadas

- Agua de coco o agua, según sea necesario

Instrucciones:

1. Agregue flores, plátano, kiwi, col rizada, fresas y agua de coco en una licuadora. Mezclar hasta que esté suave.

2. Vierta en 2-3 vasos y sirva.

Batido de hígado Lovin '

Rinde: 2 porciones

Ingredientes:

- 2 puñados de espinacas frescas

- 2 tazas de trozos de piña congelados

- 1 cucharadita de polvo de semillas de cardo mariano

- 2 tazas de agua de coco

- 1 aguacate maduro, pelado, sin hueso y picado

- 2 pepinos pequeños, pelados y picados

- 2 cucharaditas de semillas de chía

Instrucciones:

1. Agregue espinacas, polvo de semillas de cardo mariano de piña, agua de coco, aguacate, pepinos y semillas de chía en una licuadora.

2. Licue hasta que quede suave.

3. Vierta en 2-3 vasos y sirva.

Limonada de trébol rojo

Sirve: 2

Ingredientes:

- 1 ½ tazas de flores de trébol rojo

- ½ taza de jugo de limón

- 2 tazas de agua

- 3 - 4 cucharadas de miel o al gusto

Instrucciones:

1. Coloque las flores en una cacerola. Vierta agua sobre él. Coloque la cacerola a fuego medio.

2. Cuando empiece a hervir, baje el fuego y cocine por 5 minutos. Apaga el fuego. Déjelo enfriar completamente.

3. Colar en una jarra. Agregue jugo de limón y miel y revuelva bien.

4. Cubra y refrigere hasta su uso.

Té de equinácea

(Excelente para estimular el sistema inmunológico y para el resfriado común)

Rinde: 2 porciones

Ingredientes:

- ½ taza de equinácea seca

- 2 cucharaditas de hojas de menta secas

- 2 cucharaditas de limoncillo seco

- 2 tazas de agua hirviendo

- Miel al gusto (opcional)

Instrucciones:

- Agregue todas las hierbas secas en una cacerola. Vierta agua hirviendo sobre él.

- Cubra y deje reposar por 15 minutos.

- Colar y servir con miel si se usa.

Té de gordolobo

(Ayuda a curar problemas urinarios)

Rinde: 2 porciones:

Ingredientes:

- 2 tazas de agua hirviendo

- 2 a 4 cucharaditas de hojas secas de gordolobo

- Miel al gusto (opcional)

Instrucciones:

1. Agregue las hojas secas en una cacerola. Vierta agua hirviendo sobre él.

2. Cubra y deje reposar por 15 minutos.

3. Coloque una gasa en un colador. Colar y servir con miel si se usa.

4. Puede consumir de 3 a 4 tazas al día después de consultar a su médico.

Soda de encaje de la reina ana con melocotones

Rinde: Aproximadamente 4 tazas

Ingredientes:

- 4 tazas de agua de manantial

- 1 cabeza de semilla de encaje de la reina Ana (opcional)

- 10 cabezas de flores de encaje de la reina Ana con tallos, cortar los tallos

- 1 melocotón, sin hueso, picado

- ¼ de taza de miel cruda de flores silvestres

- ½ limón, en rodajas

Instrucciones:

1. Agregue agua, encaje de la reina Ana y la cabeza de la semilla en una cacerola.

2. Coloque la cacerola a fuego medio y deje hervir.

3. Apague el fuego. Déjelo enfriar hasta que esté tibio. Vierta en un frasco.

4. Agregue el durazno, la miel, las rodajas de limón y la levadura y revuelva.

5. Apriete la tapa y agite bien el frasco.

6. Ahora afloje ligeramente la tapa.

7. Dejar reposar durante 1 - 2 días.

8. Forre un colador con un paño de muselina. Colar la mezcla a través del colador colocado sobre una jarra.

9. Transfiera a botellas esterilizadas. Apriete la tapa y colóquela en su encimera durante 14 a 16 horas.

10. Abra la botella con cuidado porque podría salir efervescencia. Si está lo suficientemente efervescente para su gusto, cierre la botella y colóquelo en el refrigerador; de lo contrario, colóquelo en la encimera durante unas horas más hasta que esté burbujeante.

11. Consumir dentro de los 15 días.

Capítulo 9

Aderezos Comestibles Para Plantas Silvestres y Recetas Para Salsas

Pesto de pamplina

Rinde: Aproximadamente 1 taza

Ingredientes:

- ¼ de taza de nueces, piñones o anacardos

- 1 ½ tazas de pamplina suelta

- ¼ de taza de aceite de oliva extra virgen

- Pimienta recién molida al gusto

- 1 - 2 dientes de ajo pelados y picados

- ½ cucharada de jugo de limón

- ¼ de cucharadita de sal o al gusto

- 2 cucharadas de queso parmesano rallado

Instrucciones:

1. Agregue nueces, pamplina, aceite, pimienta, sal, jugo de limón, ajo y queso parmesano en una licuadora y mezcle hasta que quede suave.

2. Agregue más aceite si el pesto está muy espeso. Mezclar hasta que esté suave.

3. Vierta en un recipiente hermético. Refrigere hasta su uso.

4. Puede durar de 3 a 4 días.

Pesto de hierba de pimienta y acedera

Rinde: Aproximadamente 2 tazas

Ingredientes:

- 2 dientes de ajo pelados
- 2 tazas de hierba de pimienta
- Sal al gusto
- 2/3 taza de aceite de oliva
- 4 cucharadas de piñones
- ½ taza de acedera
- ½ taza de parmesano rallado

Instrucciones:

1. Agregue el ajo y los piñones en una licuadora y mezcle hasta que estén finamente picados.

2. Agregue acedera, peppergrass y sal y mezcle hasta que quede suave.

3. Agrega el queso parmesano y dale un par de pulsos cortos.

4. Vierta aceite de oliva en una fina llovizna (con el motor de la licuadora en marcha) a través del tubo alimentador y mezcle hasta que esté bien combinado y suave.

5. Vierta en un recipiente hermético. Refrigere hasta su uso.

6. Puede durar de 3 a 4 días.

Chermoula de hierba de pimienta

Rinde: Aproximadamente 1 taza

Ingredientes:

- 2 dientes de ajo grandes, pelados

- 2 pimientos picantes pequeños

- ½ - 1 taza de aceite de oliva extra virgen

- 2 cucharadas de discos de vainas de semillas de hierba de pimienta verde fresca

- 1 taza de hojas frescas de cilantro

- Sal al gusto

Instrucciones:

1. Agregue ajo, ají, peppergrass y cilantro en el tazón del procesador de alimentos. Dar pulsos cortos hasta que estén finamente picados.

2. Agregue sal y aproximadamente ½ taza de aceite y mezcle hasta que esté bien combinado. Agregue más aceite si es necesario.

3. Vierta en un recipiente hermético. Refrigere hasta su uso.

4. Puede durar 2 meses.

Aderezo Ground Ivy

Rinde: Aproximadamente 2 tazas

Ingredientes:

- 1 taza de aceite de oliva
- ½ taza de hojas de hiedra molidas frescas empaquetadas, deseche los tallos más gruesos
- 6 dientes de ajo, pelados y picados
- ½ cucharadita de pimienta
- Jugo de 4 limones
- 2 cucharadas de miel o jarabe de arce (opcional)
- Sal al gusto

Instrucciones:

1. Agregue accite, hojas de hiedra, ajo, pimienta, jugo de limón, miel y sal en un tazón de procesador de alimentos y procese hasta que quede suave.
2. Vierta en un recipiente hermético. Refrigere hasta su uso.
3. Puede durar 2 meses.

Pennycress Miel Mostaza

Rinde: Aproximadamente 2/3 taza

Ingredientes:

- 3 cucharadas de semillas de berro seco

- 1 cucharada de agua

- 2 ½ cucharadas de miel

- 2 ½ cucharadas de harina

- 1 ½ cucharada de vinagre de vino tinto

Instrucciones:

1. Coloque las semillas de berro en un molinillo de especias y muela hasta que quede bien pulverizado.

2. Transfiera a un bol. Agregue harina, agua, miel y vinagre de vino tinto y revuelva bien.

3. Sirva. Sabe mejor después de refrigerarlo durante 2 a 3 días.

4. Puede guardarlo en un recipiente hermético y refrigerar hasta su uso. Puede durar de 5 a 6 días.

Mostaza Picante Pennycress

Rinde: Aproximadamente 2/3 taza

Ingredientes:

- 3 cucharadas de semillas de berro seco
- 1 cucharada de agua o más si es necesario
- ½ cucharadita de sal
- Una pizca de pimienta de Jamaica molida
- 1/8 de cucharadita de cúrcuma en polvo
- Una pizca de jengibre molido
- Una pizca de nuez moscada molida
- Una pizca de canela molida
- 1 - 2 cucharadas de harina o más si es necesario
- ¼ de taza de vinagre de vino blanco

Instrucciones:

1. Coloque las semillas de berro en un molinillo de especias y muela hasta que quede bien pulverizado.

2. Transfiera a un bol. Agregue agua y vinagre de vino blanco y revuelva bien. Agregue sal y todas las especias y revuelva bien.

3. Agregue suficiente harina para lograr el espesor deseado.

4. Sirva. Sabe mejor después de refrigerarlo durante 2 a 3 días.

5. Puede guardarlo en un recipiente hermético y refrigerar hasta su uso. Puede durar de 5 a 6 días.

Sándwich Pennycress para untar / Dip

Rinde: Aproximadamente 2/3 taza

Ingredientes:

- 3 cucharadas de mayonesa
- ¼ de taza de crema agria
- Sal al gusto
- Pimienta al gusto
- 1 ½ cucharada de mostaza picante de berros o más al gusto (receta anterior)
- Chile en polvo al gusto (opcional)
- 1/8 de cucharadita de ajo en polvo
- ¾ cucharada de semillas de mostaza remojadas en vinagre (opcional)

Instrucciones:

1. Agregue mayonesa, crema agria, especias, sal, mostaza de berro picante y semillas de mostaza empapadas en vinagre en un tazón y mezcle bien.

2. Cubra y deje reposar por un tiempo para que se asienten los sabores.

3. Sirva con sándwiches o como salsa.

Dip de Escumaria salvaje

Rinde: 1 taza

Ingredientes:

- 6 cucharadas de raíz de hierba de dientes finamente picada

- 6 cucharadas de mayonesa

- 4 cucharadas de crema agria

- 1/8 de cucharadita de pimienta de cayena

- Pimienta molida al gusto

Instrucciones:

1. Agregue la raíz de mosto, la mayonesa, la crema agria, la pimienta y la pimienta de cayena en un tazón y mezcle bien.

2. Cubra y deje reposar por un tiempo para que los sabores se mezclen.

Mantequilla de hojas de rampa

Rinde: 17 - 18 onzas

Ingredientes:

- 4 tazas de hojas de rampa (puerro silvestre) ligeramente compactadas

- 1 cucharada de agua fría

- 1 cucharada de jugo de limón frío o agua

- 16 onzas de mantequilla, cortada en trozos de aproximadamente 2 pulgadas, a temperatura ambiente

- Pimienta molida al gusto

Instrucciones:

1. Coloque una olla con agua a fuego alto y deje hervir. Agregue las hojas de rampa y cocine por 5 segundos. Escurrir y sumergir en agua fría.

2. Exprima el exceso de humedad de las hojas y córtelas en trozos. Transfiera al tazón del procesador de alimentos y procese hasta que esté ligeramente suave.

3. Agregue la mitad de la mantequilla y procese hasta que esté bien combinado. Agregue la mantequilla restante y procese hasta que esté bien combinado y cremoso.

4. Agregue la pimienta y el jugo de limón y procese hasta que estén bien combinados.

5. Coloque una hoja de pergamino en una bandeja para hornear. Unte la mantequilla por encima y enfríe hasta que esté firme.

6. Córtelos en trozos y colóquelos en un recipiente apto para congelador. Refrigere hasta su uso. Puede durar una semana. Congelar hasta su uso. Puede durar 2 meses.

Chucrut de rampa (puerros salvajes)

Rinde: 3 - 4 tazas

Ingredientes:

- 2 tazas de col verde finamente rallada

- 1 ¾ tazas de bulbos y hojas de rampa ralladas

- ¾ - 1 cucharadita de sal o al gusto

- 3 dientes de ajo, pelados y picados

Instrucciones:

1. Agregue el repollo y la sal en un bol y mezcle bien. Masajee el repollo durante unos minutos hasta que esté ligeramente suave. Debería tomar unos 10 minutos de masaje para suavizarlo y liberar algo de humedad.

2. Agregue las hojas de rampa, los bulbos y el ajo y mezcle bien. Continúe con el proceso de masaje durante otros 5 minutos.

3. Transfiera el chucrut a un frasco esterilizado. Una vez en el frasco, el agua liberada por el repollo y la rampa debe ser suficiente para cubrir la mezcla de repollo. Si no cubre, vierta un poco de agua filtrada para cubrir. La mezcla de repollo debe cubrirse con agua.

4. Coloque una hoja grande de col sobre las verduras. Coloque algo pesado sobre la hoja de col, como un molde o pesas de fermentación. Esto es necesario para mantener la mezcla de repollo debajo del agua.

5. Apriete la tapa del frasco y colóquelo en su mostrador a temperatura ambiente. Asegúrese de que esté alejado de la luz solar.

6. Abra el frasco una vez, todos los días, para liberar los gases.

7. En unos días estará fermentado. Pruébalo y comprueba si es de tu agrado, si no, fermenta unos días más.

Salsa fermentada de bardana y calabacín

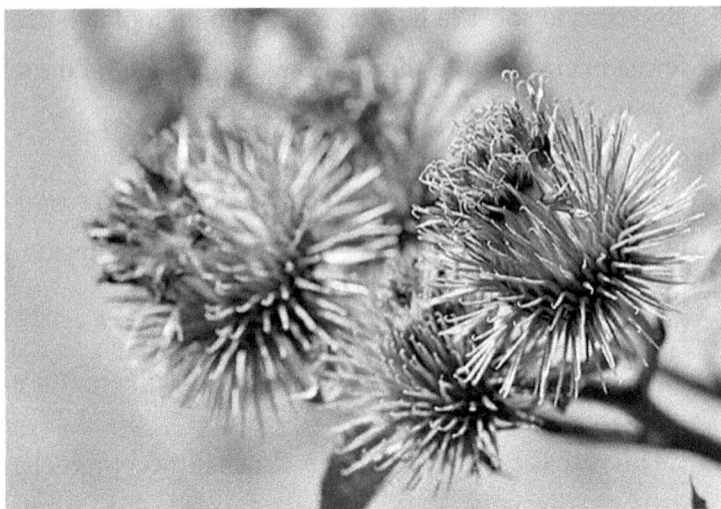

Rinde: 3 tazas

Ingredientes:

- 2 calabacines, rallados gruesos

- 1 cebolla pequeña, cortada en cubitos

- ¼ de taza de raíz de bardana rallada

- ½ cucharada de alt

- ½ pimiento rojo, finamente picado

- 1 cucharada de especias para encurtir

Instrucciones:

1. Agregue el calabacín, la cebolla, la bardana y el pimiento rojo en un tazón y mezcle bien. Espolvoree sal y especias para encurtir y mezcle bien.

2. Masajee las verduras durante unos minutos hasta que estén ligeramente blandas. Debería tomar unos 10 minutos de masaje para suavizarlo y liberar algo de humedad.

3. Transfiera la mezcla de verduras a un frasco esterilizado. Una vez en el frasco, el agua que desprenden las verduras debería ser suficiente para cubrir la mezcla de calabacín. Si no cubre, vierta un poco de agua filtrada para cubrir. La mezcla de calabacín debe cubrirse con agua.

4. Coloque una hoja grande de col sobre las verduras. Coloque algo pesado sobre la hoja de col, como un molde o pesas de fermentación. Esto es necesario para mantener la mezcla de verduras debajo del agua.

5. Apriete la tapa del frasco y colóquelo en su mostrador a temperatura ambiente. Asegúrese de que esté alejado de la luz solar.

6. Abra el frasco una vez, todos los días, para liberar los gases.

7. En unos 5 días estará fermentado. Pruébalo y comprueba si es de tu agrado, si no, fermenta unos días más.

8. Puede almacenarse durante unos 6 meses.

Capítulo 10

Recetas de Desayuno
de Plantas Silvestres Comestibles

Muffins de perdiz (arándano rojo)

Rinde: 20 muffins

Ingredientes:

- 4 tazas de harina integral

- ½ taza de coco rallado sin azúcar

- 1 cucharadita de sal kosher

- ½ taza de aceite de oliva extra virgen

- 2 cucharadas de extracto de vainilla

- 1 taza de chispas de chocolate blanco

- 2/3 taza de azúcar de caña

- 4 cucharaditas de polvo de hornear

- 2 tazas de leche de almendras sin azúcar

- 2 huevos grandes

- 2 tazas de perdiz, frescas o congeladas

Instrucciones:

1. Engrase 2 moldes para muffins con aceite en aerosol. Coloque bolsas desechables si lo desea.

2. Agregue todos los ingredientes secos, es decir, harina, coco, azúcar, sal y polvo de hornear en un tazón y revuelva.

3. Agregue todos los ingredientes húmedos, es decir, huevos, aceite, leche y vainilla en otro recipiente y bata bien.

4. Vierta los ingredientes húmedos en el tazón de ingredientes secos y mezcle hasta que estén combinados. Asegúrese de no mezclar demasiado.

5. Agregue las bayas de perdiz y las chispas de chocolate y doble suavemente.

6. Con una cuchara, vierta la masa en los 20 huecos de los moldes para muffins.

7. Hornee en un horno precalentado a 425 ° F durante 15-17 minutos o un palillo, cuando se inserte en el centro, debe salir sin partículas adheridas.

8. Retire los moldes para muffins del horno y deje que los muffins se enfríen en el molde durante 5 minutos.

9. Saque las magdalenas del molde y colóquelas sobre una rejilla. Déjelo enfriar a temperatura ambiente.

10. Transfiera a un recipiente hermético y guárdelo en su mostrador. Puede durar 3 días. Colocarlo en el refrigerador hará que dure aproximadamente una semana.

Muffins de saúco crumble (vegano)

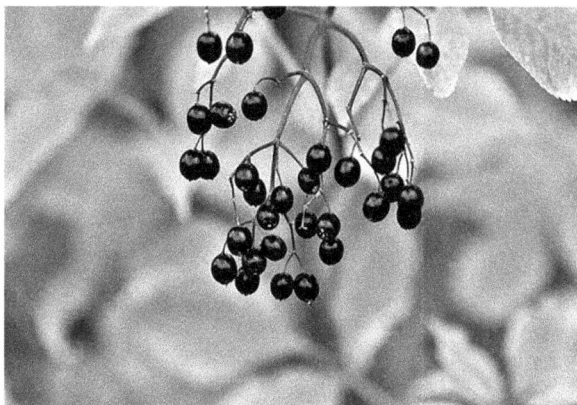

Rinde: 8 - 9 muffins

Ingredientes:

Para coberturas de migajas: opcional

- 2 cucharadas de mantequilla vegana, ablandada

- ¼ de taza de nueces picadas

- 2 cucharadas de harina para todo uso

- ¼ de taza de azúcar morena

Para muffins:

- 1 taza de harina para todo uso o harina integral

- ¼ de cucharadita de bicarbonato de sodio

- ½ cucharada de levadura en polvo

- ¼ de cucharadita de sal

- 4 cucharadas de mantequilla vegana derretida

- ½ cucharadita de extracto de vainilla

- 2 cucharadas de puré de manzana sin azúcar

- ½ taza de salsa de soja

- 1/3 taza de azúcar granulada

- 1 taza de bayas de saúco frescas, enjuagadas y escurridas

Instrucciones:

1. Agregue todos los ingredientes secos, es decir, harina, sal, bicarbonato de sodio y polvo de hornear en un tazón y revuelva bien.

2. Agregue puré de manzana, vinagre, mantequilla, salsa de soya, azúcar y vainilla en otro tazón y bata bien.

3. Mezcle las bayas de saúco con una cucharada de harina.

4. Agregue la mezcla de ingredientes húmedos en el tazón de ingredientes secos y revuelva hasta que estén combinados.

5. Agregue las bayas y doble suavemente.

6. Engrase un molde para muffins con aceite en aerosol. Coloque bolsas desechables si lo desea.

7. Con una cuchara, coloque la masa en 8 - 9 huecos de los moldes para muffins.

8. Para hacer una cobertura crumble: Agregue todos los ingredientes para la cobertura crumble en un tazón y mezcle bien. Divida en partes iguales la cobertura de migajas entre los moldes para muffins y espolvoree sobre la masa.

9. Hornee en un horno precalentado a 425 ° F durante 15-17 minutos o un palillo, cuando se inserte en el centro, debe salir sin partículas adheridas.

10. Retire el molde para muffins del horno y deje enfriar los muffins en el molde durante 5 minutos.

11. Saque las magdalenas del molde y colóquelas sobre una rejilla. Déjelo enfriar a temperatura ambiente.

12. Transfiera a un recipiente hermético y guárdelo en su mostrador. Puede durar 3 días. Colocarlo en el refrigerador hará que dure aproximadamente una semana.

Tortilla de Milenrama

Rinde: 1 porción

Ingredientes:

- 3 huevos batidos

- ½ cebolla pequeña, finamente picada

- 2 cucharadas de milenrama finamente picada

- Sal al gusto

- Pimienta al gusto

- Aceite para cocinar, según se requiera

Instrucciones:

1. Agregue la cebolla, la milenrama, la sal y la pimienta en el tazón de huevos y revuelva bien.

2. Coloque una sartén antiadherente pequeña a fuego medio. Agrega un poco de aceite y deja calentar.

3. Gire la sartén para esparcir el aceite.

4. Vierta la mezcla de huevo en la sartén.

5. Cocine hasta que cuaje. Voltee los lados y cocine el otro lado también.

6. Deslizar sobre un plato y servir.

Hojas de diente de león salteadas con huevos

Rinde: 1 porción

Ingredientes:

- 2 tazas de hojas de diente de león picadas, deseche los tallos gruesos

- 1 puerro mediano, solo partes blancas y verde claro, finamente picado

- 2 cucharadas de queso feta desmenuzado

- 1 cucharada de mantequilla sin sal o ghee

- 2 huevos grandes

- Sal al gusto

- Pimienta al gusto

Instrucciones:

1. Coloque una olla con agua a fuego alto y deje hervir. Agregue hojas de diente de león y cocine por un minuto. Escurrir en un colador. Presione las verduras del exceso de humedad con el dorso de una cuchara.

2. Coloque una sartén a fuego medio. Agrega la mantequilla. Cuando la mantequilla se derrita, agregue los puerros y cocine por un par de minutos.

3. Agregue las hojas de diente de león. Cocine hasta que las verduras se marchiten. Añadir sal y pimienta al gusto

4. Rompa los huevos en diferentes puntos de las hojas. Esparza queso feta encima de las verduras.

5. Cuando las claras estén listas, apague el fuego.

6. Sirva caliente.

Panqueques con Brotes

Rinde: 5-6 porciones

Ingredientes:

- ½ taza de semillas de lino molidas

- ½ taza de yogur natural sin grasa

- 1 ½ cucharadita de polvo de hornear

- ½ cucharadita de bicarbonato de sodio

- 2/3 taza de harina integral

- 2 cucharadas de aceite de oliva extra virgen

- 4 claras de huevo

- 1 taza de brotes de alfalfa

- ½ taza de zanahoria, manzana o pera rallada

Instrucciones:

1. Agregue semillas de lino, polvo de hornear, bicarbonato de sodio y harina en un tazón y revuelva bien.

2. Agregue el yogur, el aceite y las claras en otro tazón y bata bien. Agregue los brotes de alfalfa y la zanahoria y revuelva bien.

3. Coloque una sartén antiadherente a fuego medio. Rocíe un poco de aceite en aerosol sobre él. Vierta aproximadamente ¼ de taza de la masa en la sartén. Cocine hasta que la parte inferior esté dorada.

4. Dé la vuelta al panqueque y cocine por el otro lado hasta que se dore. Retirar a un plato y mantener caliente.

5. Repita los pasos 3 - 4 y cocine los otros panqueques.

6. Sirva caliente o tibio.

Huevos de Verdolaga

Rinde: 6 porciones

Ingredientes:

- 1 taza de verdolaga picada

- 1 cebolla, finamente picada

- 6 huevos

- 2 dientes de ajo, pelados, picados o ¼ de cucharadita de ajo en polvo

- Sal al gusto

- Pimienta al gusto

- ½ pimiento pequeño, picado

- 2 cucharadas de leche

- 1 cucharada de queso feta desmenuzado

- 1 cucharada de queso cheddar rallado

- 1 cucharadita de mantequilla o aceite

Instrucciones:

1. Engrase un molde para muffins de 6 unidades con un poco de aceite en aerosol.

2. Agregue los huevos, la sal, la pimienta, la leche, la sal, la pimienta y el ajo en una licuadora y mezcle hasta que estén bien combinados.

3. Coloque una sartén a fuego medio. Agrega la mantequilla. Cuando la mantequilla se derrita, la cebolla y el pimiento y cocine hasta que estén ligeramente tiernos. Apaga el fuego.

4. Transfiera a la licuadora y mezcle junto con la mezcla de huevo.

5. Vierta en un bol. Agregue la verdolaga y revuelva.

6. Vierta la mezcla en el molde para muffins preparado.

7. Hornee en un horno precalentado a 350 ° F durante 20 minutos o un palillo, cuando se inserta en el medio del huevo, sale sin partículas adheridas.

8. Retire el molde para muffins del horno y déjelo enfriar durante un tiempo. Retire las hueveras de la sartén y sirva.

Scones de naranja y arándano

Rinde: 6 bollos grandes o 9 bollos pequeños

Ingredientes:

- 1 ½ taza de harina

- 1 ½ cucharadita de polvo de hornear

- 6 cucharadas de mantequilla

- Ralladura de naranja

- 1 cucharadita de extracto de vainilla

- 6 cucharadas de azúcar

- ¼ de cucharadita de sal

- ¾ taza de bayas de perdiz o arándanos rojos pequeños

- ¼ de taza de jugo de naranja

- ¼ de taza de leche evaporada sin diluir

- Para el huevo batido:

- 1 huevo batido con una cucharada de agua

Instrucciones:

1. Agregue el polvo de hornear, la harina, el azúcar y la sal en un tazón y revuelva bien.

2. Agregue mantequilla a la mezcla. Corta la mantequilla en la mezcla con un cortapastas o con las manos. Haz una depresión en el centro de la mezcla.

3. Agregue el jugo de naranja, la leche y la vainilla en un tazón y revuelva. Agregue esta mezcla en la depresión y mezcle hasta que se forme una masa.

4. Espolvoree su encimera con un poco de harina.

5. Coloque la masa encima y enrolle con un rodillo hasta que tenga 1 pulgada de grosor. Corta la masa en triángulos.

6. Coloque los bollos en una bandeja para hornear forrada con papel pergamino.

7. Unte la mezcla de huevo sobre los bollos.

8. Hornee en un horno precalentado a 375 ° F durante 25 a 35 minutos o hasta que se doren por encima.

9. Sirva caliente.

Capítulo 11

Recetas de Bocadillos Comestibles de Plantas Silvestres

Jumping Jack Wraps

Rinde: 5-6 porciones

Ingredientes:

- 10 - 15 hojas de ajo y mostaza

- 3,1 onzas de caldo de verduras hirviendo

- 1.8 onzas de cuscús

- 1 cucharadita de perejil finamente picado

- 2 cucharaditas de pasas

- ½ cucharada de jugo de limón

- 2 cucharaditas de piñones

- ½ cucharadita de tomillo fresco finamente picado

Instrucciones:

1. Coloque una olla con agua a fuego alto y deje hervir. Agregue las hojas de ajo y mostaza y cocine por unos 3 minutos. Escurrir en un colador. Seque las hojas dándoles palmaditas con toallas de papel.

2. Coloque el cuscús en un bol. Vierta caldo caliente sobre él. Cubra y deje reposar de 6 a 7 minutos o hasta que se seque. Con un tenedor, afloje el cuscús.

3. Picar los piñones y las pasas. Agregue hierbas, piñones, pasas y jugo de limón en el tazón de cuscús y revuelva.

4. Extienda las hojas de ajo y mostaza en una fuente para servir. Coloque una cucharadita de la mezcla en el centro de cada hoja. Doblar como burritos.

5. Sirva.

Tops de muffin dandy

Rinde: 8 - 10

Ingredientes:

- 3 tazas de flores de diente de león ligeramente compactas, use solo pétalos amarillos

- 2 tazas de copos de avena

- 4 huevos

- 1 taza de aceite de coco derretido

- 2 cucharaditas de bicarbonato de sodio

- 2 tazas de harina sin blanquear

- 2 tazas de puré de manzana

- 1 taza de azúcar de caña

- 2 cucharaditas de extracto de vainilla

Instrucciones:

1. Agregue aceite, huevos, puré de manzana, azúcar y vainilla en un tazón y bata hasta que estén bien combinados.

2. Agregue la harina, la avena y el bicarbonato de sodio en otro tazón y revuelva bien.

3. Agregue los ingredientes secos en el tazón de ingredientes húmedos y mezcle hasta que estén bien incorporados.

4. Agregue flores de diente de león y dóblelas suavemente.

5. Cubra una bandeja para hornear grande con papel pergamino. Coloque la mezcla en la bandeja para hornear. Deje un espacio suficiente entre 2 cucharadas.

6. Hornee en un horno precalentado a 350 ° F durante unos 10 minutos o hasta que un palillo, al insertarlo en el centro, salga sin partículas adheridas.

7. Sirva caliente o frío.

8. Guarde las sobras en un recipiente hermético en el refrigerador. Puede durar una semana.

Crujiente de girasol y sésamo

Rinde: 5-6 porciones

Ingredientes:

- 4 cucharaditas de semillas de sésamo
- ½ taza de semillas de girasol
- 2 cucharaditas de aceite de oliva
- 2 cucharaditas de miel
- Sal al gusto

Instrucciones:

1. Agregue semillas de sésamo, semillas de girasol, aceite de oliva, miel y sal en un recipiente y revuelva bien.
2. Cubra una bandeja para hornear con papel pergamino.
3. Extienda la mezcla de semillas en la bandeja para hornear.
4. Hornee en un horno precalentado a 400 ° F durante aproximadamente 6 a 8 minutos. Revuelva una vez a la mitad de la cocción. Puede parecer un poco húmedo cuando apaga el horno, pero se secará y quedará crujiente después de enfriarse.
5. Transfiera a un recipiente hermético. Almacenar a temperatura ambiente.

Bolas de semillas de chocolate sin hornear

Rinde: 8 porciones

Ingredientes:

- 2 tazas de dátiles sin hueso

- 2 cucharadas de semillas de cáñamo

- 2 cucharadas de cacao en polvo

- 4 cucharaditas de miel

- ¼ de taza de semillas de chía

- 2 cucharadas de semillas de vaca amarilla, molidas

- 4 cucharaditas de aceite de coco

- Coco rallado, según sea necesario, para enrollar

Instrucciones:

1. Agregue los dátiles y el aceite de coco en el procesador de alimentos y procese hasta que tengan una textura quebradiza.

2. Agregue cacao en polvo, semillas de chía, semillas de muelle, semillas de cáñamo, cacao en polvo y miel y dé legumbres cortas hasta que estén bien incorporadas.

3. Divida la mezcla en 8 porciones iguales y forme bolitas.

4. Extraiga el coco y colóquelo en un recipiente hermético. Refrigere hasta su uso. Puede durar de 9 a 10 días.

5. Agregue el arroz y una taza de agua y coloque la olla a fuego medio.

6. Cuando empiece a hervir, baje el fuego, tape y cocine hasta que se seque.

7. Coloque una sartén grande a fuego medio. Agregar el aceite. Cuando el aceite esté caliente, agregue la cebolla y el ajo y cocine hasta que estén ligeramente dorados.

8. Agregue el caldo, el arroz, las hojas, el comino, la pimienta, la sal y el orégano y deje hervir.

9. Baje el fuego y cocine a fuego lento durante unos 15 minutos. Revuelva de vez en cuando.

10. Agregue el huevo y mezcle bien. Cocine por un par de minutos. Apaga el fuego.

11. Sirva en tazones de sopa. Rocíe un poco de aceite de oliva y una cucharada de jugo de limón por encima. Espolvoree un poco de pimienta y sirva.

Sopa de acedera de madera

Rinde: 8 porciones

Ingredientes:

- 6 cucharadas de mantequilla sin sal
- 10 - 12 tazas de acedera picada, empacada, de jardín y de madera
- 1 taza de crema
- 1 taza de chalotes o cebollas finamente picados
- 8 tazas de caldo de verduras
- Sal al gusto

Instrucciones:

1. Coloque una olla sopera a fuego medio-bajo. Agrega la mantequilla. Cuando la mantequilla se derrita, agregue la cebolla y cocine hasta que esté transparente.

2. Agregue el caldo. Sube el fuego a fuego medio. Cuando comience a hervir, agregue las hojas de acedera y la sal y mezcle bien.

3. Cuando se marchite, baje el fuego, cocine tapado durante unos 15 minutos.

4. Agregue la crema y cocine por 5 minutos.

5. Sirva en tazones de sopa y sirva.

Sopa abundante de raíz de cardo salvaje

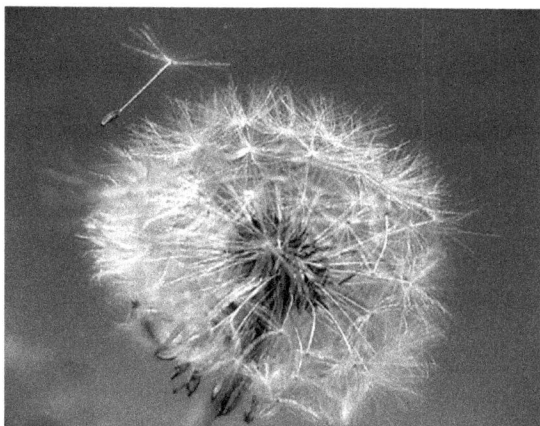

Rinde: 8 porciones

Ingredientes:

- 8-10 raíces de cardo, en cubos

- 3-4 puñados de ortigas

- 2 puñados de ajo silvestre

- 2 puñados de cuchillas

- 2 puñados de celidonia menor

- 2 puñados de hierba Robert

- 1 taza de mantequilla o más si es necesario

- Sal al gusto

- Pimienta al gusto

- 1 - 2 cucharaditas de algas en polvo (opcional)

- 5-6 tazas de leche

- Huevos duros para servir

Instrucciones:

1. Coloque una cacerola poco profunda con un poco de agua a fuego alto y deje hervir. Agregue aproximadamente 2 cucharadas de mantequilla, sal, pimienta y raíz de cardo y cocine hasta que estén suaves. No quedarán muy suaves, como las patatas.

2. Agregue un poco de mantequilla, sal, pimienta, ortigas, cuchillas, celidonia menor y la hierba Robert en una olla para sopa. Coloque la olla a fuego medio y cocine hasta que se marchiten. Apaga el fuego.

3. Agregue el ajo y un poco más de mantequilla y revuelva. Licue con una licuadora de inmersión hasta que quede suave.

4. Sirva en tazones de sopa. Espolvoree algas en polvo encima y sirva.

Capítulo 12

Recetas de Ensaladas Comestibles de Plantas Silvestres

Sopa de tofu bolso de cura

Rinde: 12 porciones

Ingredientes:

- Monedero de pastor congelado de 16 onzas
- 8 tazas de caldo de pollo
- 2 cucharaditas de aceite de sésamo
- ½ taza de maicena mezclada con ½ taza de agua
- 1 bloque (14 onzas) de tofu sedoso, cortado en cubos de ½ pulgada
- Sal al gusto
- Pimienta blanca al gusto
- 6 claras de huevo batidas

Instrucciones:

1. Coloque la bolsa de pastor congelada en un colador para descongelar. Exprímalos del exceso de humedad.

2. Picar las hojas en trozos grandes.

3. Vierta el caldo en una olla. Coloca la olla a fuego alto. Agregue el aceite de sésamo, la sal y la pimienta y deje hervir.

4. Bajar el fuego y agregar la mezcla de maicena. Revuelva constantemente hasta que espese.

5. Cuando comience a brillar, agregue las hojas picadas. Mezclar bien.

6. Agregue el tofu y deje que la sopa hierva a fuego lento.

7. Vierta las claras de huevo en un chorrito fino, revolviendo constantemente. Apague el fuego mientras se cocina el huevo.

8. Pruebe y ajuste los condimentos y el aceite de sésamo si lo desea.

9. Sirva en tazones de sopa y sirva.

Sopa de cuartos de cordero

Rinde: 8-10 porciones

Ingredientes:

- 2 tomates, cortados por la mitad
- 5-6 dientes de ajo pelados
- 2 cucharadas de aceite de oliva
- Sal al gusto
- 1 aguacate, pelado, sin hueso y picado
- 2 cebollas picadas
- 6 tazas de agua
- Jugo de lima
- 2 cucharaditas de miel o jarabe de agave
- 4 tazas de cuartos de cordero frescos, enjuagados y picados
- 2 pimientos rojos, en rodajas finas
- 1 cucharada de mantequilla o aceite de oliva
- Cualquier flor silvestre comestible para decorar

Instrucciones:

1. Coloque una olla para sopa a fuego medio. Agrega la mantequilla y deja que se derrita. Agregue la cebolla, el apio y los pimientos morrones y cocine hasta que estén ligeramente tiernos.

2. Agregue los tomates, el agua, el ajo, el jugo de limón, el aceite y la miel en una licuadora y mezcle hasta que quede suave.

3. Vierta en la olla. Agregue los cuartos de cordero, el aguacate y la sal y mezcle bien.

4. Baje el fuego y cocine a fuego lento hasta que las verduras estén tiernas.

5. Sirva en tazones de sopa y sirva.

Sopa de patata y puerro salvaje

Rinde: 3-4 porciones

Ingredientes:

- 6 tazas de agua
- 1 ½ tazas de puerros silvestres picados
- 5 tazas de papas en cubos
- Sal al gusto
- Pimienta al gusto
- 1 cucharada de ajo granulado o ajo en polvo

Instrucciones:

1. Agregue agua y papas en una olla para sopa. Coloque la olla a fuego alto y cocine las papas hasta que estén blandas.

2. Apague el fuego. Déjelo enfriar hasta que esté tibio. Transfiera a una licuadora. Agregue los puerros, el ajo en polvo, la sal y la pimienta y mezcle hasta que quede suave.

3. Viértalo de nuevo en la olla. Coloque la olla a fuego medio. Calentar bien.

4. Sirva en tazones de sopa y sirva.

Sopa de marihuana

Rinde: 5-6 porciones

Ingredientes:

- 3 tazas de verduras silvestres mixtas como diente de león, hierba de plátano, cuartos de cordero o cualquier otra verdura silvestre comestible de su elección
- 8 tazas de caldo de verduras
- 1 cucharadita de ajo picado
- ½ cucharadita de cúrcuma en polvo
- Pimienta al gusto
- Sal al gusto
- 2 cebollas, finamente picadas
- Mantequilla o aceite para freír

Instrucciones:

1. Coloque una olla para sopa a fuego medio. Agrega la mantequilla y deja que se derrita. Agregue la cebolla y cocine hasta que esté transparente. Agregue el ajo y la cúrcuma en polvo y saltee durante unos segundos hasta que esté fragante.

2. Agrega el caldo y deja que se caliente. Una vez caliente, agregue sal, pimienta y verduras silvestres y revuelva.

3. Baje el fuego y cocine a fuego lento durante unos 10 minutos. Pruebe y ajuste la sal y la pimienta al gusto.

4. Sirva en tazones de sopa y sirva.

Ensalada de pamplina

Rinde: 6 porciones

Ingredientes:

- 6 tazas de pamplina picada
- ½ taza de zanahorias en rodajas (cortadas en palitos de fósforo)
- 2 cucharaditas de ralladura de limón o naranja fresca o en cubitos
- ½ taza de rábano daikon morado en rodajas (cortado en palitos de fósforo)

Para el Aliño:

- 3 cucharadas de aceite de oliva extra virgen
- 2 cucharadas de jugo de limón fresco o jugo de naranja sanguina
- Sal marina roja hawaiana o sal marina rosada al gusto
- 2 cucharadas de vinagre de kombucha o cualquier otro vinagre de su elección

Instrucciones:

1. Para hacer el aderezo: Agrega todos los ingredientes para el aderezo en un bol y bate bien. Cubra y deje reposar por un tiempo para que los sabores se mezclen.
2. Agregue pamplinas, zanahorias y rábanos en un tazón y mezcle bien.
3. Vierta el aderezo encima. Mezcle bien.
4. Decore con ralladura de limón y sirva.

Ensalada Crujiente De Invierno

Rinde: 6 - 7 porciones

Ingredientes:

- ½ taza de semillas de girasol crudas
- Sal al gusto
- 1 chalota pequeña, picada
- 2 dientes de ajo pequeños, pelados y picados
- 2 manojos grandes de col rizada toscana (aproximadamente 1 ½ libra)
- 4 onzas de queso parmesano, rallado
- 2/3 taza +2 cucharaditas de aceite de oliva extra virgen
- Pimienta recién molida
- Jugo de un limón grande
- 4 cucharadas de mostaza de Dijon
- 12 onzas de coles de Bruselas, recortadas, deseche las hojas secas exteriores, si las hay, cortadas a la mitad a lo largo y en rodajas finas
- 2 manzanas, sin corazón, en rodajas finas

Instrucciones:

1. Coloque las semillas de girasol en un bol. Rocíe 2 cucharaditas de aceite sobre él. Mezcle bien. Espolvoree sal y pimienta y mezcle bien.

2. Transfiera a una bandeja para hornear. Extiéndalo uniformemente.

3. Hornee en un horno precalentado a 350 ° F durante 8 a 10 minutos o hasta que estén doradas.

4. Retire la bandeja para hornear del horno y déjela enfriar a un lado.

5. Para hacer la vinagreta: Agregue la chalota, el jugo de limón, el ajo, la mostaza, la sal y la pimienta en un bol y mezcle bien.

6. Cubra y deje reposar por un tiempo para que los sabores se mezclen.

7. Agregue la col rizada, la manzana y las coles de Bruselas en un tazón grande y mezcle bien.

8. Agregue 2/3 de taza de aceite en el tazón de la vinagreta y bata bien. Vierta sobre la ensalada y mezcle bien con las manos.

9. Mezcle el queso y las semillas de girasol.

10. Sirva.

La belleza de la primavera en un cuenco

Rinde: 6 - 8

Ingredientes:

Para ensalada:

- 2 puñados grandes de rúcula silvestre italiana
- 2 puñados de guisantes frescos sin cáscara
- 4 puñados de microvegetales de su elección
- 2 puñados de tomates cherry, cortados por la mitad
- ½ - ¾ taza de semillas de girasol
- 3-4 cebolletas, en rodajas

Para aderezo cremoso de eneldo con limón al curry:

- 1 bloque de tofu, cortado en cubos
- Jugo de 2 limones
- 2 dientes de ajo pelados
- ½ cucharadita de curry en polvo o al gusto
- Pimienta recién molida al gusto
- 2 cucharaditas de aceite de oliva
- Sal al gusto
- 2 ramitas de romero

Instrucciones:

1. Para hacer el aderezo: Agregue tofu, ajo y jugo de limón en una licuadora y mezcle hasta que quede suave.

2. Agregue eneldo, curry en polvo y pulso durante 1 a 2 segundos.

3. Agregue aceite de oliva y dé 2 - 3 pulsos cortos.

4. Transfiera a un bol. Agregue pimienta y revuelva. Agregue más jugo de limón y especias si lo desea.

5. Agregue las verduras, los guisantes, los tomates y las cebolletas en un tazón y mezcle bien.

6. Vierta el aderezo encima y dóblelo suavemente.

7. Espolvoree semillas de girasol encima. Decore con ramitas de romero y sirva.

Ensalada De Hierbas De Plátano

Rinde: 8 - 9 porciones

Ingredientes:

- 4 tazas de malezas de hojas de plátano finamente picadas
- 2 latas (28 onzas cada una) de garbanzos, escurridos
- 2 tallos de apio finamente picados
- 1 taza de repollo finamente picado
- 2 cebollas picadas
- 3 a 4 dientes de ajo, pelados y finamente picados
- ¼ de taza de vinagre de vino
- ¼ de taza de aceite de oliva
- Sal al gusto

Instrucciones:

1. Agregue todas las verduras en un bol y mezcle bien.
2. Cubra y enfríe hasta su uso.
3. Justo antes de servir, vierta vinagre y aceite por encima. Mezcle bien.
4. Sazone con sal y sirva.

Ensalada triple de guisantes y espárragos con aderezo de queso feta y menta

Rinde: 8 porciones

Ingredientes:

Para farro:

- 8 tazas de caldo de verduras
- 2 tazas de farro crudo
- 2 cucharadas de sal kosher
- 12 onzas de queso feta griego
- ¼ de taza de hojas de menta fresca picadas + extra para decorar
- 4 cucharaditas de ajo finamente picado, dividido
- 3 cucharaditas de sal marina fina, cantidad dividida
- 12 onzas de guisantes, recortados
- 12 onzas de guisantes dulces, recortados
- 1 ¼ tazas de aceite de oliva extra virgen, cantidad dividida
- 2 cucharaditas de ralladura de limón
- 3 cucharadas de jugo de limón fresco
- 1 ½ cucharadita de pimienta recién molida, cantidad dividida

Instrucciones:

1. Agregue el farro y el caldo en una olla. Coloca la olla a fuego alto.

2. Cuando empiece a hervir, baje el fuego a medio-bajo. Cocine tapado hasta que el farro esté al dente.

3. Drene cualquier líquido si queda. Dejar enfriar el farro.

4. Mientras tanto, agregue el queso feta en un tazón poco profundo. Vierta una taza de aceite y jugo de limón encima.

5. Espolvoree menta, ralladura de limón, 2 cucharaditas de ajo y ½ cucharadita de pimienta.

6. Rompa el queso feta en trozos más pequeños con un tenedor, mezclándolo simultáneamente con los ingredientes.

7. Coloque una olla de agua con sal kosher a fuego alto. Cuando comience a hervir, agregue los guisantes y cocine por un par de minutos hasta que estén de color verde brillante y ligeramente tiernos.

8. Escurra el agua y enjuague los guisantes con agua fría. Escurrir y reservar.

9. Coloque una sartén grande a fuego alto. Agrega 2 cucharadas de aceite y deja calentar.

10. Agregue 2 cucharaditas de ajo y cocine por unos segundos hasta que esté fragante.

11. Agregue los guisantes y los guisantes dulces. Agregue 1 cucharadita de sal marina y ½ cucharadita de pimienta y mezcle bien. Agite la sartén con frecuencia y cocine hasta que los guisantes estén crujientes y tiernos.

12. Apague el fuego. Transfiera a una bandeja para hornear y extiéndalo uniformemente sobre ella.

13. Vuelva a poner la sartén al fuego. Agrega 2 cucharadas de aceite. Cuando el aceite esté caliente, agregue los espárragos, 1 cucharadita de sal marina y ½ cucharadita de

pimienta y mezcle bien. Cocine hasta que esté crujiente y tierno.

14. Apague el fuego. Transfiera a una bandeja para hornear y extiéndalo uniformemente sobre ella.

15. Una vez que las 3 variedades de guisantes y espárragos se hayan enfriado, transfiéralas a un tazón grande. Agregue farro y 1 cucharadita de sal y mezcle bien.

16. Decore con menta y sirva.

Ensalada Salvaje

Rinde: 4 porciones

Ingredientes:

- 8 tazas de verduras silvestres de su elección como rúcula, maché, caléndula, cuartos de cordero, capuchina, hiedra molida, etc., cortados en trozos pequeños
- 1 taza de bayas frescas de su elección
- 2 tazas de flores silvestres comestibles de su elección, como flores de trébol, etc.
- ½ taza de aderezo para ensaladas de su elección

Instrucciones:

1. Agregue las verduras, las bayas, las flores y el aderezo en un tazón y mezcle bien.
2. Sirva.

Ensalada de Salmón, Papas Asadas y Remolacha con Pesto de Hierba de Pimienta y Acedera

Rinde: 4 porciones

Ingredientes:

Para ensalada:

- 12 papas doradas pequeñas, peladas y cortadas por la mitad
- 6 remolachas baby
- 1 cucharadita de sal
- 4 cucharadas de aceite de oliva
- Un puñado de hojas de pasto
- Un puñado de hojas de acedera
- Jugo de limón al gusto
- Pesto de hierba de pimienta y acedera, según sea necesario - consulte el Capítulo 9

Para salmón asado:

- 4 filetes de salmón (6 onzas cada uno)
- Un puñado de acedera o tomillo fresco, picado
- 1 ¼ tazas de aceite de oliva
- ½ cucharadita de sal o al gusto
- 2 dientes de ajo, pelados y triturados

Instrucciones:

1. Para asar las remolachas y las papas: Agregue las papas, las remolachas, la sal y el aceite en una fuente para hornear y mezcle bien.

2. Extiéndalo uniformemente en el plato.

3. Hornee en un horno precalentado a 425 ° F durante 20 a 25 minutos o hasta que esté bien cocido.

4. Para cocinar el salmón: espolvoree sal por todo el salmón. Envuelva el salmón con las hojas de acedera y átelo con un cordel.

5. Coloque una sartén con aceite a fuego medio. Cuando el aceite esté bien caliente pero no humee, coloque en la sartén tantos filetes de salmón como quepan. Espolvorea el ajo. Cocine hasta que los filetes se desmenucen fácilmente al pincharlos con un tenedor. Se desmenuzan los filetes y se reservan.

6. Retirar con una espumadera y colocar en un plato forrado con toallas de papel.

7. Cocine el salmón restante en tandas.

8. Para montar: Pelar las remolachas y cortarlas en trozos. Pela las patatas también.

9. Coloque las papas y las remolachas en un tazón. Agregue tanto pesto como sea necesario y mezcle bien.

10. Esparza la hierba de pimienta y la acedera en una fuente para servir. Espolvorea sal por encima. Rocíe un poco de jugo de limón sobre las hojas.

11. Cubra con salmón seguido de remolacha y papas.

Capítulo 13

Recetas Comestibles para el Almuerzo de Plantas Silvestres

Sándwich de pamplina y queso

Rinde: 2 porciones

Ingredientes:

- 4 rebanadas de pan germinado
- 2 lonchas de queso
- Jugo de limón
- Mantequilla, según sea necesario
- ½ taza de pamplina
- ½ cucharadita de comino molido
- Pimienta al gusto
- 2 - 4 cucharaditas de aceite de sésamo
- Sal al gusto

Instrucciones:

1. Coloque una sartén a fuego medio. Agrega aceite y calienta. Agregue la pamplina y cocine por un par de minutos.

2. Agregue el jugo de limón, la pimienta, la sal y el comino. Alejar del calor.

3. Tuesta el pan al punto deseado.

4. Unte la mantequilla sobre un lado de cada rebanada de pan. Divida las pamplinas entre 2 tostadas. Coloque una rebanada de queso en cada uno. Cubra con las rebanadas de pan restantes y sirva.

Arroz integral frito saludable

Rinde: 4 porciones

Ingredientes:

- 2 cucharadas de aceite de coco
- 2 dientes de ajo, pelados y en rodajas
- 1 zanahoria mediana, cortada en palitos
- 1 taza de espinaca picada
- 1 pimiento morrón, en rodajas finas
- Jugo de lima
- 3 tazas de arroz integral cocido
- 2 cucharaditas de curry rojo en polvo
- 1 taza de brotes de soja
- Pimienta al gusto
- 2 cucharadas de semillas de sésamo
- Sal al gusto
- Un puñado de cilantro fresco picado
- ½ taza de brotes de alfalfa

Instrucciones:

1. Coloque una sartén o wok a fuego medio-alto. Agregar el aceite. Cuando el aceite esté caliente, agregue la cebolla y las zanahorias y cocine por un par de minutos.

2. Agregue el ajo y cocine por unos segundos hasta que esté fragante.

3. Agregue el pimiento, el apio, los brotes de soja, las espinacas, el jugo de limón y el curry en polvo. Mezclar bien. Rocíe un poco de agua si es necesario. El curry en polvo debe estar bien mezclado.

4. Agregue el arroz integral y mezcle bien. Calentar bien.

5. Agregue los brotes de alfalfa y revuelva. Apaga el fuego.

6. Decore con cilantro y semillas de sésamo y sirva con huevos hervidos o escalfados si lo desea.

Pizza de diente de león

Rinde: 8 porciones

Ingredientes:

- 2 tazas de flores y verduras de diente de león
- 4 cucharadas de mantequilla
- 1 cucharadita de albahaca picada
- 1 cucharadita de romero fresco picado
- 2 cucharadas de ajo picado
- ½ taza de crema espesa
- Sal al gusto
- 2 tazas de salsa para pizza
- 8 panes planos o 2 bases de pizza precocinadas
- 4 tazas de queso mozzarella rallado

Instrucciones:

1. Coloque una sartén a fuego medio. Agrega la mantequilla. Cuando la mantequilla se derrita, agregue flores y verduras de diente de león y saltee durante un par de minutos.

2. Agregue el ajo, las hierbas, la crema y la sal. Cocine hasta que esté casi seco.

3. Coloque los panes planos en una bandeja para hornear grande.

4. Hornee en un horno precalentado a 425 ° F durante aproximadamente 4 minutos.

5. Retire la bandeja para hornear del horno. Divida la salsa para pizza en partes iguales y extienda la salsa para pizza sobre ella.

6. Extienda hojas de diente de león sobre los panes planos. Esparcir queso encima.

7. Hornee hasta que el queso se dore en algunos puntos.

8. Sirva caliente.

Burritos de hoja de uva

Rinde: 4 porciones

Ingredientes:

- 20 hojas grandes de parra silvestre
- 2 tazas de quinua cocida
- Condimento para tacos al gusto
- 1 taza de queso mozzarella rallado
- 1 taza de queso cheddar rallado
- 2 latas de frijoles refritos
- 2 cebollas grandes, finamente picadas
- Salsa de espagueti, según sea necesario
- Sal de ajo al gusto
- Pimienta al gusto
- 2 cucharadas de aceite

Instrucciones:

1. Coloque una sartén a fuego medio. Agregar el aceite. Cuando el aceite esté caliente, agregue ¾ de las cebollas y cocine hasta que esté transparente. Apaga el fuego.

2. Transfiera a un bol. Agregue los frijoles refritos, la quinua y el condimento para tacos y mezcle bien.

3. Cubra una bandeja para hornear con papel pergamino.

4. Coloque las hojas de parra en una fuente grande. Coloque un poco de mezcla de quinua en el centro de cada hoja. Dobla como un burrito y colócalo en la bandeja para hornear, con el lado de la costura hacia abajo.

5. Unte la salsa para espaguetis sobre los panecillos. Espolvorea el resto de las cebollas por encima. Cubra con mozzarella y queso cheddar. Espolvoree sal de ajo y pimienta al gusto.

6. Hornee en un horno precalentado a 350 ° F durante unos 15 minutos o hasta que el queso se derrita.

Tarta de acedera y cebolla

Rinde: 8 porciones

Ingredientes:

- 4 cucharadas de mantequilla
- ½ cucharadita de sal
- 4 tazas de hojas frescas de acedera
- 2 tazas de crema espesa
- 1 ½ taza de queso feta, desmenuzado
- 4 cebollas grandes, picadas
- 2 cucharadas de harina
- 4 huevos
- Pimienta al gusto
- 2 tartaletas precocidas

Instrucciones:

1. Coloque una sartén a fuego medio. Agrega la mantequilla. Cuando la mantequilla se derrita, agregue la cebolla y cocine hasta que esté transparente. Agregue la harina y la sal. Cocine durante 30 a 40 segundos.

2. Agregue las verduras y cocine por un par de minutos. Apaga el fuego.

3. Dividir la mezcla en partes iguales y esparcir sobre los moldes para pastel.

4. Hornee en un horno precalentado a 350 ° F durante aproximadamente 40 minutos o ajuste. Un palillo, cuando se

inserta en el centro, debe salir limpio, sin partículas adheridas.

5. Retire las tartas del horno. Déjelo enfriar un rato.

6. Cortar en gajos y servir.

Capítulo 14

Recetas de Cena de Plantas Silvestres

Manicotti de cuartos de cordero, col rizada y queso

Rinde: 8 porciones

Ingredientes:

- 4-6 tazas de salsa de espagueti
- 2 cajas (8.8 onzas cada una) de conchas de manicotti

Para rellenar:

- 2 tazas de hojas de col rizada finamente picadas, deseche los tallos duros y las costillas
- 2 tazas de cuartos de cordero finamente picados o alfalfa o hojas de diente de león o malezas de hojas de plátano
- 2,2 libras de queso ricotta
- 3 tazas de queso mozzarella rallado, cantidad dividida
- Sal al gusto
- 1 taza de queso parmesano rallado
- Pimienta al gusto
- 4 huevos grandes, batidos

- Un puñado de perejil fresco, picado, para decorar

Instrucciones:

1. Coloque todas las 2 tazas de mozzarella, parmesano, cuartos de cordero, ricotta, col rizada, huevos, pimienta y sal en un tazón y revuelva hasta que estén bien combinados.

2. Cocine las cáscaras de manicotti siguiendo las instrucciones del paquete.

3. Rellene con esta mezcla cada caparazón.

4. Unte una fina capa de salsa para espaguetis en el fondo de una fuente para hornear grande.

5. Coloque las conchas en la fuente para hornear en una sola capa.

6. Unte la salsa restante sobre las conchas. Espolvoree el queso mozzarella restante encima.

1. Hornee en un horno precalentado a 350 ° F durante unos 30 minutos o hasta que burbujee.

Hamburguesas de marihuana

Rinde: 4 porciones

Ingredientes:

- 1 1/3 taza de quinua cocida
- ¼ de cucharadita de sal o al gusto
- ½ cebolla, finamente picada
- ½ taza de hojas comestibles silvestres finamente picadas de su elección, como cuartos de cordero o alfalfa o hojas de diente de león o hojas de plátano, etc.
- 2 huevos grandes, batidos
- 2 dientes de ajo, pelados y picados
- 6 cucharadas de pan rallado integral
- Sal al gusto
- Pimienta al gusto
- Cualquier otra especia de su elección, al gusto

Aderezos:

- Bollos de hamburguesa
- Coberturas de su elección como tomates, etc.
- Mayonesa
- Rebanadas de queso
- Cualquier otro aderezo de su elección

Instrucciones:

1. Agregue todos los ingredientes en un bol y mezcle bien. Deje reposar durante 20 minutos.

2. Divida la mezcla en 4 porciones iguales y forme hamburguesas.

3. Coloque una sartén antiadherente a fuego medio. Rocíe un poco de aceite en aerosol o agregue mantequilla. Coloque las hamburguesas en la sartén. Cocine hasta que la parte inferior esté dorada. Dé la vuelta a las hamburguesas y cocine por el otro lado hasta que estén doradas.

4. Retirar en un plato.

5. Sirva con las opciones sugeridas para servir.

Panqueques de patata salvaje

Rinde: 4-5 porciones

Ingredientes:

- 2 tazas de papas ralladas
- 3 cucharadas de cebollas finamente picadas
- 2 cucharadas de champiñones finamente picados
- 1 cucharada de harina sin blanquear
- ½ cucharadita de sal
- Mantequilla para freír, según sea necesario
- 1 huevo
- ¼ de taza de verduras silvestres finamente picadas o raíces comestibles de su elección
- 1 cucharada de semillas de cáñamo o semillas de sésamo trituradas
- 1 cucharadita de ajo en polvo
- ½ cucharadita de pimienta

Instrucciones:

1. Coloque una sartén a fuego medio. Agrega la mantequilla. Cuando la mantequilla se derrita, agregue raíces si la usa y cocine por un par de minutos.

2. Agregue las cebollas y cocine hasta que estén transparentes. Agregue los champiñones y las verduras silvestres y cocine por un par de minutos más. Apaga el fuego.

3. Agregue las papas, el huevo, la harina, la mezcla de cebolla, la sal y las especias en un tazón y revuelva bien. Divida la

mezcla en 5 porciones iguales y forme bolas. Exprima el exceso de humedad mientras le da forma a las bolas.

4. Coloque una sartén antiadherente a fuego medio-alto. Agregue un poco de mantequilla y mueva la sartén para untar la mantequilla. Necesitas más mantequilla para cocinar estos panqueques; de lo contrario se pegarán.

5. Coloque una bola en la sartén. Presiónelo con una espátula hasta que tenga un grosor de ½ pulgada. Cocine hasta que la parte inferior esté dorada. Voltee los lados y cocine el otro lado hasta que estén dorados. Retire los panqueques y colóquelos en un plato forrado con toallas de papel. Puede hacer 2 - 3 panqueques en la sartén simultáneamente.

6. Haga que los panqueques restantes sean similares.

7. Sirva caliente.

Pizza salvaje

Rinde: 8 porciones

Ingredientes:

- 2 bases de pizza prefabricadas
- 4 cebollas, finamente picadas
- 1 taza de crema agria
- ½ cucharadita de nuez moscada molida
- ¼ de cucharadita de pimienta de cayena
- 4 tazas de queso mozzarella rallado
- 16 tazas de verduras silvestres picadas y compactas, como cuartos de cordero o mostaza de ajo o alfalfa o hojas de diente de león o hojas de plátano, etc., preferiblemente use una mezcla de las verduras
- 6 cucharadas de aceite de oliva o mantequilla
- 2 huevos
- 1/8 de cucharadita de clavo molido
- ½ taza de queso parmesano rallado

Instrucciones:

1. Agregue verduras en una olla. Agregue aproximadamente 2 tazas de agua y cocine a fuego alto hasta que se marchiten. Escurrir en un colador. Cuando esté lo suficientemente frío para manipular, exprima las hojas verdes del exceso de humedad.

2. Coloque una sartén a fuego medio. Agrega la mantequilla. Cuando la mantequilla se derrita, agregue la cebolla y cocine

hasta que esté transparente. Agregue las verduras y cocine por 5 minutos.

3. Agregue los huevos y la crema agria en un bol y bata bien.

4. Batir las especias. Agregue la mezcla de cebolla y el queso parmesano y revuelva bien.

5. Extienda esta mezcla sobre las bases de pizza. Asegúrese de no esparcirse en los bordes.

6. Cubra con queso mozzarella.

7. Hornee en un horno precalentado a 450 ° F durante unos 15 minutos o hasta que el queso burbujee.

Arroz integral con bardana y champiñones

Rinde: 4 porciones

Ingredientes:

- 2 raíces de bardana medianas (aproximadamente 6 pulgadas cada una)
- 8 champiñones grandes, picados
- Agua fría con sal para remojar las raíces de bardana, lavada, cortada en astillas
- 6 cucharadas de miso (opcional)
- 2 zanahorias, peladas y ralladas
- 2 tazas de arroz integral de grano largo
- 6 cucharadas de mantequilla
- Sal al gusto

Instrucciones:

1. Coloque las astillas de bardana en un recipiente con agua fría y con sal durante 5 minutos. Escurrir y reservar.
2. Siga las instrucciones del paquete y cocine el arroz integral. Si estás usando miso, mezcla el miso con el agua que vas a agregar para cocinar el arroz integral.
3. Coloque una sartén a fuego medio. Agrega la mantequilla. Cuando la mantequilla se derrita, agregue la bardana y cocine durante aproximadamente 6 a 8 minutos.
4. Agregue los champiñones y las zanahorias y cocine de 5 a 6 minutos.
5. Agregue las verduras cocidas y mezcle bien. Apaga el fuego. Deje reposar el arroz durante 8 a 10 minutos.
6. Sirva caliente.

Pasta Dandy

Sirve: 4-5

Ingredientes:

- 4 tazas de pasta integral de su elección
- 2 cebollas rojas grandes, finamente picadas
- ½ taza de mantequilla
- 1 cucharada de condimento italiano
- 5 - 6 tazas de hojas de diente de león frescas con sus raíces, separe las hojas de las raíces
- 4 dientes de ajo grandes, pelados y picados
- 6 cucharadas de aceite de coco o cualquier otro aceite de su elección

Instrucciones:

1. Pique las raíces del diente de león.
2. Cocine la pasta siguiendo las instrucciones del paquete.
3. Coloque una sartén grande o un wok a fuego medio-bajo. Agregue mantequilla y aceite. Cuando la mantequilla se derrita, agregue el condimento italiano y revuelva durante 2 a 3 segundos.
4. Agregue la cebolla, el ajo y la raíz de diente de león y cocine durante 9 a 10 minutos, revolviendo con frecuencia.
5. Agregue la pasta y las hojas de diente de león y mezcle bien. Cocine hasta que las verduras se marchiten.
6. Sirva caliente.

Capítulo 15

Recetas de Guarniciones de Plantas Silvestres

Malvas Salteadas Con Cebollas (Khobeizeh)

Rinde: 2 - 3 porciones

Ingredientes:

*   5 - 6 tazas de hojas de malva, descartar los tallos, enjuagar y escurrir
*   2 cebollas medianas, picadas
*   1 cucharada de aceite vegetal
*   Jugo de limón
*   Sal al gusto

Instrucciones:

1. Coloque una sartén grande a fuego medio. Agregar el aceite. Cuando el aceite esté caliente, agregue la cebolla y cocine hasta que esté rosada.
2. Transfiera a un bol y reserve.

3. Agregue las hojas de malva a la sartén. Rocíe un poco de agua y cocine hasta que se marchite.

4. Vuelva a colocar las cebollas en la sartén.

5. Transfiera a un tazón para servir. Sazonar con sal. Rocíe jugo de limón y aceite de oliva por encima y sirva.

Hojas de diente de león con ajo

Rinde: 7-8 porciones

Ingredientes:

- 2 libras de hojas de diente de león
- 2 dientes de ajo, pelados y picados
- ½ taza de aceite vegetal
- Queso parmesano rallado, para decorar
- 1 taza de cebollas finamente picadas
- 2 chiles picantes secos pequeños enteros, sin semillas, triturados
- Sal al gusto
- Pimienta al gusto

Dirección:

1. Enjuague las hojas de diente de león en agua salada y déjelas escurrir.

2. Picar en trozos de 2 pulgadas. Coloque en una cacerola. Vierta un poco de agua y un poco de sal y cocine hasta que estén tiernos. Escurrir en un colador.

3. Coloque una sartén grande a fuego medio. Agregar el aceite. Cuando el aceite esté caliente, agregue la cebolla, el ají y el ajo y cocine hasta que esté rosado.

4. Agregue hojas de diente de león y mezcle bien. Añadir sal y pimienta al gusto.

5. Transfiera a un tazón para servir. Adorne con queso parmesano y sirva.

Gratinado de achicoria

Rinde: 8 porciones

Ingredientes:

- 8 cabezas de achicoria, cortadas a la mitad
- 2 cucharaditas de azúcar en polvo dorada
- 1 ¼ tazas de crema espesa
- ¼ de taza de queso parmesano rallado
- Mantequilla, según sea necesario
- ½ taza de pan rallado

Instrucciones:

1. Coloque una sartén grande a fuego medio. Agrega la mantequilla y deja que se derrita. Coloque la achicoria en la sartén, con el lado cortado hacia abajo. Agrega el azúcar y revuelve.

2. Cuando comience a dorarse, agregue vinagre y mezcle bien. Después de 3 a 4 minutos, rocíe un poco de agua y cubra con una tapa. Cocine hasta que esté ligeramente suave. Apaga el fuego.

3. Transfiera a una fuente para hornear. Vierta la nata encima. Esparcir pan rallado y parmesano encima.

4. Ponga el horno en modo asar. Ase por unos minutos hasta que el queso se derrita y burbujee.

5. Deje enfriar por 5 minutos y sirva.

Brotes de mostaza de ajo con mantequilla de hojas de rampa

Rinde: 4 porciones

Ingredientes:

- 1 libra de brotes de ajo y mostaza, cortados en trozos de 2 a 3 pulgadas
- 2 cucharadas de semillas de sésamo tostadas, para decorar (opcional)
- 8 cucharadas de mantequilla de hoja de rampa o más al gusto, derretida - consulte el Capítulo 9

Instrucciones:

1. Coloque una olla de agua con aproximadamente una cucharada de sal a fuego alto y deje hervir. Agregue los brotes de ajo y mostaza y cocine por menos de un minuto. Escurrir en un colador.
2. Divida los brotes de ajo y mostaza en 4 platos para servir.
3. Vierta mantequilla derretida sobre los brotes. Espolvoree semillas de sésamo por encima y sirva.

Pan de bálsamo de abeja

Rinde: 1 pan

Ingredientes:

- ½ taza de agua tibia
- 1 ½ cucharada de mantequilla
- 2 tazas de harina
- 1 huevo pequeño, batido
- ½ paquete de levadura seca
- ½ cucharadita de miel
- ½ taza de flores de bálsamo de abeja, use solo pétalos + extra para espolvorear encima

Instrucciones:

1. Agregue agua tibia, mantequilla y miel en un tazón y revuelva.
2. Espolvoree la levadura y revuelva.
3. Agregue el bálsamo de abeja y la harina. Revuelva hasta que se forme una masa. Forma una bola.
4. Coloque la masa en un bol y déjela reposar durante 1 hora o hasta que duplique su tamaño.
5. Espolvoree su encimera con un poco de harina. Voltea la masa sobre el área espolvoreada y amasa de 7 a 8 minutos, hasta que quede suave.
6. Rocíe una bandeja para hornear con un poco de aceite en aerosol.

7. Forme una hogaza y colóquela en una bandeja para hornear. Humedece una toalla con un poco de agua y cubre la masa con ella. Dejar reposar para que suba hasta que duplique su tamaño.

8. Cepille el huevo encima. Espolvorea algunos pétalos encima.

9. Hornee en un horno precalentado a 400 ° F durante unos 45 minutos o hasta que se doren por encima.

10. Dejar enfriar un rato y servir.

Horneado de arroz con ortiga muerta púrpura

Sirve: 8

Ingredientes:

- 2 cucharadas de aceite de oliva
- 2 dientes de ajo picados
- 2 tazas de arroz cocido
- 2 cucharaditas de pimienta o al gusto
- ½ taza de queso cheddar rallado
- 2 cucharadas de salsa de soja o aminoácidos de coco
- 2 cebollas pequeñas, picadas
- 2 tazas de hojas de ortiga secas y enjuagadas
- Sal o al gusto
- 2 huevos
- 2 tazas de leche

Instrucciones:

1. Coloque una sartén de fondo grueso a fuego medio. Agregar el aceite. Cuando el aceite esté caliente, agregue el ajo, la cebolla y las hojas de ortiga y cocine por un par de minutos.

2. Transfiera a un bol. Agregue el arroz, la pimienta, el queso, la salsa de soja, la sal, los huevos y la leche y mezcle bien.

3. Transfiera a una fuente para hornear engrasada. Extiéndalo uniformemente.

4. Hornee en un horno precalentado a 400 ° F durante unos 30 minutos o hasta que se doren por encima.

5. Deje enfriar por 5 minutos y sirva.

Hojas de totora asadas

Rinde: 4-5 porciones

Ingredientes:

- 5-6 tazas de hojas tiernas de espadaña, cortadas en trozos de 1 pulgada
- Salsa de su elección como salsa habanero, salsa picante, etc.
- Sal al gusto
- Especias de su elección
- Aceite de oliva, para rociar

Instrucciones:

1. Combine las hojas de totora y un poco de aceite en un bol.
2. Agregue salsa o cualquier especia de su elección y mezcle bien.
3. Cubra una bandeja para hornear grande con papel pergamino. Extienda las hojas en la bandeja para hornear.
4. Hornee en un horno precalentado a 275 ° F durante aproximadamente 30 minutos o hasta que esté tostado al punto de cocción deseado.
5. Deje enfriar por 5 minutos y sirva.

Salteado de calabaza Teasel

Rinde: 4 porciones

Ingredientes:

- 7-8 calabacines (calabaza amarga del bosque), cortados en cubitos
- Un puñado de hojas de curry
- 1 chile rojo seco
- 1 cucharadita de chile en polvo
- ½ cucharadita de semillas de mostaza
- Una pizca de asafétida
- 1 cucharada de pasta de tamarindo
- ½ cucharada de azúcar moreno rallado (opcional)
- ¼ de cucharadita de cúrcuma en polvo
- 1 cucharada de coco recién rallado
- 2 cucharaditas de aceite
- Sal al gusto
- 1 cebolla picada
- Un puñado de cilantro picado para decorar

Instrucciones:

1. Coloque una sartén a fuego medio. Agrega aceite y deja calentar. Agrega las semillas de mostaza. Cuando la mostaza chisporrotee, agregue asafétida, chile rojo y hojas de curry y revuelva por unos segundos.

2. Agregue la cebolla y mezcle bien. Cocine hasta que esté transparente.

3. Agregue el polvo de cúrcuma y revuelva durante 8 a 10 segundos.

4. Agregue la calabaza carmesí. Agregue agua y revuelva. Cubra con una tapa.

5. Baje el fuego y cocine por 10 minutos.

6. Agregue la pasta de tamarindo, el chile en polvo, la sal y el azúcar moreno y revuelva.

7. Cocine tapado hasta que esté tierno.

8. Apague el fuego. Agrega el coco y revuelve. Adorna con cilantro.

9. Sirva caliente con pan naan o pan plano o chapatti.

Capítulo 16

Recetas de Postres de Plantas Silvestres

Galletas reconfortantes de piña y hierba

Rinde: 12 galletas

Ingredientes:

- ¾ taza + 2 cucharadas de harina
- ½ taza de azúcar de caña granulada
- 1 huevo
- ¼ de cucharadita de sal
- ¼ de taza de cogollos de piña picados
- ¼ de taza de mantequilla derretida
- ¼ de cucharadita de extracto de vainilla

Instrucciones:

1. Combine 2 cucharadas de cogollos de piña y mantequilla en un tazón. Coloque en un lugar cálido durante la noche.

2. Agregue el azúcar en el tazón de mantequilla y bata con una batidora de mano eléctrica hasta que esté cremoso y el azúcar se disuelva por completo.

3. Agregue los huevos y la vainilla y mezcle bien.

4. Agregue 2 cucharadas de piña y dóblelas suavemente.

5. Engrase una bandeja para hornear con un poco de aceite o mantequilla.

6. Deje caer cucharadas de la mezcla en diferentes puntos de la bandeja para hornear. Deberías tener 12 galletas.

7. Hornee en un horno precalentado a 400 ° F durante aproximadamente 10 a 12 minutos o hasta que los bordes se doren.

8. Cuando esté listo, déjelo enfriar para la bandeja para hornear durante 5 minutos. Afloja las galletas con una espátula de metal.

9. Déjelo enfriar completamente.

10. Transfiera a un recipiente hermético hasta su uso.

Galletas De Oliva De Otoño

Rinde: 24 galletas

Ingredientes:

- 1 taza de mantequilla
- 2/3 taza de azúcar morena
- 2 cucharaditas de extracto de vainilla
- 1 cucharadita de sal
- ½ taza de azúcar de caña
- 2 huevos
- ¼ de taza de leche
- 4 tazas de bayas de oliva otoñal
- 1 cucharadita de polvo de hornear
- ½ cucharadita de bicarbonato de sodio
- 2 ½ tazas de harina sin blanquear

Instrucciones:

1. Agregue azúcar morena, azúcar de caña y mantequilla en un tazón para mezclar. Batir con una batidora de mano eléctrica hasta que esté cremoso.

2. Agregue harina, bicarbonato de sodio, polvo de hornear y sal en otro tazón y revuelva. Agregue al tazón de la mezcla de mantequilla y mezcle hasta que esté bien incorporado.

3. Agregue las aceitunas de otoño y dóblelas suavemente.

4. Deje caer cucharadas de la mezcla en diferentes puntos de la bandeja para hornear. Deberías tener 24 galletas.

5. Hornee en un horno precalentado a 400 ° F durante aproximadamente 12 a 15 minutos o hasta que los bordes se doren.

6. Cuando esté listo, déjelo enfriar para la bandeja para hornear durante 5 minutos. Afloja las galletas con una espátula de metal.

7. Déjelo enfriar completamente.

8. Transfiera a un recipiente hermético hasta su uso.

Pastel de cereza silvestre

Rinde: 8 porciones

Ingredientes:

- 2 ½ tazas de harina de almendras
- 10 cucharadas de sucanat o azúcar en polvo
- 7 onzas de mantequilla
- 2 libras de cerezas silvestres negras sin hueso

Instrucciones:

1. Agregue la harina, el edulcorante y la mantequilla en un tazón y mezcle bien. Será una masa pegajosa.
2. Coloque el recipiente en el refrigerador durante 1 hora.
3. Tome 2 moldes para pastel (de 9 pulgadas cada uno) y engrase con un poco de aceite o mantequilla.
4. Divida las cerezas entre los moldes.
5. Tome una pequeña porción de la masa y manténgala en una de sus palmas. Presione la masa con la otra mano hasta que tenga un grosor de ¼ de pulgada. Colócalo sobre las cerezas. Haga porciones de masa planas similares y colóquelas sobre las cerezas. Asegúrate de que todas las cerezas estén cubiertas con la masa.
6. Hornee en un horno precalentado a 400 ° F durante aproximadamente 12 a 15 minutos o hasta que se doren por encima.
7. Retirar del horno y enfriar hasta que esté tibio.
8. Sirva con crema batida.

Pastel de café Saskatoon Berry fácil de hacer

Rinde: 14 - 16 porciones

Ingredientes:

- 1 taza de mantequilla derretida
- 2 ½ tazas de azúcar de caña
- 2 tazas de nueces picadas
- 2 huevos
- 3 tazas de bayas de Saskatoon finamente picadas
- 4 tazas de harina para todo uso sin blanquear
- 8 cucharaditas de canela molida
- 4 cucharaditas de polvo de hornear
- 1 ½ taza de leche

Instrucciones:

1. Para hacer el streusel: agregue 6 cucharadas de mantequilla. 1 ½ tazas de azúcar, nueces, 4 cucharaditas de canela y 6 cucharadas de harina en un tazón y mezcle hasta que esté bien combinado y se pegue cuando lo presione.

2. Agregue 1 taza de azúcar, polvo de hornear, sal y 4 cucharaditas de canela y la harina restante en otro tazón y revuelva bien.

3. Agregue la mantequilla restante y mezcle bien. Use un tenedor para mezclar.

4. Mezcle los huevos y la leche y cocine hasta que espese. Revuelva constantemente.

5. Engrase un molde para pasteles grande y redondo con un poco de aceite o mantequilla. Espolvoree con un poco de harina.

6. Vierta la mitad de la masa en la fuente para hornear. Esparce 1 ½ tazas de las bayas por toda la masa. Esparce la mitad del streusel sobre las bayas.

7. Coloque el resto de la masa sobre el streusel. Ahora esparce el resto de las bayas seguido del resto del streusel.

8. Hornee en un horno precalentado a 375 ° F durante aproximadamente 35 - 40 minutos o hasta que un palillo, al insertarlo en el centro del pastel, salga sin partículas adheridas.

9. Retirar del horno y enfriar sobre una rejilla.

10. Cortar y servir.

Pastel de perdiz (con naranja)

Rinde: 8-10 porciones

Ingredientes:

Para pastel:

- 1 taza de moras de perdiz
- ¼ de cucharadita de bicarbonato de sodio
- 1 cucharadita de polvo de hornear
- ¼ de cucharadita de sal
- 1 taza + ½ cucharada de harina para todo uso
- ½ cucharada de romero fresco picado (opcional)
- ¾ cucharada de ralladura de naranja
- ½ taza de mantequilla sin sal ablandada
- 2 huevos grandes
- 4.4 onzas de queso crema ligero, ablandado
- 1 cucharadita de extracto de naranja
- 6 cucharadas de azúcar
- Mantequilla para engrasar la sartén

Para glaseado de naranja:

- ½ taza de azúcar glas
- ¼ de cucharadita de extracto de naranja
- 1 cucharada de jugo de naranja

Instrucciones:

1. Engrase una torta Bundt de 7 pulgadas con un poco de mantequilla o aceite y reserve.

2. Coloque las bayas de perdiz en un bol. Espolvoree alrededor de 2 cucharaditas de harina. Mezcle bien y reserve.

3. Agregue la harina, el bicarbonato de sodio, el polvo de hornear, la ralladura de naranja, la sal y el romero en un tazón y revuelva bien.

4. Agregue el queso crema, el azúcar y la mantequilla en un tazón. Batir con una batidora de mano eléctrica hasta que quede suave.

5. Batir el extracto de naranja. Agrega un huevo y bate hasta que esté combinado. Agrega el otro huevo y bate hasta que esté combinado.

6. Agregue la mezcla de harina y bata hasta que esté combinado.

7. Agregue las bayas de perdiz y dóblelas suavemente con una espátula.

8. Vierta la masa en el molde Bundt. Golpee ligeramente la sartén sobre la encimera para eliminar las burbujas de aire.

9. Hornee en un horno precalentado a 375 ° F durante aproximadamente 35 - 40 minutos o hasta que un palillo, al insertarlo en el centro del pastel, salga sin partículas adheridas.

10. Retirar del horno y enfriar sobre una rejilla.

11. Mientras tanto, prepare el glaseado de la siguiente manera: Agregue azúcar glas, extracto de naranja y jugo de naranja en un bol y revuelva bien. Vierta sobre el pastel.

12. Cortar y servir.

Donuts de ortiga

Rinde: 12 porciones

Ingredientes:

- 1 taza de hojas de ortiga frescas, finamente picadas
- 6 cucharadas de azúcar de caña orgánica
- 1 taza de harina sin blanquear
- ¼ de cucharadita de sal
- 6 cucharadas de mantequilla, a temperatura ambiente
- 3 huevos pequeños
- Jugo de ½ limón
- 1 cucharadita de polvo de hornear

Para glaseado de mantequilla:

- 1/3 taza de mantequilla, a temperatura ambiente
- 1 cucharadita de jugo de limón
- 1 ¼ tazas de azúcar glas

Instrucciones:

1. Coloque una olla con agua a fuego alto y deje hervir. Agregue las hojas de ortiga y cocine durante 2 a 3 minutos.

2. Escurrir y enjuagar con agua fría. Transfiera a una licuadora. Agregue jugo de limón y mezcle hasta que quede suave.

3. Agregue la mantequilla y el azúcar en un bol y bata con una batidora de mano eléctrica hasta que esté cremoso y ligero.

4. Agregue los huevos, uno a la vez, y bata bien cada vez.

5. Agregue las ortigas mezcladas.

6. Agregue la harina, la sal y el polvo de hornear en un bol y revuelva bien. Agregue la mezcla de harina en el recipiente con los ingredientes húmedos y dóblela suavemente con una espátula.

7. Vierta la masa en los pozos de un molde para donas engrasado.

8. Hornee en un horno precalentado a 325 ° F durante aproximadamente 15 minutos o hasta que un palillo, al insertarlo en las rosquillas, salga sin partículas adheridas.

9. Enfríe las rosquillas a temperatura ambiente.

10. Para hacer glaseado de mantequilla: Mientras tanto, agregue la crema en un tazón y bata hasta que esté suave y cremosa.

11. Batir el azúcar glas. Agregue la ralladura y el jugo de limón y bata hasta que estén bien combinados.

12. Unte la guinda sobre las rosquillas. Adorne con algunas bayas si lo desea y sirva.

13. Guarde las sobras en un recipiente hermético. Refrigere hasta su uso. Puede durar de 5 a 6 días.

Pudín de chocolate Kudzu

Para 4 personas

Ingredientes:

- 2/3 taza de agua
- 2 tazas de leche de coco entera
- 2 cucharaditas de extracto de vainilla
- 4 gotas de stevia (opcional) o use jarabe de arce adicional
- 1/8 de cucharadita de sal
- 2 a 4 cucharadas de cacao en polvo crudo
- 5 cucharadas de kudzu en polvo
- 5 cucharadas de sirope de arce
- ½ cucharadita de canela molida

Instrucciones:

1. Vierta agua en una olla. Agregue el kudzu y bata hasta que el kudzu se disuelva por completo.
2. Agregue el resto de los ingredientes y mezcle hasta que estén bien combinados.
3. Coloque la olla a fuego medio. Revuelva constantemente y cocine hasta que espese. Pruebe y agregue más edulcorante si lo desea.
4. Divida la mezcla en tazas de pudín. Déjelo enfriar completamente.
5. Refrigere durante al menos 4 a 5 horas.
6. Sirva frío.

Sorbete de reina de los prados

Rinde: 10 - 2 porciones

Ingredientes:

- 8 puñados de flores de reina de los prados
- Jugo de 6 limones
- 5 tazas de agua
- 1,1 libras de azúcar morena en polvo
- Ralladura de un limón

Instrucciones:

1. Agregue azúcar y agua en una cacerola. Coloque la cacerola a fuego medio.
2. Déjelo hervir durante 12 a 15 minutos.
3. Apague el fuego. Agregue jugo de limón y ralladura y revuelva bien.
4. Agregue las flores de reina de los prados. Deje que el almíbar se enfríe completamente a temperatura ambiente.
5. Coloque un paño de muselina en un colador y cuele el almíbar en un recipiente apto para congelador. Congele hasta que esté firme.
6. Con una batidora de mano eléctrica, licúe la mezcla hasta que quede suave. Vuelva a colocarlo en el congelador.
7. Repita el paso anterior después de 24 horas.
8. Congele hasta que esté firme.
9. Coloque en tazones y sirva.

Conclusión

Ahora cuenta con los conocimientos suficientes para comenzar con éxito a buscar plantas silvestres comestibles y preparar alimentos deliciosos.

Vivir y comer de esta manera tiene muchos beneficios, y puede aprovecharlos con la ayuda de esta guía.

Una vez que comience a comer salvaje, probablemente se encontrará recomendando este cambio de estilo de vida a todos los que lo rodean. Si este libro le resultó útil para realizar este cambio, no olvide recomendarlo a otras personas también. ¡Gracias y buena suerte!

Referencia

https://www.kindearth.net/foraging-guide-with-12-wild-plants-that-anyone-can-find/

https://www.bbcgoodfood.com/howto/guide/foraging

https://www.woodlandtrust.org.uk/visiting-woods/things-to-do/foraging/

https://www.gore-tex.com/blog/foraging-food-wild-plants

https://www.growforagecookferment.com/what-to-forage-in-spring/

https://www.popsci.com/find-wild-edible-plants/

https://melissaknorris.com/5rulesforforagingwildedibles/

https://beprepared.com/blogs/articles/survival-101-foraging-for-edible-plants

https://www.artofmanimony.com/articles/surviving-in-the-wild-19-common-edible-plants/

https://gulfcoast-wellness.com/health-benefits-of-foraging/

https://conscientehealth.net/wild-foraging-for-wild-edibles-consciente-health-nahid-ameen/

https://www.onegreenplanet.org/lifestyle/useful-tools-for-foraging-this-summer/

https://www.asgmag.com/how-to/foraging-gear-the-tools-you-need-to-collect-process-and-carry-natural-foods/

https://www.treehugger.com/surprising-wild-plants-you-can-eat-4857181

https://www.growforagecookferment.com/what-to-forage-in-winter/

https://www.wildedible.com/wild-food-guide-categories/summer-wild-foods

https://andhereweare.net/top-10-things-to-forage-in-autumn/

https://joybileefarm.com/edible-wild-plants-early-spring/

www.ingramcontent.com/pod-product-compliance
Lightning Source LLC
Chambersburg PA
CBHW062134040426
42335CB00038B/892